读客精神成长文库

100个书单丰富你的灵魂

欢迎你从《人间喜剧》进入读客精神成长文库！

浩瀚的经典文学史，
就是全人类共同的精神成长史，
大师们从各个角度探索、解析、塑造并丰富着
人类的精神世界。
读客从个人成长的角度出发，
为你重新梳理浩若烟海的文学经典，
汲取大师与巨匠淬炼的精神力量：

爱
天真、孤独
自由、尊严、恐惧
好奇、欲望、理性、幽默
乐观、勇气、幻想、善恶、信仰
……

追随读客精神成长文库的100个书单，
了解人类精神成长的脉络，
完成你自己的精神成长。

读客精神成长文库
100个书单丰富你的灵魂

经典不厌百回读,读客立足于国人的精神需求,提供有质量、有价值、有体系的精神成长经典文库,希望更多的读者从中获得乐趣,获得进益。

文洁若

二〇一八年二月二十日

文洁若

著名翻译家,是中国翻译日文作品最多的人。很多日本作家如川端康成、三岛由纪夫的作品,都是经由她首次介绍给中国读者。与丈夫萧乾合译《尤利西斯》,造就了一段文坛佳话。

2002年获日本政府颁发的"勋四等瑞宝章",2012年获"翻译文化终身成就奖"。

人之所以为万物的灵长，宇宙的精华，就因为他会读，他爱读，爱读经典，常读经典，历代不衰。

柳鸣九 2018年5月十日
柏全森手书

柳鸣九

中国社会科学院研究员、教授。
在法国文学史，西方文学思潮，文学理论与美文作评、文学名著翻译以及学者散文写作方面均有丰厚劳绩，有"著作等身""学术胆识卓越"的美誉。
其论著与译作已汇集为《柳鸣九文集》（15卷），共约600万字。
2006年被评选为中国社会科学院最高学术称号"终身荣誉学部委员"。

愿"读客经典"成为用人类创造的全部知识财富来丰富读者头脑的精神宝藏！

郭家申
2018年2月23日
于北京中国社科院
外国文学研究所

郭家申

俄语翻译家，毕业于莫斯科大学文学语言系。
历任中国社会科学院外国文学研究所副所长、编审。
长达60年的翻译经验，累计翻译字数约500万字，翻译作品达30部。
译著有：《外国当代戏剧选》《艺术创造的本性》《高尔基自传三部曲》《一个沉思默想的女人》《迷惘的微笑》等。话剧译本《华沙曲》获辽宁省翻译奖。

阅读经典，就是立足于高起点，含英咀华，淘奋精神，行健致远。

罗新璋

罗新璋

1957年毕业于北大西语系。
1963年转入国家外文局《中国文学》杂志社从事中译法文学翻译工作，1980年调入中国社会科学院外国文学研究所，从事法国文学创作。
曾花四年时间手抄200多万字的傅雷译文，在翻译时更是字斟句酌，力求精益求精，享有"傅译传人"的美誉。
主要译有《红与黑》《特利斯当与伊瑟》《列那狐的故事》《猫球商店》等。

> 寄语"读蜜文库"
>
> 普及世界文学经典
> 广播人类文明的果实
>
> 巴蜀译翁（杨武能）
> 二〇一八年春于广西北海

巴蜀译翁（杨武能）

1938年生于重庆，师从叶逢植、张威廉、冯至等先生，国家社科基金重大研究项目"歌德及其汉译研究"首席专家。

先后荣获联邦德国总统颁授的德国"国家功勋奖章"、联邦德国终身成就奖性质的洪堡学术奖金，以及国际歌德研究领域的最高奖歌德金质奖章。

著作译作数量众多，影响较大的包括《浮士德》《少年维特的烦恼》《格林童话全集》《魔山》等。

名著是人类的精品食粮，提供给人立足世上的能量。我自称"心启"，是最大的受益者。读好书和译好书。从1980年至今，每天都收集新的快乐时光，组成不断升值的人生。

　　读者自有精神成长路线图，希望更多读者按图索骥，从中受益。

李玉民

李玉民

从事纯文学翻译近40年，出版作品上百部，总计翻译字数达2500万字。
主要译作有：《巴黎圣母院》《悲惨世界》《缪塞戏剧选》《艾吕雅诗选》等；主编《纪德文集》（5卷）、《加缪文集》（3卷）。
在李玉民的译作中，有半数作品是他首次向中国读者介绍的。

周克希

复旦大学数学系毕业后,在华东师大数学系任教二十八年,又在译文出版社当过十年编辑。译有普鲁斯特、福楼拜、圣埃克絮佩里、大仲马和萨勒纳弗等人的小说。著有随笔集《译边草》《译之痕》《草色遥看集》。

我们说一年书是经典,
就意味着我们一生中
除了能会不止一次地
阅读它。好的须要写
我们带来更多的经典
佳作。"

周克希

每一部经典文学作品，都是人类的重要精神墓园。读客用经典文学陪伴你精神成长蓝图，希望能够让更多的读者通过文字认识世界，找到自己灵魂的归属。

谭晶华

谭晶华

文学博士，教授，博士生导师。原上海外国语大学常务副校长，现任该校学术委员会主任。中国日本文学研究会会长、上海翻译家协会会长。出版众多著作、论文、辞典和教材、文学名著译作120多部（篇），350余万字。

读客经典精神成长库将人类精神文明的精华做了系统的梳理，让经典更直接地与个体成长结合起来，是一种独到的做法。

黄宜思
2018. 2. 23.

黄宜思

中国政法大学教授，著名翻译家黄雨石之子。译有《罗马帝国衰亡史》《澡盆故事》《远航》《六便士之家》《罗马史》等。于2008年和2009年两度担任中国翻译协会主办的全国"韩素音青年翻译奖"竞赛评委。

与好书为友，拥抱每个能陶冶你心性的机会；
携经典作伴，在读客经典中找到你下一本书。

曹明伦

曹明伦

四川大学教授、博士生导师，中国作家协会会员，中国翻译协会理事、成都翻译协会会长，国务院政府特殊津贴专家。译有《爱伦·坡集》《弗罗斯特集》《培根随笔集》《莎士比亚十四行诗集》等多种英美文学经典。

希望读客经典为读者
提供经典的精神享受。

姚锦清

姚锦清

上海外国语大学高级翻译学院教授，上海市语委英译专家。参编《20世纪欧美文学史》《外国文学名著赏析辞典》及《外国抒情诗赏析辞典》。主要译作有《布赖顿硬糖》《心灵的激情——弗洛伊德传记小说》等。

愿读客经典使青年朋友们快快成长，成年人永远年轻！

王之光
2018.2.22

王之光

　　浙江大学教师，长期从事文学和文化翻译教学与实践，已经出版的有《发条橙》《索多玛的120天》《小妇人》《圣经故事》《法国电影》等，还有汉译英作品如《台湾简史》《中美关系史》等。

阅读经典，丰实人生。
愿读客经典走进千万读者中。

陆求实
二〇一八年初

陆求实

　　中国翻译协会专家会员、上海翻译家协会理事，致力于日本文学译介多年，译有夏目漱石、谷崎润一郎、吉川英治、渡边淳一、村上春树、岛田雅彦等人作品，曾获"上海翻译新人奖""上海优秀中青年文艺家""上海文艺家荣誉奖"，2011年荣获日本"野间文艺翻译奖"。

阅读写经典

读经典，提升人生境界，
汲取文化精华。

吴刚

吴刚

上海外国语大学高翻学院副院长、教授，英美文学博士，上海市翻译家协会理事。出版有《霍比特人》《美与孽》《莎乐美》等翻译作品30多部。

在这个文库里，总能找到于来要读的书：有你读过但值得重读的书，有你听说过正打算读的书，也有可能发现并有可能影响你一生的书。

姚向辉

青年译者，译作有《教父》《七杀简史》《漫长的告别》《马耳他之鹰》等。

愿我的孩子，我孩子的孩子，都能看着读客经典，进入世界文学的瑰奇殿堂。

汪洋

汪洋

  毕业于北京大学，翻译家，外国文学资深编辑。从事英、日文文学翻译、编辑工作十余年，已出版译著有《D之复合》《人类灭绝》《鹰翼行动》《百年法》《亲爱的提奥——梵高传》《红字》等，涵盖推理、科幻、军事、惊悚、艺术史及经典文学等领域。

品经典之作，读经典译文，祝读客经典多出精品，愿更多读者在阅读经典中找到自我，收获未来！

刘勇军

刘勇军

  知名青年翻译家，译风简练而深邃。译有《月亮与六便士》《刀锋》《不安之书》《生命不息：归来》《日出酒店》《遗失的时光》等经典作品。

人间喜剧
于絮尔·弥罗埃

[法]巴尔扎克 著　傅雷 译

文匯出版社

《人间喜剧》（精选集）编校说明

巴尔扎克的《人间喜剧》一共包括91部小说，塑造了2400多个典型人物，描摹了一个时代、一个世界的人间百态。因其数量之庞大，内容之广阔，成为人类文学史上罕见的文学丰碑，被誉为一部"社会百科全书"。

本套《人间喜剧》（精选集）收录巴尔扎克《高老头》《亚尔培·萨伐龙》《欧也妮·葛朗台》《比哀兰德》《贝姨》《邦斯舅舅》《猫球商店》《夏倍上校》《奥诺丽纳》《禁治产》《于絮尔·弥罗埃》《都尔的本堂神甫》《赛查·皮罗多盛衰记》《搅水女人》《幻灭》共计15篇。其中《猫球商店》一篇译者为罗新璋，其余篇目译者为傅雷。

傅雷，中国著名的翻译家、作家、教育家、美术评论家。法语翻译界泰斗，精通文学、音乐、绘画等多门艺术，译文优美精确、特色鲜明。先生的译文被誉为"傅雷体华文语言"，成为我国翻译界推崇备至的范文，至今无人企及。

罗新璋，编校审核初版《傅雷译文集》，曾花四年时间手抄200多万字的傅雷译文，在翻译时更是字斟句酌，力求精益求精，将法文的美妙准确地传达出来，享有"傅译传人"的美誉。他翻译的法语经典名著《红与黑》是公认的最佳译本。

1938年傅雷开始翻译巴尔扎克的作品；1949年之后，傅雷几乎把翻译的所有心力都倾注在了巴尔扎克身上；1954年，傅雷决定每年至少译一部巴尔扎克的作品，以"把顶好的都译过来，大概在十余种"。截至1965年，傅雷一共翻译15篇，其中一篇《猫儿打球号》在文革中遗失。"傅译传人"罗新璋《猫球商店》深得先生译法精髓，本套《人间喜剧》采用罗新璋译本并入其余14篇，以示"适合我国读者阅读的"巴尔扎克作品原貌。

在编校方面，为方便读者阅读，仅对一些旧译人名、地名、异体字、标点符号作了修改，其余为了尊重傅雷译本，均保持原貌。

读客图书

目 录

于絮尔·弥罗埃

01	惊慌的承继人	003
02	有遗产的叔父	017
03	医生的几位朋友	029
04	才 莉	042
05	于絮尔	054
06	催眠术概要	064
07	信了这项，也就信了那项	078
08	这边商量，那边也商量	089
09	初次泄露	103
10	包当丢埃母子	112

11	萨维尼昂得救了	124
12	情人之间的障碍	140
13	两心相许	151
14	于絮尔又做了孤儿	162
15	医生的遗嘱	177
16	两个敌人	186
17	内地人的恶毒	198
18	两方面的报复	218
19	托梦	229
20	决 斗	245
21	最容易偷的东西原来是最难偷的	253

都尔的本堂神甫   265

于絮尔·弥罗埃

01

惊慌的承继人

从巴黎方面进纳摩,必须过洛昂运河。在这个美丽的小镇外面,运河的堤岸仿佛野外的城垣,同时也是景物幽美的散步场所。可惜从一八三四年起,桥那一边盖了几所屋子;倘若这类似镇梢的区域发展下去,市镇的外貌就会丧失它妩媚动人的特色。一八二九年,大路两旁还是一片空旷:所以那高大肥胖,六十岁上下的车行老板,在一个天朗气清的早晨坐在桥脊上,尽可把他行话所谓的飘带儿一览无余[1]。

时方九月,秋色斑斓,笼罩着草原和石子的大气如火如荼,蔚蓝的天空没有一片云翳,极目所及,连远天都蓝得那么鲜明、纯净,足见空气稀薄到极点。那个叫作米诺莱-勒佛罗的车行老板,把一只手遮着太阳,才不至于眼花。他等人等得心焦了,一会儿瞧瞧大路右边,青葱可爱的草原割过一道又长起新草来了;一会儿瞧瞧左边,林木葱郁的山峦从纳摩一直伸展到蒲隆。大路上的声响都被连绵不断的山陵送回到洛昂运河的盆地上:米诺

---

[1] 车行中人把一望无际的大路叫作飘带儿。(如无特殊说明,本书注释均为译者注)

莱-勒佛罗听见自己的马匹飞奔的声音,也听见手下的马夫挥舞鞭子的声音。

草原上有些牲口,宛如保尔·波忒画的,天空像是拉斐尔笔下的,运河两旁杂树成荫,完全是荷培马的风味[1];对着这样的美景而还会烦躁的,恐怕只有车行老板这等人了。艺术的使命原是要让自然界有些灵气;而到过纳摩的人都知道那儿的大自然和艺术一样美,那儿的景色自有它的意境,能够动人遐想。但一个艺术家看到米诺莱-勒佛罗,可能丢下风景来描绘这个伧夫的,因为他实在平庸,倒反显得别具一格了。把所有的兽性集合起来,结果不是产生了卡列班吗?而卡列班的确可称为杰作[2]。无论哪儿,只要物质成了主体,就没有感情了。

车行老板就是证明这定理的活生生的例子。凭他那副相貌,在他因为肉长得不可收拾而显得通红的皮色之下,便是思想家也不容易看出他有什么心灵。鸭舌头很小,两旁瓜棱式的蓝呢便帽,紧箍在头上;脑袋之大,说明迦尔[3]还没研究到出奇的相貌。从帽子底下挤出来的,似乎发亮的灰色头发,一望而知它们的花白并非由于多用脑力或是忧伤所致。一对大耳朵,开裂的边上差不多结着疤,充血的程度似乎一用劲就会冒出血来。经常晒太阳的皮肤,棕色里头泛出紫色。灵活而凹陷的灰色眼睛,藏在两簇

---

1 保尔·波忒(1625—1654)与荷培马(1638—1709)均为荷兰有名的风景画家;波忒尤以画动物见长。
2 卡列班为莎士比亚名剧《暴风雨》中的人物,为女巫与魔鬼所生的儿子,身材奇矮,状貌奇丑,性情刁恶。
3 德国医生迦尔(1758—1807)首创骨相学,风行一时,巴尔扎克尤为信服。

乱草般的黑眉毛底下，活像一八一五年到巴黎来的卡尔摩克人[1]；这双眼睛只有动了贪心的时候才有精神。鼻梁是塌的，一到下面突然翘得很高。跟厚嘴唇搭配好的是教人恶心的双折下巴，一星期难得刮两回的胡子底下，是一条旧绳子般的围巾；脖子虽则很短，却由臃肿的肥肉叠成许多皱褶，再加上他厚墩墩的面颊：雕塑家在当作支柱用的人像上表现的，浑身都是蛮力的那些特点，就应有尽有了。所不同的是雕像能顶住高堂大厦[2]，米诺莱-勒佛罗却连自己的身体还不容易支持。这一类肩上不扛着地球的阿特拉斯[3]，世界上多的是。他的上半身是巍巍然一大块，好比人立而行的公牛的胸脯。胳膊粗壮，一双厚实，坚硬，又大又有力的手，拿得起鞭子、缰绳、割草的叉，而且很能运用；没有一个马夫见了他的手不甘拜下风的。巨人的肚子硕大无朋，靠着跟普通人的身体一般大的腿和一双巨象般的脚支撑。他难得动怒，但发起性来非常可怕，大有中风的危险。他虽则粗暴，不会思索，可从来没作过什么事可以证明他的心地跟长相一样凶恶。谁要见了他发抖，他手下的马夫们就说：

"噢！别怕，他并不凶！"

按照许多地方的习惯，大家把纳摩的车行老板简称为纳摩老板。他穿着绿色猎装、有条子的绿呢裤、宽大的黄色羊皮背心，看他口袋外面有一圈黑印子，你就知道他口袋里头放着一个其大无比的鼻烟壶；塌鼻子用大鼻烟壶，这句俗话真是一点不错。

1　卡尔摩克人为蒙古族之一支，居于俄罗斯南部，伏尔加河与顿河之间。一八一五年拿破仑战败后，联军进入巴黎，俄军中即有卡尔摩克人在内。
2　古埃及与古希腊的建筑，多以雕刻精美的人像作支柱。
3　古代神王阿特拉斯为朱庇特之子，高大如山，足为擎天之柱。美术图像上将其绘成肩负地球之人。

米诺莱－勒佛罗生在大革命时代，经过帝政时代，一向不参加政治；至于宗教观念，除了结婚那天，他从来不进教堂；他的做人之道全部写在民法上：凡是法律所不禁或是无法惩戒的事，他认为都可以做得。所谓读物，只限于塞纳－俄阿士州的报纸，或是与他行业有关的法令规程。他被认为种庄稼的老手，但他的知识纯粹偏于实用方面的。因此米诺莱－勒佛罗的精神并不和肉体抵触。他难得说话；开口之前老是吸一撮鼻烟，以便腾出时间来，不是为了思索，而是找字眼。他喜欢多嘴而没法多嘴。想到这头没有鼻子没有悟性的像叫作**米诺莱－勒佛罗**，我们不禁和斯特恩有同感，觉得姓名的确有种神秘的作用，有时是讽刺一个人的性格，有时是预言一个人的性格[1]。米诺莱分明是个无用的人，却靠了大革命帮忙，三十六年中置了不少产业，有草原，有农田，有树林，合到一年三万法郎进款。有了这笔家私而米诺莱还在经营纳摩的运输生意和迦蒂南与巴黎之间的客运货运，倒不是因为老干这一行，成了习惯，而多半是要为他的独养儿子安排一个美好的前程。这儿子，像乡下人说的已经升格为先生了，刚念完法律，过了暑假就得宣誓当见习律师。米诺莱先生和米诺莱太太——因为从大汉身上，谁都看得出他必有一位太太，否则绝不会有偌大的家私——他们对于儿子的职业是听凭他挑选的：当巴黎的公证人也好，在别的地方当检察官也好，随便哪儿的稽征员也好，股票经纪人也好，车行老板也好。从蒙太奚到埃索纳，人

---

[1] 米诺莱一字内包含"米诺（minor）"，在拉丁文中意义是"小"；"勒佛罗（Levrault）"一字意义为"小兔"。这个姓氏与米诺莱－勒佛罗的巨象似的身体正好是个对照，也是一个讽刺。斯特恩（1713—1768）为英国作家，在所著小说《项狄传》中说到人的姓名与性格大有关系。

人都说："米诺莱老头有多少家业，他自己也说不清！"这样一个人的儿子，还有什么欲望不能满足，什么职位不能希冀呢？米诺莱的家道殷实，四年前又有新的事实证明：他那时卖了客店，把大街上的车行搬到码头上，另外盖了华丽的马房和住宅。新店的开办费花到二十万，一百多里周围的传说把这数目又加了一倍。纳摩的运输事业需要大量的马匹，往巴黎去的路线要到枫丹白露为止，东南要过蒙太奚，东北要过蒙德洛。各路的站头都相隔很远，蒙太奚路上的沙石又可以作为多加一匹马的借口，但旅客是花了钱永远看不见多加的牲口的。一个人长着米诺莱那样的身材，有着米诺莱那样的家业，开着这种规模的铺子，的确当得上纳摩老板的称号了。

　　米诺莱虽然从来不想到上帝或是魔鬼，虽然是个实际的唯物论者，正如他是个实际的庄稼人，实际的自私者，实际的吝啬鬼，至此为止却毫无遗憾的享着全福，假如单纯的物质生活可以算得幸福的话。生理学家若是看到他脑后一堆光秃的肉盖在最高的一根脊椎骨上面，把小脑压住了；听到他细而尖锐的声音和他的长相成为可笑的对比，就明白为什么这个高大、肥胖、笨重的庄稼人疼爱他的独养儿子，为什么他当初望子心切，甚至替他起个名字叫作但羡来[1]。倘若爱情真是男子生机旺盛，大有作为的标志，那么哲学家们也不难懂得米诺莱无用的原因了。儿子很运气，长得像母亲。而母亲就跟父亲争着宠孩子。那种无微不至的溺爱可没有一个儿童抵抗得了，不管他天性怎么样。但羡来看透自己有着予取予求的力量，便在父亲面前装作只向父亲要求，在

---

[1] 但羡来（Désiré）在原文中是渴望的意思。

母亲面前装作只向母亲要求,把两人的银柜和钱袋尽量榨取。他在纳摩镇上比一个王子在京城里还要威风;他要在巴黎跟在小镇上一样称心如意的享受,每年花到一万两千法郎以上。但凭了这笔钱,他换来许多新观念,那是在纳摩永远得不到的;他脱胎换骨,已经不是内地人了;他懂得金钱的势力,认为司法界确是一条上进的门路。

最后一学年,他交结一般艺术家、新闻记者和他们的情妇,比往年又多花了一万法郎。

最近他有封教人挂念的信写给父亲,谈到一门亲事,要求他支持;大概为了这个缘故,车行老板才在桥上老等;但米诺莱-勒佛罗太太,一边为庆贺胜利归来的法学士忙着端整丰盛的饭菜,一边也打发丈夫到路口上来接,还吩咐他看不见驿车,就该骑着马迎上去。这独养儿子搭的班车,平时清早五点就到纳摩的,此刻却已经敲了九点!怎么会这样脱班的?是不是翻了车?但羡来不要送了命吧?还是只断了一条腿呢?

三下响鞭的声音,像排枪似的破空而至,马夫们的大红背心远远的出现了,十匹马都嘶叫起来。老板脱下帽子挥舞,人家看见他了。一个坐骑最好的马夫,带着两匹驾双轮车的灰色花马,把马一夹,超出了五匹驾驿车的肥马和三匹驾四轮车的马,直奔到老板面前。

"你有没有看见**杜格兰**?"

大路上的客车都有些怪名字:什么加耶、杜格兰(那是纳摩与巴黎之间的班车)、大公司等等。一切新开车行的车都被称为**抢生意的!**勒公德经营的时代,他的车都被称为公德斯——"加耶没追上公德斯,可是大公司把公德斯丢得老远了!"——"法兰西（法兰西运输行的简称）给加耶和大公司比下去了。"倘若马夫乱砸东西，连酒也不要喝，你不妨向领班的打听一下，他会仰着头，眼睛望着远处，回答你："**抢生意的跑在前面去了！**"那时马夫会把话接过去："混蛋，他简直**不让客人打尖！**"领班的却说："嚅，客人，他们会有客人吗？你把包里涅狠狠的抽几下就是了！"包里涅是一切劣马的总称。马夫和领班的在车顶上嘻嘻哈哈谈的无非是这一套。法国有多少种行业，就有多少种行话。

"你有没有看见**杜格兰**？……"

"你是说但羨来先生吧？"马夫打断了老板的话，"哎！你该听见我们的了，我们料到你等在路口，特意用响鞭给你报信的。"

"为什么班车迟到了四个钟点？"

"在埃索纳和蓬蒂埃里之间，后面有个轮子脱了箍。可是没出乱子，上坡的当口，幸好给加皮洛发觉了。"

那时，纳摩教堂的阵阵钟声正招呼居民去望星期日的弥撒；一个三十六岁左右的女人，衣服穿得齐齐整整，走近车行老板，说道：

"喂，表叔，说来你才不信呢！咱们的叔叔带着于絮尔到了大街上，要去望弥撒了。"

虽然现代诗学注重本地风光，定下许多规律，我们也不能过于写实，把这个表面上极平淡的新闻，从米诺莱-勒佛罗那张阔嘴里引出来的连咒带骂的丑话，照样述说。他的声音变得格外尖锐，脸上的神气正如俗语说的，像中暑一般。

第一阵怒火发作过后，他问："可是真的？"

好几个马夫赶着马打前面过，向老板招呼，老板好像既没看见,也没听见。米诺莱-勒佛罗不再等儿子,竟和表侄媳俩走向大街去了。

她接着说:"我不是早告诉你吗?米诺莱医生一朝老糊涂了,那假仁假义的小丫头准会哄他热心宗教的;抓住头脑就是抓住荷包;咱们的遗产准给她抢去的了。"

"不过,玛尚太太……"车行老板迷迷糊糊的说着。

玛尚太太打断了表叔的话:"啊!你也要跟玛尚一样来一套吧,说什么:这种计划可是一个十五岁的小姑娘想得出、做得到的?八十三岁的老头儿,生平只有结婚进过教堂,恨死了神甫,连这孩子初领圣体也没陪着去,她怎有本领改变他的思想?——好,我问你,倘若米诺莱医生果真恨教士,为什么十五年工夫,他差不多天天晚上都跟夏伯龙神甫在一起?于絮尔每次领圣餐,假道学的老头儿都让她捐二十法郎香烛钱。为了酬谢神甫替她准备初领圣体,于絮尔还送了一笔很重的礼,难道你记不得了?她把自己的积蓄都花光了,事后她干爹[1]却加倍还她。你们男人,什么事都不知道留神!我当初听到这些,就说:葡萄割完,篮子没用啦!一个有遗产的老叔,这样对待一个从街上捡来的小娃娃,绝不会没有用意的。"

车行老板回答:"呃,老头儿送于絮尔上教堂,也许只是偶巧。天气很好,咱们老叔想出来遛遛也说不定。"

"哼,他手里挟着一本经文,还扮着一副道貌岸然的面孔!总而言之,你自己去瞧罢。"

大胖老板答道:"没想到他们的把戏瞒得这么紧;蒲奚伐女人

---

[1] 此处的"干爹"系旧教徒受洗时之教父。

明明告诉我,医生跟夏伯龙神甫从来不提宗教。并且这本堂神甫是天底下最规矩的人,哪怕只剩一件衬衫,也会送给穷人的;他绝不会阴损人家;而走漏遗产,那简直是……"

"简直是偷盗。"玛尚太太说。

"比偷盗还要不得!"米诺莱-勒佛罗叫起来。他听了多嘴的表侄女的意见,气坏了。

玛尚太太道:"我知道,夏伯龙神甫虽是教士,人倒挺规矩的;但他为了穷人,什么事都做得出来!他可能从里头蛀呀蛀的,把咱们的老叔从里头蛀空,而医生也会变成宗教狂的。我们一百二十分的放心,谁知他一下子走了邪路!一个从来不信宗教的人,极正派的人:谁想得到!噢!咱们完啦。我丈夫心里七上八下,烦死了。"

玛尚太太这些话,等于放出许多箭射在大胖表叔身上;她使米诺莱不管身体怎么笨重,居然和她走得一样快,那些望弥撒的人见了都大为惊奇。玛尚太太特意要赶上米诺莱医生,让车行老板亲眼看到。

靠迦蒂南方面,连绵不断的山岗俯瞰着纳摩镇,沿着山脚便是洛昂运河和通往蒙太奚的大道。教堂的石头被时间披上黑黝黝的外衣,因为它是琪士家在十四世纪重造的;那时的纳摩正是琪士公爵的封地[1]。教堂坐落在镇梢上,后面有一个高大的拱门像框子一般把它镶嵌着。建筑物跟人一样,地位最要紧。因为门前有树荫,有一片挺干净的广场把它衬托着,这所孤零零的教堂便显得庄严伟大。一进广场,纳摩老板恰好看到老叔搀着那个叫作于

---

[1] 此系巴尔扎克误记;琪士族最早的公爵生于十六世纪,故纳摩成为他的封邑不能早于十六世纪。

絮尔的姑娘,各人手里挟着一本经文,正要进入教堂。老人在门洞底下脱了帽子,满头白发像积雪的山峰,在大堂前柔和的阴影中闪闪发光。

纳摩的稽征员,叫作克莱弥埃的,嚷道:"喂,米诺莱,老叔信了教,你有什么感想?"

"教我说什么好呢?"车行老板说着,请对方吸了一撮鼻烟。

"回答得妙,勒佛罗老头!有位大名鼎鼎的作家说过:一个人没说出自己的思想,先得把话想一想;倘使这话是对的,那你当然不能把心里的意思明说了。"说这俏皮话的是一个突然闯过来的年轻人,他在纳摩镇上所扮的角色,等于《浮士德》里头的曼斐斯托番[1]。

这恶少名叫古鄙,是纳摩公证人克莱弥埃-第奥尼斯的首席帮办。父亲是个小康的庄稼人,打算教儿子当公证人的;古鄙把遗产在巴黎挥霍净尽,待不下去了,第奥尼斯便留他在事务所里帮忙,虽然也知道他过去的劣迹。你只要看到古鄙,就会知道他是一向忙着寻欢作乐的;因为他为着作乐已经花了很大的代价。

帮办身材虽是矮小,二十七岁上的胸部已经跟四十岁的人一样。两条又短又细的腿,一张大阔脸,皮色乌七八糟,仿佛雷雨之前的天空,脸部高处耸起着光秃的脑门:这种种格外显出他体格的畸形。脸相很像驼子,不过他的驼峰似乎是藏在身体内部的。没有血色而苦闷懊恼的脸上有种特殊的神气,证实他的确有个看不见的驼峰。鼻子和许多驼子的一样,弯弯曲曲,扭来扭

---

[1] 曼斐斯托番为诱惑浮士德的魔鬼,博学多闻,诙谐百出,但心术邪恶,阴险殊甚。

去,不长在脸中央,而是自右至左斜着过去的[1]。嘴角两旁耸起一些纹溜,像萨尔台涅人,表示他随时会说刻薄话。稀少的头发黄里带红,一绺绺的挂在额前,有些地方可以看得出头皮。一双又大又扭曲的手,跟太长的胳膊接榫没接好,难得有干净的时候。脚下穿着早该扔在垃圾堆上的鞋子,黑里泛红的粗丝袜。裤子和黑呢上装已经露出经纬,差不多堆了一层油腻;可怜巴巴的背心,好几个纽扣都丢了芯子;脖子里裹着一条旧围巾当领带。全部装束都说明他为了贪欢纵欲,潦倒得不成体统了。

这许多细节固然可怕,但他的主要性格还在那两只山羊眼睛;眼珠四周,围着一圈黄的,有种淫乱和卑鄙的表情。他在镇上是大家最害怕最敬重的人。因为长得丑,古鄙格外野心勃勃;胸襟很窄,跟一般肆无忌惮的人一样特别有他可恶的小聪明,专门用来报复心中的怨恨。他会编些狂欢节里唱的讽刺的小调,纠集无赖在街上起哄,他那张贫嘴等于当地的一份小报。第奥尼斯为人狡猾、虚伪,因此也很胆小;他雇用古鄙,一半是因为古鄙聪明绝顶而有些害怕,一半是利用古鄙熟悉地方上的内情。但东家对帮办防得很严,银钱出入自己掌管,不留古鄙住在家里,也不让他亲近,机密的或是出入重大的案子都不交给他办。帮办受着这种待遇,一面巴结东家,一面怀恨在心,暗中监视着第奥尼斯太太,想找机会出气。他悟性极快,办什么事都轻而易举。

当下帮办搓着手,车行老板回答他说:"噢!小子!你已经在幸灾乐祸了。"

但羡来平时想弄什么女人,古鄙无不丧尽廉耻,竭力帮衬,

---

[1] 驼子身体畸形,往往两腿瘦削,鼻子歪曲;古鄙并非真的驼子,但长相极像驼子,故作者谓其驼峰藏在身体内部。

所以五年来但羡来都引他为同道,而车行老板也对他不大客气,没有想到古鄙胸中积着多少怨恨,把所受的羞辱都记在那里。帮办懂得金钱对自己比对谁都重要,也知道自己比纳摩镇上所有的布尔乔亚都高强,很想挣一份家业,仗着跟但羡来有交情,把当地三个缺分买一个下来:或是治安裁判所的书记职位,或是随便哪个书办的事务所,或是第奥尼斯的事务所。因此尽管车行老板把他呼来喝去,米诺莱-勒佛罗太太把他不当人看,他始终耐着性子忍受,在但羡来身边做一个不要脸的小丑。两年以来,但羡来假期终了时丢下的情妇,都由他接收。古鄙可以说是端整了大菜给别人享受,自己只拾些残羹冷饭。

"我要是老头儿的侄子,哪怕上帝要和我平分遗产,老头儿也不会答应。"帮办说着,露出一口又少、又黑、又吓人的牙齿,狞笑了一下。

那时,治安裁判所的书记玛尚-勒佛罗,走到他女人身边来,还带着稽征员的妻子克莱弥埃太太。玛尚-勒佛罗在小镇上的布尔乔亚里头是最贪心的一个,脸长得跟鞑靼人一样:小圆眼睛好比两颗山楂果,脑门扁平,短短的卷头发,油腻的皮色,一对大耳朵没有耳朵边,嘴唇薄得看不见,胡子很少。他跟放印子钱的人一样外貌温和,心地狠毒,行事都有一定的原则,说话像失音的人。总之,要把他描写完全,只消知道他不雇用下手,所里的判决书都是派妻子和大女儿送达的。

克莱弥埃太太是个胖子,头发的颜色像淡黄又不像淡黄,满面雀斑,衣服都紧贴在身上,平时交结第奥尼斯太太;大家认为她有学问,因为她会看看小说。这位末等金融家的太太,自命为高雅大方,极有才情。她等着老叔的遗产,好让自己**有点儿气**

派,把客厅装饰起来,接待镇上的布尔乔亚;因为丈夫不肯替她买加赛保险灯、镂版画,和她在公证人太太府上看到的一些无聊东西。她最怕古鄙;因为她常常失言,被古鄙拿去到处宣扬。有一天,第奥尼斯太太说不知道用什么药水洗牙齿好。

她却回答说:"干吗不用奥比阿[1]呢?"

米诺莱老医生所有的旁系亲属,那时差不多全到了广场上;他们为之惊慌不已的那件事,谁都感觉到意义重大,连一般来自四乡,拿着大红雨伞,穿得花花绿绿,逢时过节走在路上别有风光的男男女女,也一齐把眼睛盯着米诺莱的承继人。在介乎乡村与城市之间的镇上,凡是不去望弥撒的人,都留在广场上谈生意经。按照纳摩的习惯,弥撒祭的时间便是每周一次的交易所时间,散处在几里以内的居民往往在这儿集会。因此,乡下人卖给城里的粮食和替城里人做工,都有个一定的价钱。

车行老板问古鄙:"那么你处在这地位又怎么办?"

"我要使他少不了我,觉得我跟空气一般重要。你们就是不会应付哩!遗产跟美人儿一样需要小心侍候,稍一疏忽,这两样都会溜之大吉的。要是我的东家娘在这儿,一定会觉得我这个譬喻再贴切没有。"

治安裁判所的书记玛尚回答道:"可是,刚才篷葛朗先生还叫我不用操心呢。"

古鄙笑道:"噢!这句话可有好几种说法。我很想听听你那个刁钻的法官怎么说的。倘若事情没希望了,倘若我跟他一样是你们老叔家的常客,知道大势已去,我也会告诉你——不用操

---

[1] 第奥尼斯太太问的是刷牙用的药水或牙膏,奥比阿却是一种滋补牙齿的糖浆,供人服用的。

心！"

古鄙说到最后一句，笑的模样儿非常滑稽，意义又很明显，使那些承继人疑心玛尚是受了法官的骗。矮胖的稽征员，正如所有的稽征员一样庸俗，也像一个聪明的妻子所希望的那么无用，对他的共同承继人玛尚吆喝道："哼，我早跟你说的！"

口是心非的人总以为别人也是口是心非的：玛尚气冲冲的把治安法官瞅了一眼，法官正在教堂附近跟他从前的老主顾杜·罗佛侯爵谈天。

"要是我知道的话！……"玛尚说。

古鄙有心挑拨玛尚，教他报复，便说："罗佛侯爵有好几桩官司在身上，连逮捕状也下来了，篷葛朗此刻正在替他出主意；你不妨从中阻挠，教他帮不了忙。可是对你那上司得陪着小心，老头儿狡猾得很，在你们老叔前面说话一定有些力量，还能拦着他不把全部财产捐给教会呢。"

"算了罢！我们吃不到这块肉也不见得就会饿死。"米诺莱-勒佛罗说着，旋开他那个硕大无朋的鼻烟壶。

"不过也休想靠此过活了。"古鄙这句话教两个女的打了一个寒噤。她们念头比丈夫转得更快，以为丧失这笔钱等于衣食成了问题，因为她们多少年来只想派遗产的用场，把生活过得舒服一些。古鄙却接着说："可是咱们要替但羡来接风，还是痛喝几杯香槟酒，把这件小小的失意事儿忘了罢；老头儿，你说是不是？"他拍拍大胖老板的肚子，唯恐人家忘了，不叫他一块儿吃饭。

02

有遗产的叔父

故事没讲下去以前,也许一般认真的读者希望先看到一张承继人的名单;为了解三位家长或者他们的太太,跟忽然信了教的老人有什么亲属关系,那张名单原是少不了的。而内地人家血统的交错,也是一个可以引起我们许多感想的题目。

纳摩镇上只有三四家不知名的小贵族,姓包当丢埃的算是有声望的一家。他们来往的只限于在四乡有田产或古堡的,例如圣·朗日那块上好产业的主人特·哀格勒蒙,还有田地都抵押光了,一般布尔乔亚都眼巴巴的等着并吞他产业的杜·罗佛侯爵。住在镇上的贵族是没有财产的。特·包当丢埃太太的全部家私,只有一处岁入四千七百法郎的田庄和镇上一所屋子。跟这个微不足道的圣·日耳曼郊区[1]对抗的,有十来家富户,都是从前的磨坊主人,或是退休的商人,总之是个小型的布尔乔亚阶级;在他们之下就是一般零售商、贫民和乡下人了。这些布尔乔亚,像在瑞士的郡县和许多别的小国中一样,都发源于几个土著的家庭,

---

[1] 圣·日耳曼郊区为巴黎一区的名字,十九世纪前期为贵族住宅区。

祖上也许还是高卢人；他们控制了一个地方，逐渐蔓延，几乎把所有的居民都变做了亲戚。路易十一的朝代，平民已经把外号变做本姓，有几个并且和封建的姓氏混合了；那时纳摩的布尔乔亚共有米诺莱、玛尚、勒佛罗和克莱弥埃四姓。到路易十三治下，这四个姓已经化出玛尚-克莱弥埃、勒佛罗-玛尚、玛尚-米诺莱、米诺莱-米诺莱、克莱弥埃-勒佛罗、勒佛罗-米诺莱-玛尚、玛尚-勒佛罗、米诺莱-玛尚、玛尚-玛尚、克莱弥埃-玛尚……这些姓氏再加上"小辈"和"长房"一类的称号，或者叫作克莱弥埃-法郎梭阿、勒佛罗-雅各、约翰-米诺莱等等[1]。倘若平民阶级有天需要谱系学者的话，便是昂赛末神甫复生[2]，也要被这些姓氏搅昏头的。四份人家由于通婚和后嗣关系，变出许多万花筒式的姓氏，越来越复杂。编纂《高太年鉴》的本多会教士，研究日耳曼贵族错杂的家谱，下的工夫固然极精密，但遇到纳摩布尔乔亚的世系表，恐怕也不容易应付了。好些年来，米诺莱一姓是开制皮作的，克莱弥埃一姓是开磨坊的，玛尚是做买卖的，勒佛罗始终是庄稼人。算是地方上的运气，这四个主干的根须并不单纯往地下伸展，而是抽出新芽来，或是靠某些离开本乡另谋发展的子孙，接种到外面去：有些米诺莱在墨仑开铁店，有些勒佛罗到了蒙太奚，有些玛尚到了奥莱昂，还有些克莱弥埃在巴黎做了要人。从蜂房里分群出去的那批蜜蜂，命运各个不同。一般有钱的玛尚当然雇用了穷的玛尚，正好比日耳曼的贵族为奥地利或普鲁士的王室服务。同一个州里，就有一个当兵出身的米

---

[1] 法国习惯，两姓结亲以后，尤其在女方的母家没有男承继人的情形之下，往往把两家的姓氏合在一处，作为夫婿的姓氏。数代后倘支系繁多，则又把名字夹在姓中以为识别。
[2] 昂赛末神甫为十六世纪有名的谱系学者，有《法兰西王室世系及年谱》一书行世。

诺莱替一个百万家财的米诺莱做保镖。打个比喻说，这四个只有姓和血统相同的梭子，一刻不停的织着一匹布，一段做了衣衫，一段做了饭巾，一段做了细密的麻布，一段只是粗糙的里子布。他们之中在社会上成为头脑的、心脏的，或是单单跑腿的，不论是胼手胝足的也罢，有肺病的也罢，天才也罢，都属于同一血统。他们的族长都忠于乡土，住在小镇上。彼此的亲戚关系随着人事而忽远忽近，而人事变迁的标识便是那些古怪的外姓。不论你上哪儿，只要换掉姓氏，到处都是同样的情形，只缺少一些从封建阶级沾染得来，而被沃尔特·司各特写得那么生动的诗意。

我们不妨把目光放远一些，从历史上去考察一下人类的发展。所有十一世纪的贵族，除了加贝王族，几乎已经全部绝迹，但对于今日的几个世家，如洛昂，如蒙莫朗西，如鲍弗勒蒙，如冒德玛，都是有关系的；他们的血统只要传到最后一个名副其实的贵族。换句话说，一切布尔乔亚都是亲戚，一切贵族也都是亲戚。《圣经》上讲谱系的那一段，很深刻的说，闪、含、雅弗三家的后代在一千年中可以布满地球。一家能成为一国，不幸一国也能销声匿迹，重新成为一家。我们的祖先总跟着年代而越来越多，像几何级数一般增加而数目是自乘的[1]；要证明一家可成为一国，一国可成为一家的话，只消在追溯祖先的时候引用一个波斯哲人的计算。相传他发明了棋戏，向波斯王要求酬报，第一个棋盘要一根麦穗，以后每个棋盘以累进法加倍，结果是把整个王国送给他还不够。贵族是靠经久不变的制度保护的，布尔乔亚是凭孜孜不倦的劳动与巧妙的经商生存的；贵族网与布尔乔亚网的

---

[1] 作者此处所说"几何级数"与"数目自乘"二语，大有语病。追溯祖先，从自身往上推，第一代为二，第二代为四，第三代为八，第四代为十六，每次均为乘二，显非自乘。

交错，两种血统的对抗，便产生了一七八九年的革命。现在，贵族与布尔乔亚差不多已经混合，双方都有大批毫无遗产的旁系亲属。他们将来怎么办呢？答案就要看以后的政局了。

因走进教堂而轰动一时的米诺莱医生，他的一支在路易十五治下只是简简单单的米诺莱。因为人口众多，五个弟兄姊妹之中的一个到巴黎去找出路了，难得再在本乡露面；祖父母故世的时候，他的确是回来领他的一份遗产的。和一切意志坚强，想在巴黎上流社会占一席地的青年一样，米诺莱吃了许多苦；但成就之大，恐怕远过于他当初的期望。他先研究医学，那是本领与运气都要紧，甚至运气比本领更要紧的职业。承蒙同乡杜邦抬举，很幸运的跟伏尔泰戏称为**莫赖**的莫勒莱神甫有交情[1]，又得到百科全书派的庇护，米诺莱医生死心塌地的跟着狄德罗的朋友、大名鼎鼎的鲍尔端医生。米诺莱年轻的时候见过达兰贝尔、埃凡丢斯、霍尔巴赫男爵、葛利姆[2]；他们后来都和鲍尔端一样对米诺莱很关切。一七七七年左右，他病家很多，大半是无神论者、百科全书派、感觉论者、唯物论者……总之是当时一般有钱的哲学家，你爱怎样称呼都可以。他虽不是江湖医生，却发明了红极一时的**勒黎埃佛药膏**，由百科全书派的机关刊物《法兰西雄辩周报》大捧特捧，在封底上常年登着广告。药剂师勒黎埃佛是化学家罗埃尔的学生，正如米诺莱是鲍尔端的学生；米诺莱发明药膏，本意只想在《药典》上有个名字；勒黎埃佛却精明能干，认为是笔好买卖，赚的钱也很公道的分给米诺莱。其实，用不到这样的厚利，

---

1 杜邦（1739—1817）为法国有名的经济学家。莫勒莱神甫（1727—1819）为文学家兼经济学家，虽系教士，与伏尔泰为密友，并参加"百科全书"的编纂工作。
2 以上四人均为十八世纪的百科全书派哲学家及作家。

一个人也很容易成为唯物论者。一七七八年，正当《新哀络绮思》[1]风行一世，有些人开始单为爱情而结婚的时代，米诺莱医生爱上了于絮尔·弥罗埃，和她结了婚。她的父亲是有名的洋琴家，叫作华朗丁·弥罗埃；她本人也是个出名的音乐家，身体娇弱，在大革命中故世的。米诺莱和罗伯斯庇尔很亲密，大革命以前曾经帮助他，使他一篇应征的论文得到金像奖，题目叫作：**一人犯罪，全家受辱，渊源何在？此种舆论是否害多利少？若然，当用何法补救？**论文原稿，恐怕还保存在曼兹的王家科学艺术学会，米诺莱便是这学会的会员。有了这种交情，医生的太太在大革命期间本可有恃无恐；但她感觉过于灵敏，早就害着动脉瘤，又为了断头台的恐怖，吓得心惊胆战，把病益发加重了。虽则疼爱她的丈夫对她保护周密，她仍看到了满载死犯的囚车，而车上正好有罗兰夫人在内。这一幕就成为她致命的原因。米诺莱平日对于絮尔百依百就，让她过着情妇一般的生活；她死后，医生的钱差不多完了，罗伯斯庇尔便安插他做了某医院的主任医师。

当年为了梅斯曼的催眠术大开论战的时期，米诺莱颇享盛名，他的本家还不时想起他。但大革命的分解力量太强了，家庭关系都为之中断；一八一三年左右，纳摩镇上已经没人知道有米诺莱医生这个人。那时他倒由于偶然的机会，想起归隐故乡，像兔子一般躲到老窟里来终老了。

在法国境内游历，单调的平原很容易教人厌倦；倘在山岗高头，或是下坡的时候，或是峰回路转的当口，满以为迎面无非是一片荒凉的景色，而事实上却看到一个清秀的山谷，受着河流

---

[1] 卢梭的《新哀络绮思》描写男女的自由恋爱，为十九世纪浪漫派文学先驱。

灌溉，岩石之下荫蔽着一座小镇，好似中空的枯树之间藏着一个蜂房，那时谁不欣喜欲狂呢？你听见走在牲口旁边的马夫一声吆喝，自会驱走睡魔，欣赏那美丽的景致，当做梦中之梦。正如读者在一本书里发现了精彩的段落，旅客也体会到了大自然中的一股灵气。从蒲尔高涅方面来的人一眼看到纳摩，就有这种感觉。市镇四周尽是光秃的岩石，有灰的，有白的，奇形怪状，跟罗列在枫丹白露森林中的一般无二；其中挺立着疏疏落落的树木，很显明的在天边映出它们的倩影，使那些像倒坍的城墙般的岩石另有一种田园风味。蒲隆与纳摩之间，沿着大路连绵起伏的、全是树木茂盛的岗峦，到这里才告结束。形状不一的巉岩底下，展开着一片草原，洛昂河横贯其中，形成许多瀑布。蒙太奚大道旁边的这幅秀美的风景，颇像歌剧中的布景，一切效果仿佛都是经过设计的。

一天早上，米诺莱医生到蒲尔高涅看了一个有钱的病人，急于回巴黎，没有在前一站上说明要走哪一条路，不知不觉被马夫带到了纳摩。他一觉醒来，看到那片风景，正是他消磨童年的地方。那个时期，好几位老朋友都故世了。这位百科全书派的信徒眼看拉·哈泼信了旧教；勒勃伦-班达尔、玛丽·约瑟·特·希尼埃、莫勒莱和埃凡丢斯太太的葬礼，他都参加过了；看着伏尔泰声望低落，在弗莱隆之后又受到乔弗罗埃的攻击；米诺莱医生自己也想到退休了。包车停在纳摩的大街上段打尖，他便有心打听一下亲属的情形。米诺莱-勒佛罗亲自跑来见医生，医生发觉车行老板原是他大哥的嫡亲儿子。这侄儿说，他娶的老婆是勒佛罗-克莱弥埃老头的独养女儿；十二年前丈人死了，把车行和纳摩镇上最漂亮的客店传给了他。

医生问:"那么侄儿,我还有别的承继人吗?"

"还有我的姑母,嫁给玛尚－玛尚家的,是你的姊妹。"

"不错,她丈夫是圣·朗日田庄的总管。"

"姑夫先死,接着姑母也死了,只留下一个女儿,最近嫁了克莱弥埃－克莱弥埃;他人很不错,只是还没找到差事。"

"啊!她就是我嫡亲的外甥女啰。我弟兄之中,一个当水手的,没娶亲就死了;一个当上尉的,在蒙德－莱奚诺阵亡了,可见父系方面的人都完啦。那么我母系方面还有亲戚没有?我母亲是约翰·玛尚－勒佛罗家的人。"

米诺莱－勒佛罗答道:"约翰－玛尚－勒佛罗一家只剩一个女儿,嫁给克莱弥埃－勒佛罗－第奥尼斯,他是承包军中的草料生意,死在断头台上的。他老婆因为家破人亡,郁郁闷闷的死了;留下一个女儿,嫁给勒佛罗－米诺莱,在蒙德洛种田,日子过得不错。他们的女儿最近嫁了玛尚－勒佛罗,在蒙太奚的公证人手下当书记,他父亲在蒙太奚当铜匠。"

"原来我的承继人不少哇。"医生高高兴兴的说着,要侄子陪他在纳摩镇上走走。

微波荡漾的洛昂河在镇上横贯而过;两岸有些砌着平台的花园和整洁的屋子,单看外表,好像这地方竟是人间福地。医生从大街拐进布尔乔亚的当口,米诺莱－勒佛罗指着勒佛罗先生的一所屋子,说主人是巴黎有钱的五金商,最近才故世的。

"叔叔,这所漂亮屋子要出卖呢,临河还有一个挺好的花园。"

屋子前面有一个铺着石板的小院子,两旁是邻屋的界墙,邻居被浓密的树荫和蔓藤遮掉了。医生看着,说道:"进去瞧瞧罢。"

他走上很高的石梯,扶手高头摆着白的、蓝的珐琅盆,盆中柘榴红开得很盛。医生道:"原来底下还有地窖子。"

像多数内地房屋的格式,屋子中间是一条过道,前通院子,后通花园;过道右边只有一间客厅,开着四扇窗,两扇朝院子,两扇朝花园;勒佛罗把其中一扇改做了门洞子,通到一所砖砌的花房,花房很深,从客厅直达河边,尽头又有一间恶俗不堪的中国式的水阁。

米诺莱老人道:"这花房盖上屋顶,铺上地板,就能安放我的藏书;那古怪的小建筑可以改做一间精雅的小书房。"

过道那一边,靠花园有一间餐室,墙壁是黑漆底子,画着金碧花卉。餐室后面是楼梯道,再往后去有一个放碗盏的小间,过去便是灶屋;灶屋的窗朝着院子,装有铁栅。二层楼上有两个兼带套房的卧室;顶上是几间阁楼,装着护壁板,还能住人。临着院子和花园的外墙,为了爬墙的藤萝,从上到下都钉着绿漆的木条子;临河一带砌着平台,摆着珐琅质的花盆。医生匆匆忙忙看了一遍,说道:

"嗯,勒佛罗-勒佛罗倒着实花了些钱!"

米诺莱-勒佛罗答道:"噢!花了很多呢!他喜欢花草,那真是胡闹!我女人说的:'花有什么出息?'你瞧,还有一个巴黎画家把过道的壁上也画满着花呢。到处嵌着大镜子。平顶也重新做过,光是四角堆花的嵌线就要六法郎一尺。饭厅的地板都用小木块拼的,简直发疯!屋子并不因此多值一个钱。"

"好吧,侄儿,你替我买下来,帮我出点儿主意;我把我的地址写给你。其余的事,只要跟我的公证人接洽好了。"他走出门,又问了声:"对面住的是谁?"

车行老板回答:"是个逃亡贵族[1],叫作什么特·包当丢埃骑士。"

屋子买进以后,那名医并不搬来,却写信教侄儿出租。纳摩的公证人刚把事务所盘给首席帮办第奥尼斯,便租下老勒佛罗的别墅。过了两年,正当拿破仑在纳摩附近作最后挣扎的时节,老公证人死了,医生的屋子又得另招房客。那些承继人空欢喜了一场,大失所望,认为他想回故乡的念头只是有钱人一时之兴,巴黎一定有什么得宠的人把他留着,将来会夺掉他们遗产的。但米诺莱-勒佛罗的女人借此机会写信给医生。医生回信说,等巴黎和约签了字,路上没有了乱兵,交通恢复了,他立刻住到纳摩来。随后他带着两个病家来了一次,一个是救济院的建筑师,一个是家具商。这两人负责修理屋子,改造内部,搬运家具。米诺莱-勒佛罗太太把已故公证人的厨娘荐去看守屋子,医生也就雇用了。

虽则迦蒂南与勃里一带在那时是大局演变的中心,但承继人们一知道他们的叔叔,或是舅舅,或是表叔祖,要正式住到纳摩来的消息,他们的家属便心里痒痒的,但也差不多是名正言顺的,急于打听消息。大家在心里盘算:老人家是不是很有钱?是俭省的还是会花钱的?有没有存着什么终身年金?他们费了不知多少心计,经过不知多少暗中的刺探,终于打听出下面一些事实。

医生自从太太于絮尔·弥罗埃死了以后,在一七八九至一八一三年间挣的钱照理是不少的,因为他从一八〇五年起就担

---

[1] 大革命时,贵族多逃亡国外,一部分拿破仑称帝后回国,多数均于路易十八复辟后回国。回国后一般人仍称之为逃亡贵族。

任皇帝的顾问医师[1]；但谁也不知道他财产的总数。他生活很简单，住着一个华丽的公寓，包着一辆论年的马车，除此以外，没有别的开支了；他从来不请客，几乎老在外边吃饭。女管家因为不能跟着到纳摩来，非常气愤，告诉车行老板的女人才莉，说医生手里有年息一万四的公债。他行医二十年，加上医院的主任医师、皇帝的顾问医师、学士会会员等等的头衔，业务收入当然格外可观；但历年存放所得，只有一万四的利息，可见他至多只积了十六万法郎。既然一年只能积蓄八千法郎，他不是有许多不良嗜好要满足，便是有许多善事要做；但女管家和才莉都猜不透资产不丰的原因。事实上，米诺莱医生是巴黎最乐善好施的一个人，区里的居民对于他的告老还乡惋惜不置，但他和拉莱[2]一样，做的好事都是极秘密的。

他已经得了荣誉团四等勋章，最近路易十八又封他为圣·米歇骑士，大概是他的退休使王上能够安插一个私人的缘故。一般承继人，看见老叔的华丽的家具和大量的藏书装运到纳摩来，觉得非常惬意。可是建筑师、漆匠、家具商，把一切都布置得极其舒服了，医生还是姗姗来迟。米诺莱-勒佛罗太太把屋子当作自己的产业一般，监督建筑师与家具商的工程。一个派来整理藏书的青年对她漏出一句话，说医生抚养着一个孤女，叫作于絮尔。这消息使纳摩镇上大大的骚动了一阵。一八一五年正月，老人终于带着一个十个月的小娃娃和一个奶妈，不声不响的在屋子里安顿下来了。

那些惊慌的承继人都说："于絮尔绝不是他生的，他已经

---

[1] 十九世纪上半期，法国对拿破仑一世皆简称为皇帝。
[2] 拉莱为十八至十九世纪时有名的外科医生，以心术仁慈著称。

七十一岁了！"

玛尚太太说："不管她是什么关系，反正是我们心上的一块疙瘩！"

医生接待母系方面的表侄孙女相当冷淡。表侄孙婿玛尚才盘进治安裁判所的书记职位；在所有的承继人中，他夫妇俩首先向医生提到处境艰难的话。玛尚家并无财产。父亲在蒙太奚当铜匠，为了拔清债务，年纪到了六十七还像年轻人一样的做活，将来绝不会有什么遗产的。玛尚太太的父亲，勒佛罗-米诺莱，新近受到战祸，死在蒙德洛，因为眼看自己的农庄烧了，田地荒了，牲畜也完了。

"从你叔公那儿，咱们一个子儿也弄不到的。"玛尚对妻子说；她正怀着第二个孩子的身孕。

可是医生私下给了他们一万法郎。玛尚跟纳摩的公证人和书办都是朋友，便拿这笔钱去放高利贷，把四乡的农民狠命盘剥；多少年下来，据古鄙说，已经神不知鬼不觉的积到八万法郎了。

至于外甥女，医生凭着巴黎的人事关系，替外甥婿克莱弥埃谋到了纳摩稽征员的职位，代他缴了保证金。米诺莱-勒佛罗丰衣足食，绝对不需要帮忙；但老叔对其余两个亲戚如此豪爽，才莉看了不免心中妒忌，便带着儿子去拜见；他才十岁，不久要到巴黎进中学，据她说费用很贵。因为冯太纳是米诺莱医生的病家，米诺莱就替侄孙在大路易中学弄到一个半费额子，进了四年级。

克莱弥埃、玛尚、米诺莱-勒佛罗这三个平凡透顶的人，开头两个月就被医生看透了；那个时期，他们竭力去巴结他，但巴结的不是老叔，而是遗产，单凭本能行事的人，在有头脑的人面前有一点很吃亏，就是很快会被人识破。从本能出发的念头太简单了，太刺眼了，令人一见便明；不比了解有心机的思想，双方的智力要不相上下才行。乖巧的医生买了那些承继人的欢心，教他们不能再开口以后，就拿事务、习惯，和小娃娃于絮尔需要照料做借口，不再招待他们，虽然也不至于闭门不纳。他喜欢一个人吃饭，睡得晚，起得迟；他回本乡原是为求休息和清静来的。老人家这些僻性似乎也在情理之内，那般承继人只在每星期日下午一点至四点之间来拜访；但他对于每周一次的访问也不想敷衍了，他说："你们等需要我的时候再来看我罢。"

老医生遇到严重的病症并不拒绝诊治，尤其对穷人；但绝对不愿意进小规模的纳摩救济院当医生，说他已经退休了。

本堂神甫夏伯龙知道他心地好，特意为了穷人来劝驾，他却笑着回答："我医死的人已经不少了！"

"他是个怪物！"

一般因高攀不上而觉得有失面子的人，都拿这句话向医生轻描淡写的报复一下；因为医生只跟几个值得承继人注目的人物做朋友。但自命为有资格和圣·米歇骑士来往，而事实上无法接近的布尔乔亚，对于医生和被医生垂青的人，从此种下了忌妒的根苗，不幸这根苗将来竟会发生作用。

03

医生的几位朋友

医生是个唯物论者,可是和纳摩的本堂神甫很快就交了朋友;这种怪事唯有**两极相接**这句成语才能解释。老人极爱玩脱里脱拉,那是教会中人最喜欢的游戏[1],而夏伯龙神甫的技艺正好跟医生匹敌。这是他们俩第一个共同点。其次,米诺莱乐善好施,而纳摩的本堂神甫也是迦蒂南一带的法奈龙[2]。两人学问都很渊博;纳摩镇上只有教士一个人能了解那位无神论者。彼此不了解是没法辩论的:听的人莫名其妙,你尽管言辞锋利也不会觉得有趣味。医生和教士识见高超,上流人物也见得多了,自然会身体力行,时常在谈话之间来一些不可少的小小的争论。他们俩都痛恨对方的主张,又都敬重对方的品格。倘使亲密的交情缺少这一类的对立和这一类的好感,人与人的交际就毫无意义了,尤其在法国,朋友之间必须有些相克的地方才好。反感是由于性格的冲突,而非由于思想上的争执。所以在纳摩镇上,夏伯龙神甫第一

---

[1] 这是一种用棋子、骰子和一个有格的木盘玩的游戏,规则很复杂。
[2] 法奈龙(1651—1715)不但为有名的神学家、伦理学家、教育家、作家,且为最有道行的主教。

个跟医生交了朋友。

那时教士正好六十岁；自从宗教的禁令取消的时候起[1]，就在纳摩当本堂神甫。因为舍不得离开本地的教徒，他没有接受主教区的副司祭职位。不关心宗教的人固然很愿意他留任，忠实的信徒却因之更敬重他了。这个既受教徒崇拜，也受居民欢迎的神甫，只顾一味行善，从来不问遭难的人对宗教的意见。他住宅里只有一些必不可少的家具，冷冰冰的，空荡荡的，很像吝啬鬼住的屋子。吝啬与慈悲的作用原是很相像的：吝啬鬼在地上积聚的财富，行善的人不是积聚在天上吗？

对于日常开支，夏伯龙神甫跟女佣人比高勃萨克[2]还要计较得厉害，假定这赫赫有名的犹太人也雇着老妈子的话。好心的教士，逢到穷人告急而自己囊无分文的时候，往往把鞋子上和短裤裤脚上的银搭扣卖掉。镇上一般虔诚的妇女看他走出教堂，把短裤脚管的带子拴在钮孔内，便赶紧到纳摩的首饰商那儿，赎出搭扣送回去，还埋怨他几句。他从来不添内外衣服，要穿到不能再穿为止。到处都是补丁的内衣，贴在肉上好似马鬃做的苦行衫[3]。包当丢埃太太或是别的信女，只能跟他的女管家讲妥，等他睡觉的时候把旧衣服拿掉，换上新的，而神甫还不一定就会发觉。菜盘是锡的，刀叉是熟铁的。逢到什么节日，县级的本堂神甫照例要请四乡的教士吃饭，那他只能向不信上帝的医生去借用桌布和银器。

---

1 大革命初期，一切宗教均被禁止，教堂皆被充公；至一七九五年方取消禁令，恢复信仰自由。
2 高勃萨克为巴尔扎克创造的放高利贷的典型人物，另有一短篇小说描写，题目即《高勃萨克》。
3 虔诚的旧教徒，常有身穿粗劣的马鬃衣以自苦肉体的事。

"我的银器倒是修了正果啦。"医生说。

教士所做的那些早晚有人发觉,并且老是鼓励人的好事,都出之以极其天真的心情。夏伯龙神甫学问渊博,天资过人,所以他过的那种生活尤其值得佩服。细腻与风雅原是朴实的人必然具备的长处,在他身上使他的谈吐更耐人寻味,不亚于主教的辞令。他的举止、性格、生活方式,使人交接之下只觉得他的聪明兼有淳朴与高雅的气息。他喜欢说笑,在客厅里从来不拿出教士面孔。米诺莱医生未到之前,夏伯龙毫不介意的把自己的才学藏在心里;但医生给了他一个流露的机会,也许他是很感激的。刚到纳摩的时期,他颇有些好书,还有二千法郎利息可收;到一八二九年他只有教职的收入了,而且差不多每年施舍完的。人家遭了不幸或是疑难的事,他是最好的顾问;平时不上教堂求安慰的人,很多到他住宅里去讨主意。

再讲一桩小故事,这个内心的写照就完全了。偶尔有些乡下人,当然是一般坏东西,自称被人逼得无路可走了,或是假装被人逼着,去赚取夏伯龙神甫的同情。他们还哄骗自己的妻子,让她们真的以为住的屋子、养的母牛,都要被人拿走了,哭哭啼啼的去央求好心的神甫;神甫替他们凑足了七八百法郎,乡下人却拿去买进一小块田。有些虔诚的教徒和教会里的董事,把骗局向夏伯龙拆穿了,要他事先问问他们,免得受贪心的人蒙蔽;他回答说:"他们为了要一小块地,说不定会做出什么坏事来的;防止坏事不就是做了件好事吗?"

了不起的是,那些关于文学科学的知识并没使他的心肠和聪明的头脑受到一点儿坏影响。这样一个人物,或许读者也喜欢有幅速写罢。

夏伯龙神甫六十岁，头发已经全白，一则他对别人的苦难感受太深，二则大革命中的许多事变也把他折磨得厉害。两次拒绝宣誓，两次入狱，像他自己说的，做过两次"**主啊，我把灵魂交在你手里**"的祈祷。他中等身材，不肥不瘦，脸色苍白，皱痕很多，肉都瘪下去了；首先惹人注目的是眉宇之间那股恬静的气息，五官清秀，脸庞四周好像还围着一圈光。一个童贞的人，脸上自有一种说不出的光辉。不规则形的面孔，天庭宽广；棕色眼睛的瞳子非常锐利，使整个相貌都很生动。眼神温柔而兼威严，特别有股力量。眼睛高头的拱骨像两个弯窿，长着一大簇花白眉毛，并不可怕。牙齿掉了很多，嘴的模样变了，腮帮瘪下去了；但这副衰老的容貌不无风韵，和蔼可亲的皱裥好像在向人微笑。他虽没有痛风症，一双脚却是娇弱得很，步履艰难，终年得穿着奥莱昂小牛皮鞋。他认为时行的长裤对教士不大得体，始终穿着扎脚短裤，下面套着女管家编织的黑色长统粗羊毛袜。出门从来不着长袍，只穿一件棕色大氅，头戴三角帽，那是在最凶险的日子都很勇敢的戴着的。这心地高尚、色相庄严的老人，凭着一尘不染的灵魂和恬淡的胸怀，风采越来越美了。他对于本书中的人物和事故都有很大的影响，所以我们开头先得弄清楚他的威望是怎么来的。

米诺莱医生订着三份报纸，一份是进步党的，一份是保王党的，一份是政府公报；另外也订着几种期刊和科学杂志：日积月累，他的藏书格外丰富了。这个百科全书派的老人，连同他的报纸与藏书，吸引了一个退伍的上尉。他在瑞典军队里当过差，叫作特·姚第先生：是个老鳏夫，也是个自由思想的贵族，靠着一千六百法郎的恩俸和终身年金过活。他先托神甫借阅医生的报纸和期刊，看了几天，认为应当去道谢。初次拜访的结果，这退伍的上尉，前陆军学校的教授，就得到老医生的青眼，马上来回拜了。

特·姚第身材矮小，形容枯槁，虽然脸色苍白，却受着多血质的影响，身体不大好；最引人注目的是那特别高爽的天庭，极像查理十二，并且头发也剪成平顶，跟那位以武功出名的君王一样。看他的蓝眼睛，仿佛是有过爱情的，但眼神非常幽怨，一望而知藏着不少心事；但他讳莫如深，老朋友们从来没听见他有一言半语涉及过去的生活，或是为了别人的苦难有什么触景生情的慨叹。他面上装作达观、快乐，遮盖他没人知道的、往日的痛苦；但他自以为左右无人的时候，那些并非因为衰老而是出于故意的，迟钝而慢吞吞的动作，证明他心中永远有一个苦闷的念头：因此夏伯龙神甫替他起个外号，叫作不期然而然的基督徒。终年穿的蓝呢服装和略嫌僵硬的姿势，显出老军人的习惯。声音温柔和顺，叫人听了感动。一双好看的手，很像特·阿多阿伯爵的脸庞，说明他年轻时候是个风流倜傥的人物；因为这缘故，他的生平更显得神秘了。大家想到他当年的品貌、英勇、风度、学问，还具备最可贵的德行，都不由自主的要问：这样一个人会受到什么打击呢？姚第先生每次听到罗伯斯庇尔的名字都要发抖。他鼻烟的瘾很大，可是奇怪，因为小姑娘于絮尔为了他有这个习惯而讨厌他，他居然把烟戒掉了。一看到这孩子，姚第就瞧个不停，大有一往情深之慨。他对于絮尔的玩意儿喜欢得入迷，又表示那么关心；因此他和医生的交情更深了一层；医生却从来不敢问他：

"啊，你，难道你也有过夭折的儿女吗？"

世界上颇有些人，像他一样的和善、耐性，一辈子心头藏着隐痛，嘴角上挂着温柔而又苦闷的笑容；为了心高气傲，为了瞧不起世俗，或许也为了报复，至死不让人家猜到谜底，只把上帝当作心腹，向上帝求安慰。姚第是跟老医生同样到纳摩来终老的，在镇上只和两个人来往：一个是对教区的居民有求必应的本堂神甫，一个是晚上九点就睡觉的包当丢埃太太。姚第临了也支持不住，只能提早上床，虽则到了床上翻来覆去，睡不着觉。因为这缘故，一朝遇到一个见过同样人物，讲同样语言，可以交换思想而且睡得迟的人，对于医生和上尉都是运气。姚第，夏伯龙，米诺莱，三个人第一次消磨了一个黄昏，都觉得愉快之极，从此一到晚上九点，小于絮尔睡了觉，老人空闲了，军人和教士就来坐到半夜或一点。

　　不久这三重奏变成四重奏。治安法官心中一动，感觉到那一类晚会的乐趣，也来想法亲近医生了。他阅世很深，凡是教士、医生、军人，靠超度灵魂、治疗疾病、教育青年、培养成功的那种宽容、那些知识、那些见闻、那种机智、那种谈笑风生的才具，法官是靠办案子得来的。篷葛朗担任纳摩治安法官以前，在墨仑做过十年诉讼代理人，还亲自出庭辩护；因为没有律师的地方，诉讼代理人照例是兼带辩护的。他四十五岁上死了太太，觉得自己还精力充沛，闲着无聊；恰好纳摩的治安法官在医生搬来的前几个月出缺了，便去申请这个职位。司法部长能找到一些办案子的老手，尤其是家道小康的人，充任这一级很重要的司法官，总是很高兴的。篷葛朗尽着一千五百法郎薪水在纳摩过着简单的生活，把原有的积蓄花在儿子身上；儿子在巴黎念法律，同时在有名的诉讼代理人但尔维手下实习。篷葛朗老头颇像一个退休的师长：脸色的苍白不是天生的，而是事务的繁忙，人生的失意、厌弃世情的心理留下的烙印；皱痕之多是由于思索，也由于常常皱眉蹙额所致，这原是一般不便畅所欲言的人惯有的表情。但他往往笑容可掬：凡是一会儿无所不信，一会儿无所不疑，无论看到什么、听到什么，都不以为奇，把为了利害关系而变得深不可测的心思看到雪亮的人，都有这副笑容。不是白而是褪色的头发，波浪似的紧贴在头上；脑门的长相一望而知是个聪明人，黄黄的皮色跟稀少的细头发很调和。又窄又短的脸盘，加上又短又尖的鼻子，使他的相貌格外像狐狸。唾沫从他那张和健谈的人一样阔大的嘴里喷出来，往四下里乱飞，古鄙挖苦他说："听他的话，非撑把伞不可。"又说："他念判决书就跟下雨一样。"他戴着眼镜的时候，目光好像很狡猾；不戴的时候，一双近视眼呆呆的毫无生气。虽然性情快活，兴致极好，但他举动之间过于流露出自命不凡的气概。一双手几乎老插在裤袋里，只有为了扶正眼镜才抽出来，而那一下的手势又有似乎嘲弄的意味，表示要来一句妙语了，或是说出驳倒众人的论据了。他的一举一动，多言多语，无心的卖弄，都显出他是内地的诉讼代理人出身；但这些小小的缺点只是表面的，而且是有补偿的，因为他靠着后天的修养，人很随和，那在严格的道学家说来，是优秀人士应有的度量。固然，他神气有点像狐狸，事实上大家也认为他非常狡猾而不至于不老实。但一般有先见之明而不受哄骗的人，不是都被称为狡猾的吗？这位法官喜欢打韦斯脱，那是上尉与医生都能玩，而神甫很快就学会的牌戏。

　　这个小集团，等于把米诺莱的客厅作为沙漠中的一片水草。这小集团也有纳摩本地的医生参加；他既不缺少学问，也很懂得处世之道，敬重米诺莱是个医学界的名人；但他为了忙碌和辛苦，不得不早起早睡，没法像其余三位朋友那样经常走动。纳摩镇上只有这五个优秀人物知识相当广博，能够彼此了解；他们的结合，说明了老医生对承继人的厌恶：把遗产传给他们倒还罢了，让他们来亲近可是受不了。车行老板、书记和稽征员，或者是领会到这点儿微妙的用意，或者是老叔正派的作风和给他们的好处，使他们放了心，居然不再上门，教老人大为高兴。这样，米诺莱在纳摩住了七八个月以后，四个玩韦斯脱和脱里脱拉的老伙伴，组成了一个分不开的，不容外人插足的小圈子；他们每个人都觉得这是暮年意想不到的友情，因之体会得更深。这般气味相投的风雅人士，各人以各人的心思把于絮尔当作螟蛉女儿：神甫想到的是孩子的灵魂，法官自命为她的监护人，军官发愿要做她的导师；米诺莱却兼做了父亲、母亲和医生。

在当地住惯以后，老人按照一般内地情形把生活安排好了，什么事都有了习惯。为了于絮尔，他早上绝不见客，也从不请人吃饭；朋友们可以在傍晚六点左右到他家里来，留到半夜。先来的在客厅里看着放在桌上的报纸，等后来的几个，有时医生在外边散步，他们就到半路上去接他。这些清静的习惯不但对老年人有益，而且也是深于世故的人极聪明极有远见的打算，免得承继人常常疑神疑鬼，也免得小镇上有什么闲言闲语，扰乱他的清静。舆论的专横是法国的祸害之一，快要霸占一切，把一国变成一省了；米诺莱可绝对不愿意对这个使性的女神低头。等到孩子一断奶，能走了，他就把侄媳妇米诺莱－勒佛罗太太荐来的厨娘歇掉，因为发现她把家里的事都去报告车行的老板娘。

小于絮尔的奶妈是个寡妇，丈夫是蒲奚伐地方的穷苦工人，没有姓，只有一个受洗的圣名。医生知道她心好，人也老实，又碰上她最小的一个孩子养到六个月死了，便可怜她的遭遇，雇她做奶妈。丈夫名叫比哀尔，大家用他乡土的名字把他唤做蒲奚伐；她名叫安多纳德，勃莱斯地方出身，亲属都在乡下过着苦日子，她自己也是一贫如洗。她和那些做了奶妈，接着又做保姆的人一样，对奶过的孩子非常疼爱。除了这盲目的母爱以外，她还对主人赤胆忠心。一旦知道了医生的用意，她就偷偷的学会烹调，把自己收拾得干干净净，手脚利落，竭力适应老人家的习惯。她对家具、屋子，都细心照料，做事不怕辛苦。医生非但不愿意让自己的私生活透露出去，还不要承继人知道他的银钱出入。所以从他搬来第二年起，家中只雇着一个蒲奚伐女人，她的机密是完全可以相信的；他拿节省开支这个大题目，遮盖他真正的用意。他甚至变得吝啬了，教那些承继人看了非常高兴。蒲奚伐女人不用什么巴结奉承的手段，只靠着忠心和不跟外人来往的习惯，在四十五岁上，正当这幕戏开场的时候，做了医生和女孩子的管家，事无大小都由她主持，总之她是个心腹佣人。大家叫她做蒲奚伐女人，觉得她的品貌跟她的名字安多纳德太不相称；原来一个人的名字也得跟长相调和的[1]。

医生的吝啬不是一句空话，但是有目标的。从一八一七年起，他退掉两份报纸，所有的期刊也不再续订。据纳摩镇上每个人所能估计的，他一年的开支绝不超过一千八百法郎。和所有的老年人一样，他几乎用不着添置内衣、外衣或靴子。每隔六个

---

[1] 安多纳德在法国人心目中是个很悦耳很美丽的名字。

月，他上巴黎去一次，那准是去收取和调度资金的。前后一十五年，他一句也没提到有关银钱出入的话。他对篷葛朗的信任也是很晚的事：直到一八三〇年革命以后，才把计划告诉法官。关于医生的事，当地的布尔乔亚和他的承继人所知道的，不过这些。至于政治，他绝不过问，因为他的房产每年只付一百法郎捐税[1]；不论是进步党的还是保王党的募捐，他都拒绝。谁都知道他讨厌教会，主张自然神教[2]：这两点使他不喜欢任何宣传；侄孙但羡来介绍一个推销员来兜售《曼里埃神甫》和福阿将军的《演讲集》，被他挥诸门外[3]。以这种行动来表示他头脑开明，纳摩的进步分子认为是不可解的。

医生的三个旁系亲属承继人，米诺莱－勒佛罗夫妇、小一辈的玛尚－勒佛罗夫妇、克莱弥埃－克莱弥埃夫妇——以后我们一律简称为克莱弥埃、玛尚、米诺莱；同姓之间的区别只有在迦蒂南地区才需要。这三份人家事情太忙，没工夫另组小集团，只能采用小镇上一般的方式见面。车行老板每逢儿子的生日一定大开筵席，狂欢节和自己的结婚纪念日又必举行跳舞会，把镇上所有的布尔乔亚都请去。稽征员一年也请两次客，会会亲友。治安裁判所的书记声明他太穷了，没力量这样摆阔；他苦熬苦省的住在大街中段，还把底下一层分租给姊妹，这姊妹也靠了医生的力量当着邮局主任。但这三位承继人和他们的妻子，终年都在外边见面，不是在散步的时候，就是早晨在菜市上，不在自己的屋门口，便在星期日弥撒祭完

---

[1] 一八二〇年六月公布的选举法，规定每年纳税三百法郎的人方有选举资格，纳税一千法郎的方有被选举资格。
[2] 只信天地间有一真神而不信任何宗教学说，谓之自然神教。
[3] 《曼里埃神甫》一书相传为十七至十八世纪时的神甫约翰·曼里埃叙述他反宗教思想的著作。福阿将军（1775—1825）在王政复辟时代的国会中极活跃，提倡进步思想甚力。

毕以后的广场上，就像我们现在描写的那个时间，总而言之是无日不见的。三年来，医生的高年、吝啬、家私，使大家纷纷提到他的遗产，不是明言，便是暗示；那些话慢慢传开去，使那般承继人和医生一样的出名。最近六个月中间，承继人的朋友和街坊，没有一个星期不带着暗中羡慕的心理和他们提到一朝老头儿眼睛闭了、银箱开了的时候这一类的话。

有的说："米诺莱尽管是医生，跟死神有交情，也没用；归根结底，只有上帝是不朽的。"

承继人虚情假意的回答："嘿！我们一定死在他前面，他身体比我们这批人都强！"

"要不轮到你承继，也轮到你的孩子们，除非这小于絮尔……"

"他不会全部给她的。"

照玛尚太太的说法，于絮尔是几位承继人的眼中钉，是威吓他们的一支暗箭。克莱弥埃太太每次谈话，总喜欢用"只要口眼不闭，总瞧得见！"一句话作结束；可见大家对于絮尔只有恶意，没有好意。

稽征员和书记，跟车行老板相比，算是穷的；两人谈话之间常常估量医生的财产。沿着运河散步的时候，他们远远的一看到医生，就扮着一副可怜巴巴的脸孔。

一个说："大概他有什么长生不老的秘方吧。"

一个回答："他准是跟魔鬼订了合同。"

"他应该多照顾咱们俩才对，胖子米诺莱有的是家当。"

"哼！米诺莱的那个儿子，多大家私也不经他花！"

"你估计医生有多少财产？"书记问稽征员。

"一年积一万二，十二年就是十四万四，复利至少也有十万。何况他听着巴黎公证人的主意，进进出出，一定赚得很多；到一八二二年为止，他的钱准是买了八厘起息到七厘半起息的公债；老人现在手头调度的总有四十万上下，而那笔利息一万四的资本还没算进，那是五厘起息的公债，市价已经涨到一百十六法郎了。倘若他马上死掉，不偏袒于絮尔，那么除了屋子和家具，可以留给我们七八十万。"

"十万给米诺莱，十万给女孩子，咱们俩每人三十万：这样才算公道。"

"那我们才称心如意啦。"

玛尚嚷道："要是他这么办，我就把书记的缺分出让，好好的置一份产业，想法到枫丹白露去当推事，再进一步就是国会议员了。"

克莱弥埃道："我吗，我要买一个交易所经纪人的缺。"

"可恨那个本堂神甫和他招留的那个小丫头，把他包围了，教咱们对他一筹莫展。"

"不管怎样，有一点可以放心，他总不会把财产捐给教会的。"

现在读者不难懂得，为什么那些承继人看见老叔去望弥撒就那样恐慌了。一个人绝不会笨到利益受了损害都看不出来。乡下人的聪明，是跟外交家的一样靠利害关系培养成功的；在这方面，外表最愚蠢的人也许倒是最厉害的。所以即使最迟钝的承继人，脑子里也会像照着火炬一般的通明雪亮，想到一个可怕的念头："既然小于絮尔有力量把她的保护人带进教会，一定也会把遗产弄到手的。"车行老板把儿子信中那句吞吞吐吐的话忘了，立刻奔往广场；倘若医生果真上教堂去望弥撒，老板就得损失二十五万法郎。不能否认，那些承继人的恐惧是和最强最正当的社会心理、家庭的利益，有关的。

04

才 莉

开磨坊出身，后来加入保王党，做着纳摩镇长，叫作勒佛罗－克莱弥埃的，招呼车行老板道：

"喂，米诺莱先生，魔鬼老了，就想到修行。听说令叔投到我们这边来啦[1]。"

"回头是岸，也不在乎迟早。"车行老板还想遮盖心中的不快。

"我们要是吃了亏，这家伙才得意呢！说不定他会替儿子娶那该死的丫头。她要给魔鬼的尾巴[2]卷了去才好呢！"克莱弥埃嚷着，抡着拳头指了指正在踏进教堂的镇长。

纳摩的肉店老板，勒佛罗－勒佛罗家的大儿子，说道："克莱弥埃老头生谁的气啊？他舅舅走上了天堂的路，他觉得不高兴吗？"

"唉，谁想得到呢？"玛尚说。

纳摩的公证人远远的望见这堆人，便丢下老婆，让她自个儿

---

[1] 保王党必然是笃信宗教的，镇长既是保王党，故"令叔投到我们这边来啦"一句，系指宗教而言。
[2] 传说魔鬼身后是长着尾巴的。

进教堂；他赶过来说道："啊！可见一个人千万不能说：我再也不喝这口井里的水！"

克莱弥埃抓着公证人的手臂："喂，先生，在这情形之下，你说我们该怎么办？"

第奥尼斯答道："我劝你们准时睡觉，准时起身，照常喝你们的汤，别让它凉了，把你们的脚套在鞋子里，把帽子戴在你们头上，一句话说完：毫不介意，照常办事。"

"你只会说风凉话。"玛尚说着，瞅着他的眼风表示他们俩是自己人。

第奥尼斯虽则又矮又胖，脸盘狭小，却是身段灵活，像根丝线。为了搞钱，他和玛尚暗中勾结，把境况艰难的农夫和可以弄上手的田地告诉他。两人尽量挑选，绝不错过好买卖，得了利益均分；这种以田地做抵押品的高利贷，虽不至于完全妨碍乡下人的耕种，但的确有耽误的作用。第奥尼斯特别关切医生的遗产，不是为了车行老板米诺莱和稽征员克莱弥埃，而是为了他的朋友玛尚。玛尚名下的一份，迟早可以增加两位合伙股东的资本，在乡镇上运用。

"咱们慢慢向篷葛朗先生打听，事情是怎么发生的。"公证人放低着声音，意思是教玛尚别声张。

米诺莱站在人中间巍巍然像一座塔；忽然有个矮小的女人冲进人堆，叫道："米诺莱，你待在这儿干吗？你没接着但羡来，反倒在这里嚼舌，我还以为你骑着马出发了呢！——啊，诸位先生，诸位太太，大家好！"

这瘦小的女人，苍白脸色，淡黄头发，穿一件白地棕色大花印第安布衫，戴一顶镶着花边的挑绣便帽，平坦的肩上披一条小绿围巾：她便是车行的老板娘，叫男女佣人、推小车的、最粗野的马夫见了都要发抖的。她管着银钱、账册，像街坊们说的眼明手快，调度着里里外外的事。跟真正的当家人一样，她身上不戴一件首饰；用她自己的话说她从来不稀罕那些劳什子，只喜欢硬货。那天家中虽有喜事，她仍旧系着黑围裙，口袋里叮叮当当的全是钥匙。尖锐的嗓子足以震破耳膜。眼睛虽是淡蓝颜色，严厉的目光显然跟抿紧的嘴唇，高爽、饱满、极有威严的脑门，非常调和。眼神火气很大，手势和说话的火气还要大。才莉不但一个人要有两个人的意志，而且据古鄙说，竟然有三个人的意志；因为前后有过三个穿扮齐整的年轻马夫，当了七年差，都由才莉帮着成家立业了。那刁钻促狭的公证人帮办把他们叫作：马夫一世，马夫二世，马夫三世。但这些年轻人在车行里既不当权，也很听话，可见才莉不过是提拔得力的伙计，别无他意。

古鄙听人家这么解释，便道："那么，才莉是喜欢才情啰。"

这种闲言闲语并无根据。她的儿子是亲自喂的；没有什么胸部的人，真亏她还会奶孩子，自从生了但羡来，老板娘只想增加财产，一刻不停的照管那个规模宏大的铺子。虽说她写的字不像字，算学也只懂加减法，可是谁也休想偷她一束干草一斗燕麦，或是在最复杂的账目中耍她一下。她从来不出去散步，要就是去估计头批草、二批草、和燕麦等等的收成；估计完了，教丈夫去管收获，派马夫去管捆载，告诉他们每一处草原的总量，至多只差一百斤上下。她固然做了大汉米诺莱的灵魂，那个翘得老高的多蠢的鼻子由着她牵来牵去，但仍旧和马戏班里指挥猛兽的人一样，不免提心吊胆；因此她先下手为强，经常对米诺莱发脾气。马夫们只要看到米诺莱跟他们寻事，就知道他女人和他吵过架了；因为他受的气是出在他们身上的。米诺莱女人不但挲挲为利，人也精明能干。镇上许多人家都说："要没有他老婆，米诺莱哪有今日？"

当下纳摩老板回答他的女人："你要知道出了什么事，你自己也会跳起来的！"

"怎么啦？"

"于絮尔把医生带着去望弥撒了。"

才莉把眼珠睁得很大，上了火，脸都黄了。

"我要亲眼看了才信！"她说着便冲进教堂。弥撒祭正在高举圣体的阶段。趁众人凝神屏息的当口，米诺莱女人居然能一边瞧着一排排的凳子椅子，一边沿着旁边的小圣堂往里走，直走到于絮尔的座位，看见老人光着头就在她旁边。

读者只要回想一下拜尔贝－玛菩阿、菩阿西·唐葛拉[1]、莫勒莱、埃凡丢斯、腓特烈大王等等的相貌，就能对米诺莱医生的脸有个准确的印象。他老当益壮的精神，颇像那几位名人。他们的脸仿佛是一个模子铸出来的，有资格作徽章的蓝本：侧影的神气很严厉，近于清教徒，冷冰冰的皮色，数学家一般的理智，差不多像印出来的脸上有种性格褊狭的标记，城府很深的眼睛，一本正经的嘴巴，颇有贵族气息，但不是在意识方面，而是在习惯方面，不是性格的贵族，而是思想的贵族。脑门很高，靠近头顶的地方是往后削的，显然有唯物主义的倾向。具备这些相貌的特性和表情的，包括所有的百科全书派，吉隆特党[2]的演说家，和当时

---

[1] 以上两人均为法国十八至十九世纪时政治家。
[2] 吉隆特党为法国大革命后国民大会中三大党派之一，代表各省的中产阶级，为当时的右派。

毫无宗教信仰，自称为自然神主义者而其实是无神论者的那批人物。无神论者是为了保险，才自命为自然神主义者的。米诺莱老人的脑门便属于这一类，只是多了许多皱痕，而且另有一种天真的神气，因为他的白头发像女人梳妆时那样掠在脑后，蓬蓬松松的披在黑衣服上。从年轻的时候起，他老穿着黑丝袜，金搭扣的皮鞋，绸料子的扎脚裤，白背心上挂着黑色绶带，黑大氅上缀着红的襟饰[1]。

　　从一个窗洞里透进来的亮光，正好把这张那么特殊的脸劈面照着；冷冰冰的白皮肤带点儿老年人黄黄的色调，显得温和了些。车行的女主人来到的时候，医生那双藏在浅红眼皮中间的蓝眼睛，正在很感动的望着祭坛：新的信仰使他的眼神有种新的表情。眼镜夹在经文里才念过的地方。高大干瘪的老头儿抱着手臂站在那里的姿态，表示他所有的器官都很健全，信仰也是不可动摇的；因为有了希望，眼神变得年轻了：他始终谦卑的望着祭坛，根本不愿意看那劈面站着，仿佛埋怨他不该接近上帝的侄媳妇。

　　才莉发觉教堂里的人都掉过头来看她，便赶紧退出，回到广场上，脚步却不像进来的时候那么急了。她一向认为这笔遗产是拿稳了的，不料竟成了问题。她看见稽征员、书记和他们的妻子比刚才更惊慌了，因为古鄙正在耍弄他们。

　　车行的老板娘就说："咱们不能在广场上当着众人商量正事；还是上我家去吧。"接着又招呼公证人："第奥尼斯先生，来罢，反正不多你一个。"

　　这么一来，玛尚、克莱弥埃、车行老板三家可能得不到遗产

---

[1] 黑绶带是代表圣·米歇勋位，红的襟饰是代表荣誉团勋位。

的事，不久就要成为地方上的新闻了。

那些承继人和公证人正预备穿过广场到车行去，班车却轰隆隆的闹得震天价响，飞也似的直奔办事处。办事处坐落在大街口，只隔着教堂几步路。

才莉道："哎唷！米诺莱，我跟你一样把但羡来给忘了。咱们接他去；他马上要当律师了，这件事多少也跟他有关。"

每次班车到，总有人看热闹；一脱班，大家更以为出了什么事，当时就有一大群人拥到杜格兰前面。

"但羡来到了！"大家一片声的嚷着。

但羡来是纳摩的小霸王，寻欢作乐的领袖，每次露面都得轰动全镇。他受着年轻人的拥戴，对他们手面很阔：他一出现，就会鼓动大家的兴致。可是镇上的人都怕他那套玩意儿，看见他到巴黎去上学，念法律，而觉得高兴的，不止一家。但羡来是细挑身材，像母亲一样的淡黄头发，一样的文弱，一样的蓝眼睛，一样的皮色苍白；他先在车门口向众人微微一笑，然后很轻盈的跳下车来，拥抱母亲。我们把这青年的仪表略微描写一下，就可证明才莉看到他是多么得意了。

大学生穿着上等皮靴，英国料子的白裤子，裤脚管上系着兜底的漆皮带，富丽堂皇的领结，扣的模样儿更富丽堂皇，漂亮的时式背心，袋里放着一只扁薄的表，链子吊在外面；外罩蓝呢短大氅，头戴灰色呢帽；但是背心上的金纽扣和戴在棕色山羊皮手套外面的戒指，仍免不了暴发户气息。他还拿着一根手杖，柄的头上装着一个镂刻的金球。

母亲把他拥抱着，说道："你这样不要把表丢了吗？"

"是有心那样挂的。"他一边回答，一边让父亲拥抱。

玛尚道:"喂,老表,你不是马上要当律师了吗?"

"过了暑假就宣誓。"他说着,向招呼他的大众还礼。

"咱们又好痛痛快快的玩一下了。"古鄙抓着他的手说。

"啊!你呀,你这个小猴儿!"但羡来回答。

帮办当着这么多人受他轻薄,未免难堪,便说:"怎么,你写了学士论文,还是这样语无伦次吗?"

"什么冷瘟不冷瘟的,什么意思?"克莱弥埃太太问她的丈夫。

但羡来对那紫膛色面孔,一脸肉刺的老领班嚷道:"加皮洛,我的行李,你都知道的,教人统统送来罢。"

粗暴的才莉骂加皮洛:"马身上都淌着汗;你难道没脑子吗,教它们累成这样!你比这些畜生还要蠢!"

"但羡来先生急着要赶回来,怕你们担心……"

"既然没有出事,干吗不爱惜牲口?"

朋友们的招呼,问好,一般年轻人兴高采烈的围着但羡来,初到时应有的忙乱,说明脱班的原因等等,耽搁了很多时间,使几位承继人和新加入的朋友们走到广场上,正好遇到弥撒完毕。而无巧不成书,但羡来走过的时节,于絮尔刚刚从教堂的门里出来;但羡来一看见她的美貌,不由得愣住了。青年律师脚步一停,他的家属自然也跟着停下。

于絮尔因为干爹搀着她的手臂,只能右手拿着经文,左手提着阳伞,自有一派天然的风度。凡是妩媚多姿的女性,遇到一些难处的场面都能这样对付。倘若一举一动都能流露出一个人的思想,那么这个姿态所表现的就是朴素淡雅,出尘绝俗的境界。于絮尔穿着一件晨衣款式的白纱衫,上面疏疏落落缀着几个蓝结子。短披风四周镶着蓝缎带,阔滚边,扣着跟衣衫上相仿的结子,略微露出些胸脯。白如凝脂的脖颈,那可爱的色调和身上的蓝颜色对照之下,更加夺目了;头发淡黄的女性原是靠蓝颜色烘托的。长坠子飘飘荡荡的蓝腰带,显得她身腰又细又软:这是女子最可爱的一个特点。她戴着一顶草帽,帽上装饰很朴素,只有些跟衣衫上同样的缎带;扣在领下的帽襻儿衬托出帽子的白,同时也不妨碍皮肤的白皙。头是于絮尔自己梳的,她很简单的把细软的淡黄头发中间分开,编成两条肥大而扁平的辫子,紧贴在脸颊两旁,每个小股都金光闪闪,十分耀眼。温柔而又高傲的灰色眼睛,配着俊美的脑门很调和。颊上一片片的红晕好似云彩,给长相端正而并不呆板的脸添了不少生气;因为她天赋独厚,不但面貌姣好,同时还有个性。五官,动作,一般的表情,合成一个完美的整体,除了见出她人格高尚以外,还能给画家做模特儿,画"心安理得""幽娴贞静"一类的题材。身体非常壮健,可并不壮健到粗野的程度,而只显得高雅。在淡色的手套底下,不难想见她秀美的手。一双弓形的小脚,有模有样的穿着古铜色皮靴,缀着棕色坠子。一只扁薄的表和一个系着黄金坠子的小荷包,把蓝腰带鼓起了一些,使所有的妇女都目不转睛的盯着看。

"老头儿给了她一只新表哪!"克莱弥埃太太把丈夫的手臂捏了一把。

但羡来嚷道:"怎么!是于絮尔?我认不得了。"

老医生走过的地方,两旁都站满了镇上的居民;车行老板指着他们说:"亲爱的叔叔,你引起了这么多人的注意,大家都想来看看你。"

玛尚假情假义,恭恭敬敬的向医生和他的干女儿行了礼,问道:"叔公,是夏伯龙神甫劝你进教的,还是于絮尔小姐?"

"是于絮尔。"老人冷冷的说着,一径往前走,神气好像是不胜厌烦。

头天晚上,老人和于絮尔、本地的医生、篷葛朗,打完了韦斯脱,说了句:"我明儿要去望弥撒了。"篷葛朗就回答:"你那些承继人可睡不着觉啦!"其实,即使法官不说这话,像医生那样聪明和目光犀利的人,只要瞧瞧承继人的脸色,也把他们的心事看透了。才莉的闯入教堂,被医生瞧在眼里的那副目光,全体当事人的会齐在广场上,见了于絮尔以后的眼神,没有一样不透露出他们被当天的事触动起来的旧恨和卑鄙的恐惧心理。

克莱弥埃太太也凑上来,卑躬屈膝的行了礼,说道:"小姐,这是你的奇作(杰作)了!奇迹在你手里竟不算一回事。"

于絮尔答道:"奇迹是上帝的事,太太。"

米诺莱-勒佛罗嚷道:"噢!上帝,我丈人说马身上的披挂也是上帝供给的。"

"这是马贩子说的话。"医主的口气很严厉。

米诺莱回头对老婆和儿子说:"喂,你们不来跟老叔请安吗?"

"看到这假仁假义的小丫头,我是忍不住的。"才莉说着,拉着儿子走了。

玛尚太太道:"叔公,你上教堂应当戴一顶黑丝绒小帽,里头潮气重得很。"

"噢!侄孙女,"老人一边回答一边望着所有跟着他的人,"我早一天躺下,你们早一天跳舞。"

他始终挽着于絮尔向前走,表示很匆忙,大家也没法再跟着他了。

于絮尔使劲摇了摇老人的手臂，说道："干吗你跟他们说话这样刻薄？那是不应该的。"

"我进教之后，跟进教以前一样的恨虚假的人。他们哪一个不受过我的好处？我没要求他们报答；可是你的本名节上，有谁送过一朵花儿来吗？而我一年之中过的节只有这一天。"

在医生和于絮尔后面，隔着一大段路，包当丢埃太太垂头丧气，步履蹒跚的走着。像她那一类的老太太，服装就有上一世纪的气息：她穿着扁袖子的深紫色衣衫，裁剪的款式只有在勒勃仑太太[1]的肖像画上还看得见；短大衣镶着黑花边，式样古老的帽子跟庄严缓慢的步伐正好相配；她走路仿佛始终戴着裙撑[2]，觉得还有那件东西束在腰里似的，好比独臂的人有时仍会不知不觉的挥动那只早已没有的手。这一类的老太太脸都拉长了，毫无血色，大眼睛带点儿虚肿，脑门上的皮肤很憔悴，头发卷儿都是扁的，却也不无凄凉幽怨的风韵；脸上戴的挑花面网已经陈旧不堪，不会再在脸颊两旁飘荡了；可是态度与眉目之间自有一种难以想象的威严，罩着那些衰败的古迹。包当丢埃太太那双皱裥重重而发红的眼睛，分明是望弥撒的时候哭过的。她怵怵惶惶的走着，频频回头，好像等着什么人。而包当丢埃太太的回头张望，就跟米诺莱医生的踏进教堂同样是当地的一件大事。

一般承继人听了老人的回答正在那里发楞，玛尚太太却追上来问："包当丢埃太太找谁啊？"

"她找本堂神甫。"公证人第奥尼斯说着，把脑门一拍，好

---

[1] 勒勃仑太太（1755—1842）为法国有名的肖像画家
[2] 十八世纪时法国女子盛行细腰大裙，内以鲸鱼骨为箍架，最大的裙围有如车轮。

似忽然想起什么以往的事或忘了的念头。"我有个妙计在此,你们的遗产没问题了!好,咱们上米诺莱家痛痛快快的吃饭罢。"

承继人们随着公证人急急忙忙到车行去的情形,谁都想象得出。古鄙陪着他的老伙计但羡来,手挽着手,凑近他的耳朵,贼头贼脑的笑着,说道:

"喂,镇上很有些风流的婆娘呢。"

那位良家子弟耸了耸肩膀:"那跟我有什么相干?我发疯般的爱着弗洛丽纳,她才是天下第一的美人儿。"

古鄙道:"什么弗洛丽纳?是谁啊?你跟她这么亲热,居然叫她小名了吗?我太喜欢你了,不能眼看你被那些女人迷昏了头。"

"她是赫赫有名的拿打的情妇;可怜我一片痴心毫无用处,我向她求婚,她干脆拒绝了。"

"风骚的娘儿们有时头脑倒很冷静。"

"啊!你只要见到她一面,就不会说这种话了。"但羡来有气无力的回答,表示他的确是一往情深。

"倘若你把逢场作戏的玩意儿当了真,破坏你的前程,那我一定把这个臭娃娃打个稀烂,像《克尼窝斯》里的凡奈打死阿弥·劳勃莎一样[1]。"古鄙说的时候那种热诚,连篷葛朗也可能上当,信以为真的。"你要娶老婆不是娶哀格勒蒙家的,便是娶罗佛家的,要一个将来能帮你进国会的才行。我的前途都在你身上,我不能让你胡闹。"

但羡来回答:"噢,凭我这份家私,不是尽可以享享福吗?"

---

[1] 《克尼窝斯》为沃尔特·司各特的小说(作于1821),述及莱塞斯忒伯爵夫人阿弥·劳勃莎被伯爵的总管凡奈谋害之事。

两人站在车行外面的大院子里说着话，才莉远远的招呼他们，对古鄙嚷道："喂，你们俩交头接耳的商量什么呀？"

医生进了布尔乔亚街，不见了；他像年轻人一样脚步很轻快的回到家里。那件轰动纳摩全镇的大事，就是最近一星期在这所屋子里发生的。要让读者彻底了解这故事和公证人暗示承继人的话，我们必须补叙一下。

05

于絮尔

医生的老丈人华朗丁·弥罗埃，是有名的洋琴家兼乐器制造家，也是法国最知名的一个大风琴师，死于一七八五年，遗下一个晚年的私生子，经过正式承认，归了宗，但是个荒唐透顶的不肖子弟。老人临死，连看到浪子来送终的安慰都没有。他名叫约瑟·弥罗埃，是个歌唱家兼作曲家，用假名在意大利剧院下了海，带着一个年轻姑娘逃到德国去了。老丈把这个的确极有才气的儿子托给女婿，说当初没有娶约瑟的母亲，完全是为了保全女儿米诺莱太太的利益。医生答应把老人的遗产分一半给浪子，那时乐器制造厂已经盘给埃拉了。米诺莱又暗中托人寻访约瑟；有天晚上，葛利姆告诉他说，那艺术家进过一个普鲁士的联队，开了小差，改名换姓，不知去向了。

约瑟·弥罗埃天生的声音很迷人，身段既好看，脸也长得漂亮，特别是一个格调高雅、才思横溢的作曲家。霍夫曼[1]描写得很精彩的，那种艺术家的颓废生活，他过了十五年。到四十左右，

---

[1] 霍夫曼（1776—1822）为德国小说家，所作《神怪故事》尤为著名。

他穷途落魄，只得在一八〇六年上恢复了法国籍，住在汉堡，娶了一个清白的布尔乔亚的女儿。她是个音乐迷，爱上了这位艺术家，一心想帮他追求那永远可望而不可即的荣名。但受了十五年折磨，约瑟还是不会过富足的日子；虽然待妻子很好，可是故态复萌，不上几年就把老婆的财产挥霍完了，又变得一贫如洗。夫妇俩落到山穷水尽的田地，约瑟·弥罗埃竟不得不进一个法国联队当军乐师。一八一三年，事有凑巧，部队里的军医受过米诺莱医生的帮助，忽然注意到弥罗埃的姓氏，写信告诉医生，医生马上回了信。因此，一八一四年巴黎陷落之前，约瑟在京城中有了一个存身的地方；妻子在那儿生下一个女儿，得了产后症，死了。医生为纪念故世的太太，替孩子起的名字就叫作于絮尔。约瑟经过多年的穷困和辛苦，和妻子一样支持不住，不久也死了。可怜的音乐家临终把女儿交给医生，由医生做了她的教父，虽则他讨厌教会仪式，认为是可笑的。

　　米诺莱亲生的儿女没有一个养大的：不是流产，便是难产，或是不到周岁就夭折；如今抚育于絮尔，在他是最后一次的试验了。一个身体娇嫩，神经脆弱，性格虚怯的女子，头胎一遇到小产，以后几次的怀孕和分娩往往跟于絮尔·米诺莱的情形一样，尽管丈夫看护周到，处处留神，医道高明，也无济于事。可怜这老人常常责备自己和太太不该老是想要儿女。最后一个孩子是隔了两年才有，而在一七九二年上死的。一般生理学家说，在奥妙的生殖现象中，儿女的血是秉受父亲的，神经系统是秉受母亲的；假如这说数不错，那么最后一个孩子就是吃了母亲神经过敏的亏。米诺莱最强烈的感情是儿女之爱，这感情既不能满足，只能借行善来发泄。他在骚乱不宁的夫妇生活中，最大的愿望是有一个淡黄头发的女孩子,一朵使全家欢乐的鲜花;所以他很高兴的接受了约瑟·弥罗埃的遗赠,把自己没有实现的希望寄托在孤儿身上。

两年工夫,他像加东之于庞倍[1],关于于絮尔的事,连最琐碎的都亲自照管;他不在场,奶妈就不能给孩子吃奶、洗澡,或是把她放上床。他把自己的经验、医道,都用在孩子身上;做母亲的痛苦、喜悦、劳碌、忽而忧急忽而乐观的心情,就统统体会到了;然后他不胜快慰的发觉,淡黄头发的德国女子和法国艺术家所生的这个女儿,居然身体强壮,千伶百俐。快乐的老人存着慈母般的心,看着她的淡黄头发一天天的长起来,先是只有一层绒毛,继而像一根根的丝线,最后才是一片稀薄的细头发,摸在手里非常柔和。他常常亲吻那双赤裸的小脚,嫩皮肤底下连血管都看得出的脚趾,好比蔷薇的花苞。他简直为这个女孩儿疯魔了。她咿呀学语的时候,或是睁着温柔秀丽的蓝眼睛,把那副若有所思、等于思想的曙光的眼神,盯着一切,然后来一阵憨笑的时候,医生会几小时的待在她面前,和姚第两人研究,想在童年的一切琐碎现象之下,把一般人所谓的使性找出些理由来。童年原是一生最美妙的阶段,那时的孩子是一朵花,也是一颗果子,是一片朦朦胧胧的聪明,一种永远不息的活动,一股剧烈的欲望。于絮尔的美貌与温柔,使医生格外钟爱,恨不得教自然的规律都为她改变一下:他对姚第说,于絮尔出牙,他自己就觉得牙痛。老年人爱起儿童来是没有底的,简直当偶像一般崇拜。为了那些小家伙,他们会克制自己的癖好,把过去的

---

[1] 据普鲁塔克所著《名人传》中的《加东列传》(CatonLeCenseur),加东对儿子的抚育及教养极为注意,类似巴尔扎克笔下的米诺莱医生,但加东系对其亲生的儿子,与庞倍无涉。此处所云,不知作者有何根据。

一切都回想起来。他们的经验，度量，耐性，人生所有的收获，千辛万苦换得来的宝物，都献给这幼小的生命；他们返老还童了，还把他们的聪明来补母性之不足。他们时时刻刻都在活跃的智慧，抵得上母亲的直觉；因为想到为娘的体贴往往有未卜先知的作用，他们便磨炼自己的同情心，求其体贴入微；而这同情心原是跟婴儿的幼弱成比例的。老年人的动作迟缓，正好代替慈母的温存。总之，他们的生活变得像孩子一样简单了。母亲是为了感情而做儿女的牛马，老人是由于对世情淡薄，别无所恋而舍身的。所以儿童和老年人亲近是常见的事。老军人、老教士、老医生，看着于絮尔撒娇，受着于絮尔抚爱，觉得乐不可支，老是和她对答，和她玩儿，从来不会厌倦。孩子的淘气非但没有使他们不耐烦，倒反使他们喜欢；他们满足她所有的欲望，把每件事都当作灌输知识的题材。在几个对她终日眉开眼笑的老人之间，这女孩儿等于有了好几个同样细心、同样周到的母亲。靠着这种理想的教育，于絮尔的心灵才能在适宜的环境中成长。这株珍贵的植物居然遇到了特殊的土地，吸收到她真正需要的养料和阳光。

于絮尔六岁的时候，夏伯龙神甫问医生："你预备用什么宗教教育她？"

"用你们的啰。"

米诺莱固然是无神论者，但属于《新哀络绮思》中的特·伏玛先生那一派，认为自己没有权利不让于絮尔受到旧教的好处。当时他坐在中国式书房窗下的凳上，神甫握了握他的手。

"是的，神甫；将来她每次跟我提到上帝，我一定叫她去找她的朋友**萨巴龙**，"他故意学着于絮尔那种小孩子的口吻，"我要看看宗教情绪是不是天生的。因此，不管这幼小的心灵倾向哪方面，我都听其自然；但我心中早已指定你做她的精神导师了。"

"这一点，我想上帝会替你记着的。"神甫轻轻拍了拍手，向天举着，仿佛做了个简短的默祷。

于是从六岁起，这孤儿在宗教方面就受本堂神甫指导，正如她早已受着老朋友姚第的指导。

退伍的上尉在从前的军校中当过教授，喜欢研究文法和各种欧洲语言的分别，对世界语问题也下过工夫。这位学者，像上了年纪的教师一样耐心，挺高兴的教于絮尔认字、写字、念法文，学她应当会的一部分算术。医生藏书丰富，尽可以挑出一批宜于儿童阅读的，除了增长知识，同时也能给她消遣的书籍。军人与教士让她的头脑自由发展，正如医生对她的身体一样不加拘束。于絮尔便这样的一边游戏一边学习。思想方面的活动是归宗教替她调节的。女孩子的天性被三位谨慎的导师带入一个纯洁的境界，再由高明的教育培养之下，她服从感情的成分远过于服从责任，行事多半根据良心的呼声，而不是根据社会的规律。在她身上，美妙的感情与行动都是出诸自然的：过后再由理性的判断把心灵的直觉肯定。人家带领她走的路子是把从善去恶先当作一件乐事，其次才看作义务。这点儿微妙的区别就是基督教教育的特征。这些原则，和应该灌输给男人的一套完全不同，特别适合女性：因为女性所代表的是家庭的精神与良心，是蕴藏在日常生活中的雅趣，因为她差不多是一家之中的王后。三位老人对付孩子的方式都是一致的。他们非但不怕听到天真大胆的问题，还尽量为于絮尔解释各种现象的结局与过程，给她一些准确的观念。倘若为了一棵草、一朵花、一颗星，她直接提到上帝，教授和医生便告诉她只有教士能回答。他们各司其职，绝不侵入别人的范围。干爹管一切生活和物质方面的享用；姚第负责灌输知识；至于道德玄学和高深奥妙的问题，一律由神甫解答。

这种良好的教育，也不像一般大富之家那样被莽撞的仆役破坏。蒲奚伐女人先是由主人嘱咐过了，并且她头脑太简单，人也太老实，要干预也不可能，对这些目光远大的人的事业，绝不打扰。所以幸运的于絮尔周围有着三位善神呵护；而她柔和的性情也使他们所有的管教工作都很轻松愉快。慈爱而不是姑息，庄重严肃而带着笑容，没有流弊的放任，时时刻刻的顾到身心健康，使她在九岁上就成为一个品质优良的孩子，叫人看了喜欢。不幸这三位一体的父执中途分散了。第二年，老军人故世了，把事业留给医生和教士去继续，但他已经完成了最艰苦的一段。在耕耘得宜的土地上，将来自然会开花的。军人因为要遗赠一万法郎给于絮尔作终身纪念，九年之间每年积下一千法郎。遗嘱上理由写得很动人，他注明要受赠人把这笔小资本每年所生的四五百法郎利息，只花在衣着装饰方面。治安法官把老朋友的遗物封存的时节，在一间外人从来不能进去的书房里，发现一大堆用过的玩具，多数已经坏了，都被视同至宝一般的保存着；篷葛朗遵照上尉的遗言，亲自把这些玩具焚化了。

那个时期，于絮尔到了初领圣体的阶段。夏伯龙神甫整整花了一年工夫训导她。女孩子的感情与理智那么发达而又那么平衡，更需要特殊的精神养料。关于神灵的问题，教士替她做的启蒙工作，使她自从宗教意识觉醒以后就成为一个虔诚的、富于神秘气息的少女，坚强的性格永远不因人事变迁而动摇，肝胆照人，不被任何患难屈服。这时没有信仰的老人和极有信仰的孩子，暗中就开始争执了；发动争执的一方面有个很长的时期根本不知不觉，争执的结果却引起了全镇的注意，惹动医生的旁系亲属都来攻击于絮尔，大大的影响了她的前途。

一八二四年上半年，于絮尔几乎每天上午都在本堂神甫的住宅里。老医生猜到教士的用意，想把她作为一个批驳不倒的论据。既然于絮尔像亲生女儿一样的爱他，他尽管不信上帝，至少会相信儿童的天真，而看到宗教对她的灵魂有这样动人的效果，也会受到感动的；因为这孩子心中的爱好比四时常绿、花果不断、芬芳不散的印度植物。美好的生命比最充分的论据更有力量。而某些景象的确能够迷人。于絮尔初领圣体那天，穿着白纱礼服，白缎鞋子，上上下下系着白缎带，束着头巾，侧里扣着大结子，无数的头发卷儿泻在雪白的肩膀上，胸前密密层层，缀着缎带打成的结子；初生的希望使眼睛像明星一般的发光，她昂昂然，飘飘然，抱着极乐的心情预备神游天上，第一次去跟神明结合；而且自从与上帝相接之后，她心里更爱干爹了：老人看着他这个精神上的女儿这样的上教堂去，不知不觉眼睛都湿了。至此为止，这颗灵魂还没脱离浑浑噩噩的童年，如今却靠着永生的观念得到了养料，赛似黑夜过后，阳光在大地上布满春意：老人发现了这一点，又莫名其妙的觉得独自待在家里太不痛快了。他坐在石阶上，老半天的把眼睛盯着铁门。干女儿临走还隔着铁栅招呼他：“干爹，你干吗不来呢？没有你在身边，我会快乐吗？”这位百科全书派的信徒虽然连灵魂深处都受了震动，他的傲气还是不肯屈服。临了他出去散步，有心要瞧瞧初领圣体的人的队伍；而果然看到他的小于絮尔披着白纱，神气非常兴奋。她向他瞟了一眼，眼中特别有种灵感，把他心中坚如铁石的部分，对上帝深闭固拒的一角，摇撼了一下。但他仍不愿意让步，自言自语的说道:"无聊透了!倘使真有一个天地的主宰,组织宇宙的巨匠,他会理睬你们这套可笑的把戏吗?……"

想罢,他笑了,一面继续散步,走到俯瞰迦蒂南大路的高地上;一阵阵的钟声正在那儿荡漾,把许多家庭的快乐远远的播送出去。

在所有的游戏中间,脱里脱拉是最难的一种,不会玩的人根本受不了那个声音。于絮尔的感官和神经都特别灵敏,听到那游戏的声响和不可解的术语就要不舒服。医生、神甫和姚第老人(当他在世的时候),为了避免刺激孩子,总等她睡了或是出门散步的时间才玩脱里脱拉。往往玩到中局,于絮尔已经回家;她便耐着性子,和颜悦色的坐在窗下做活。她非常厌恶这玩意儿;很多人不但觉得开场学脱里脱拉很难,并且根本不能接受,初步的困难太不容易克服了,倘不是年轻时代养成的习惯,以后几乎是没法学的。可是初领圣体的那天晚上,于絮尔回到家里,正好没有客人,她便搬出脱里脱拉的玩具放在老人面前,问道:

"谁先来掷骰子?"

"于絮尔,"医生回答,"今天是你初领圣体的日子,取笑干爹不罪过吗?"

她坐下来说:"我不取笑你啊;你对我百依百顺,要我快活;我也应当使你快活。夏伯龙神甫每次看我功课做得好,便教我玩脱里脱拉作为奖赏;我已经上了那么多课,有本领赢你啦……以后你不用再顾忌我。我为了不妨碍你们的兴趣,已经克服所有的困难,喜欢脱里脱拉的声音了。"

于絮尔果然赢了。神甫正好闯来,看了大为得意。至此为止,米诺莱是不肯让干女儿学音乐的,第二天却到巴黎去买了一架钢琴，在枫丹白露跟一位女教师讲妥了，决意耐着性子听干女儿终日不断的练琴。会看骨相的姚第说过的话应验了：这女孩子果然是个优秀的音乐家。米诺莱非常高兴，又上巴黎去请了一个德国老头，学识丰富的音乐教师，叫作许模克的，每星期到家里来上一次课。凡是学这门艺术所要花的钱，米诺莱都毫不吝惜；但以前他认为这门艺术在家庭中是没有用处的。大概不信宗教的人都不爱音乐；那是由旧教发扬光大的天国的语言：每个音符的名字都是从圣·约翰赞美诗头上七句的第一个音节来的[1]。

　　于絮尔的初领圣体，给老人的印象虽然很强，可并不持久。尽管宗教与祈祷使年轻的灵魂充满了恬静与喜悦，他看了也无动于衷。生平既无悔恨，亦无内疚，米诺莱老人完全过着心安理得的生活。他行善而不希望得到天国的酬报，比旧教徒更伟大；他责备旧教徒的行为等于向上帝放高利贷。

　　"可是，"夏伯龙神甫和他说，"倘若所有的人都肯放这种债，社会也就完美了，没有受难的人了。要像你那样的做好事，必须是个大哲学家；你是靠思想去贯彻你的原则的，你是个例外；不比我们那样的行善只消做了基督徒就行。你的行善是凭努力得来的，我们的行善是自然而然的。"

　　"这就是说，神甫，我是用思想，你们是用感觉，分别不过是这一点。"

　　可是，十二岁的于絮尔，她那种女性天生的机灵与巧思经过

---

[1] 欧洲音阶的七个音，原用罗马字母为名：C、D、E、F、G、A、B。十二世纪时本多派教士琪·达兰左，始以圣·约翰·巴蒂斯德的赞美诗（拉丁文）每句的第一音节改称为ut, ré, mi, fa, sol, la。第七音符的名称si是后来一个法国教士补充的。今日欧洲大陆均习惯用此种名称，英、美则沿用C、D、E等旧称。

了高手的琢磨，成熟的感觉受着最细致的思想——宗教思想——的指导，终于懂得干爹既不信未来，也不信灵魂不死，既不信天意，也不信上帝。老人被纯洁的孩子紧紧追问之下，没法再把这个重大的秘密隐瞒下去。于絮尔那种天真的惊骇，他先觉得好玩；但看到她有时为之郁郁不乐，也就明白这忧郁所表示的感情多么深厚。凡是倾心相与的感情，什么事情都不容许有一点儿不调和，便是对不相干的问题也不许有参差的意见。有时，医生把干女儿受着最热烈最纯洁的情意鼓动、说话的声音也那么柔和、那么甜蜜的议论，当作一种跟他撒娇的举动，由她数说。的确，有信仰的人跟没有信仰的人说着两种不同的语言，彼此根本不能了解。干女儿为上帝辩护，对干爹出言不逊，像一个宠惯的孩子对待母亲似的。教士和颜悦色的埋怨她，说这一类心胸高尚的人物，便是上帝也不肯随便加以屈辱的。小姑娘却引用大卫杀死巨人歌利阿的故事作答复。在这个如此温暖，如此完美，跟喜欢刺探家长里短的小市民完全隔绝的家庭生活中，唯一的不愉快便是关于宗教的龃龉，便是女孩儿不能劝干爹皈依上帝的遗憾。于絮尔慢慢地长大，进步，成为一个幽娴贞静，饱受基督教教育熏陶，在教堂门口使但羡来大为赞美的少女。她平日种花，弹琴，陪老人玩儿，侍候老人的起居，借此减轻些蒲奚伐的工作；她的恬静的岁月就是这样消磨的。可是于絮尔一年来也有些骚动的表现，引起老人不安；骚动的原因早在意料之中，所以他只是为孩子的健康操心。另一方面，这敏锐的观察家，识见深远的医生，觉得于絮尔精神上多少也受到骚动的影响，便像母亲对付女儿一样暗中侦察了一番，结果却看不见周围有什么能引起她爱情的男子，也就放心了。

06

催眠术概要

在这种情形之下,正当这幕戏开场以前一个月,医生在精神生活方面遇到一件事,把他所有的信念像泥土似的翻了一个身。但为了这件事,我们必须把他行医时期的几桩大事概括的叙述一下,而我们的故事也可以因之更加生色。

十八世纪末期,梅斯曼的出现,把科学界分做两派,壁垒森严,不亚于葛鲁克出现之后的艺术界[1]。从古以来,发明家都是到法国来教人公认他们的新发现的;因为语言明确,法兰西可以说是世界上传布消息的吹号手。梅斯曼把催眠术重新发掘出来以后,也到了法国[2]。

不久以前,哈纳曼说过一句话:"致病医病的学说如果到了巴

---

[1] 十八世纪末葛鲁克(原籍德国)与毕岂尼(原籍意大利)两大音乐家同为法国内廷供奉,在歌剧界各立门户,争执甚烈。
[2] 梅斯曼(F.‑A.Mesmer,1733‑1815)倡动物磁气之说,认为一切疾病皆可用磁性感应的原理治疗,一七七八年梅斯曼至巴黎行术,风动一时,称为梅斯曼主义,其内容即今之催眠术,"磁性感应"为纯粹学理名称。

黎，就有前途了¹。"

梅特涅克也和迦尔说过："你还是上法国去吧；只要人家取笑你是个驼子，你就出名啦。"

因此，梅斯曼有热烈的信徒，也有激烈的敌人，情形很像葛鲁克党与毕岂尼党。法国的学术界大为骚动，郑重其事的展开辩论。辩论的结果尚未分晓，医学院已经把它所谓梅斯曼的江湖邪术，连同他的木盆、导引索，和他的理论，全部禁止了²。可是不能否认，梅斯曼这个奇妙的发明，也因为他抱着立致巨富的野心而大受损害。与学说有关的许多事实先是不大可靠，梅斯曼又昧于那无法衡量的，当时还没人观察到的液体³在自然界中的作用，更不知道把一种有三重面目的科学从各方面去探求，所以梅斯曼失败了。催眠术的应用不止一端；在梅斯曼手里只是一个原则，以后的发展是不可限量的。发现的人固然缺乏天才；但一门和人类文明同时兴起的学术，埃及和加尔提亚，希腊和印度，都曾加意培植的学术，在十八世纪的巴黎还跟伽利略的真理⁴在十六世纪遭到同样的命运，被宗教界和同样惊惶的唯物派哲学家两面夹攻：那为法国着想，为人类的智慧着想，的确是件大可惋惜的事。催眠术是耶稣最喜爱的学术，也是他传授给信徒们的一项神通；但教会对催眠术的态度，不比卢梭、伏尔泰、洛克、孔狄亚

1　德国医生哈纳曼（1755—1843）所倡的"致病医病"说，大致是用药物在病人身上引起与所患的病症相同的现象，以治疗疾病。
2　木盆与导引索，均为梅斯曼以磁性感应作医疗时的用具。
3　古代的占星术、巫术、魔术，均认为世界上有一种无所不在的液体，可用以解释宇宙之神秘。近代的灵学也相信有一液体为心与物中间的桥梁。巴尔扎克极好此种神秘学说，常于作品中为之张目。
4　十六世纪时伽利略因倡言太阳为宇宙中心与地球自转，被教会强迫服罪。

克等等的信徒更有先见之明。这个人类的法宝，渊源极古而又好似极新的东西，百科全书派和教会中人都不能容纳。痉挛派的奇迹，虽有加莱·特·蒙越龙留下珍贵的纪录，仍被教会和学者们冷淡的态度压倒了[1]。但这些奇迹的确是第一次号召大家去研究人身上的液体；那液体能够促发人体内部的力量，抵消外界因素促成的苦楚。但要做这个实验，先得承认那观察不到、触摸不到、衡量不出的液体是实有的；可惜这三个消极的形容词被当时的科学界看作虚无的代名词。而近代哲学就不承认空虚这回事。只要有十尺地位的空虚，世界就坍了！尤其在唯物主义者心目中，世界完全是实质，一切都有关联，一切都是机械的动作。狄德罗说过："世界是偶然产生的，不像上帝那样难以解释。无数的原因和偶然产生的无穷的变化，就能说明天地万物的现象。把《伊尼特》一书的全部铅字随便散掷，只要给我充分的时间与地位，我一定能掷出一部《伊尼特》的书版来。"这般可怜虫宁可把无论什么东西奉为神明，却不愿意承认有个上帝；但他们看到物质可以分析至于无穷，也觉得害怕了；其实那种物质的可分性是一切无法衡量的力在本质上都有的。洛克和孔狄亚克把自然科学的进步延迟了五十年，直到伟大的圣·伊兰倡导物种原始统一论以后，这门科学才有惊人的发展。

一部分不持一家之说的聪明人，把事实用心研究过了，始

---

[1] 十八世纪二十年代，基督旧教中有扬山尼派教士法郎梭阿·巴里斯，能为人作媒介而获致奇迹。巴氏死于一七二七年，一七二九年起，群众往其墓地瞻礼，多有当场抽搐，如发狂疾者，醒后则原有宿疾霍然而愈。奇迹之说由是更为盛行；此等信徒当时称为痉挛派。加莱·特·蒙越龙（1686—1754）原为法国大理院法官，生活放荡；一七三一年时目击痉挛派之奇迹，乃改信扬山尼主义，并痛改前非，品行端正。后又著书证实痉挛派之事实，卒被政府逮捕，瘐死狱中。

终信服梅斯曼主义。梅斯曼认为人身上有种敏锐的力，在意志鼓动之下，能用来控制另外一个人；遇到液体丰盛的时候，那种力还有治病的功能，而治疗的经过便是两个意志的斗争，是疾病与医治的志愿的斗争。梅斯曼还不大注意到梦游现象，那是毕赛瞿和特栾士两人用功研究的；但大革命使这些发现都停顿了，让一般学者和取笑的人占了上风。为数极少的信徒中间，一部分是医生。而这般主张异说的少数派到死都受着同僚迫害。威望很高的巴黎医师公会，对付梅斯曼信徒像宗教战争一样严厉，手段的残酷，在伏尔泰提倡宽容的时代，可以说是无以复加了。正统派的医生拒绝跟赞成梅斯曼邪说的医生会诊。到一八二〇年的时候，被目为异端的人还是成为暗中排斥的对象。便是大革命的灾难与风暴，也没有能使那学术界的仇恨平息。社会上只有教士、法官和医生，才会恨到这般田地。从事专业的人永远是固执得可怕的。但另一方面，思想不是比人事更顽强吗？

米诺莱的一个朋友，蒲伐医生，服膺新说，把生活的安宁都为之牺牲了，巴黎大学的医学院见了他非常头疼，但他的信心到死都没有动摇。米诺莱是拥护百科全书派最出力的健将，是梅斯曼的护法——台斯隆医生的死敌，写的文章在论战中极有分量；他不但和老同学蒲伐决裂，并且还加以迫害。对待蒲伐的行为是米诺莱唯一的悔恨，使他暮年觉得良心不安。

从米诺莱退休到纳摩以后，催眠术虽然被巴黎学术界继续引为笑谈，它本身却有了极大的进步。其实称呼催眠术最确当的名词是无重量液体学[1]，因为它的现象和光与电的性质最为相近。

---

[1] 无重量是不可称量的意思，如光与电都是无重量的。

迦尔的骨相学与拉伐丹的相学是孪生的学术，两者之间有着因果关系；它们向许多生理学家指出不可捉摸的液体的痕迹；意志的许多现象便是从液体来的；情欲、习惯、脸相与头颅的形状，也是以液体为基础的。磁性感应的事实、梦游、未卜先知与出神入定，一切使人进入心灵世界的事，越来越多了。农夫马丁与异人显形的奇事，和路易十八的谈话，都是经过证实的[1]；斯威顿堡与亡人的交接，在德国是正式肯定的[2]；司各特写过千里眼的故事；把手相学、卜课学、占星学混合起来的某些占卜家，很有些奇妙的能力；局部麻痹与失却行动机能的事实；某些病症对横膈膜的影响：所有这些至少是很奇怪而同出一源的现象，可以破除许多人的怀疑，使最不关心的人也来做些实验。这种思潮在北欧很发达，在法国还很微弱，但浅薄的观察家称为奇妙的事实还是有的，不过在人事纷繁的巴黎旋涡中，像石沉大海一般不起作用罢了；米诺莱对这些情形更是一无所知。

一八二九年初，反对梅斯曼的老人收到下面一封信，使他安定的心绪大受影响。

我的老同学：

一切友谊，即使决裂了，也有些永远剥夺不了的权利。我知道你还健在，我常常想起的是我们一同在圣·于里安街的破屋子里所过的日子，而不是我们之间

---

[1] 农夫托玛·马丁，一八一六年时向人宣称，有一异人数次现形，嘱其向路易十八传达重要消息及若干忠告。经乡村教士、本区总主教，以及警察局盘问，被送入疯人院。事为路易十八所闻，召入宫中；马丁面陈若干事，王大为感动，即下令将其释放。马丁死于一八三四年。
[2] 斯威顿堡（1688—1772）为瑞典的灵学家。

的敌意。在离开世界以前，我要向你证明，催眠术快要成为一门重要的科学了，假如科学应该有许多种的话。我可以提出确凿的证据破除你的疑惑。也许你的好奇心还能使我有机会跟你聚首一次，在梅斯曼事件以前，我们原是常常相见的。

蒲伐

这一下，反对梅斯曼的老人好似狮子被牛蝇叮了一口，直奔巴黎，到蒲伐老人的寓所丢了一张名片。蒲伐住在圣·舒比斯教堂附近的非罗街上，他也到米诺莱的旅馆丢下一张名片，写着："明晨九时，在圣·奥诺雷街圣母升天教堂对面恭候。"米诺莱变得年轻了，一晚没睡着。他去拜访几个相熟的医生，问他们是不是天下大变了，是不是医学界有了新的学派，巴黎大学的四个学院是不是还存在。他们告诉他，当年抵抗邪说的精神并未消灭；只是医学学士院和科学学士院不再用压迫手段，而仅仅用置之一笑的态度，把涉及磁性感应的事情归在高缪斯、龚德、鲍斯谷的魔术之列[1]，看作一种所谓科学游戏。但这些议论并不能阻止米诺莱老人赴蒲伐的约会。经过四十四年的仇视，两位敌人又在圣·奥诺雷街上的一个门洞子里见面了。法国人老是有许多分心的事，没法把仇恨保持长久。尤其在巴黎，那么多的事情把空间扩大了，使一个人在政治、文学、科学各方面活动的范围更加辽阔，到处都有园地可以开发，施展各人的雄心。要恨一个人，必须时时刻刻集中精神，要你拿出几个人的精力，才能长时期的恨

---

[1] 三人均为十九世纪的魔术大家。

下去。所以只有肉体能保留仇恨的记忆。过了四十四年,连罗伯斯庇尔和唐东也会互相拥抱的了。可是两位医生相见之下,谁都没伸出手来。蒲伐先开口对米诺莱说:

"你身体好得很。"

发僵的局面打开了,米诺莱答道:"是的,还不坏。你呢?"

"我?你瞧罢。"

"磁性感应的学说能教人不死吗?"米诺莱带着说笑的口气,可并不尖刻。

"差点儿教我活不成是真的。"

"难道你没发财吗?"

"噢!"

"我呀,我可是有钱呢。"米诺莱嚷着。

"我不是恨你的财产,而是恨你的信念。跟我来罢。"

"噢!你老是这么固执!"

蒲伐把米诺莱带上一座黑洞洞的楼梯,小心翼翼的直上五楼。

那时巴黎出了一个异人,从信仰中得到广大无边的法力,能在各方面应用磁性感应。这伟大的无名氏至今还活着;他不用见到病人,能够从远处医治最痛苦的、年深月久的痼疾,并且是像耶稣那样突然之间根治的;除此以外,他还能克服最倔强的意志,一刹那间促成最奇怪的梦游现象。他自称为只依靠上帝,像斯威顿堡一样和天使们来往。相貌像狮子,有一股充沛的不可抵抗的力。五官的轮廓长得很特别,模样很可怕,令人惊怖;从心灵深处发出来的声音,好似充满了磁性的液体,会钻进听的人身上的毛孔。他医好了上千病人而受到群众无情无义的待遇,灰心透了,决意过着孤独的生活,与世隔绝。他曾经替母亲们救回垂死的女儿；替哭哭啼啼的儿女挽回父亲的性命；把受人疼爱的情妇还给热烈的情人；把医生断为绝望的病人治好；使犹太教、新教、旧教的祭司各自在圣堂中唱着赞美诗，被同样的奇迹感化了，皈依同一个上帝；替患了绝症的病人减轻临终的痛苦；对于双目紧闭的梦游者，他等于代表生命的太阳；但他绝不为了替王后救一个太子而轻易举一举他那双神通广大的手。他只回想着过去所做的善事，把自己包裹在一片光明里头；他遗世独立，仿佛是生存在天上了。

但这个有着异能而不求名利的人初露锋芒的时期，对于自己的神通也差不多感到惊异，允许某些好奇的人参观他的奇迹。他那喧传一时而将来还会重振的声名，惊动了行将就木的蒲伐。蒲伐以前为了梅斯曼的学说受尽迫害，把它当作宝物一般藏在心里；如今终于看到这门科学的最精彩的事实。伟大的无名氏被老人的遭遇感动了，对他另眼相看。所以蒲伐一边上楼，一边存着俏皮而得意的心，听任他的老冤家取笑，只回答说："你等会儿瞧罢！等会儿瞧罢！"同时颠头耸脑，表示极有把握。

两位医生走进一个寒碜的公寓。蒲伐到客厅隔壁的一间卧房里去了一会，米诺莱等在客厅里，开始疑心了；但蒲伐马上来带他走进隔壁的屋子，见了那位神秘的斯威顿堡信徒；一张靠椅上还坐着一个女的，她并不站起来，好像根本没瞧见两个老人。

米诺莱笑道："怎么！不用木盆了？"

"只依靠上帝的神力。"斯威顿堡信徒肃然回答。据米诺莱估计，他大约有五十岁。

三个人一齐坐下。主人讲的话无非是寒暄客套；米诺莱老人听着大为惊奇，以为受人愚弄了。斯威顿堡信徒询问来客对于科学的看法，他显然是要借此把对方打量一番。

终于他说："先生，你到这儿来纯粹是为了好奇。我的神通，我相信是得之于上帝，从来不敢加以亵渎的；随便滥用，或是用在不正当的地方，上帝会把我的神通收回。不过据蒲伐先生说，现在的问题是要使一个和我们信仰相反的人改变主张，点醒一个善意的学者，所以我愿意满足你的好奇心。"他又指着那个陌生女子说："这个女的正在梦游。据一切梦游者的口述和表现，梦游是个极甜美的境界，内在的生命把有形的世界加在人的器官上面、妨碍它们的机能的束缚，完全摆脱了，能够在我们谬称为'无形的'世界中活动。梦游状态中的视觉与听觉，比着所谓清醒状态中的更完美，也许还不用别的器官协助；因为视觉与听觉原是通体光明的利剑，别的器官反而是遮蔽它的剑鞘。对于梦游的人，无所谓空间的距离，无所谓物质的障碍；换句话说，距离与障碍被我们内在的生命超越了；人的肉体只是那内在生命的一个贮藏室，一个不可少的依傍，一重外壳。这些最近方始发现的事实，没有适当的名词可以形容；因为不可量、不可触、不可见等等的字眼，对于可由磁性感应显出作用来的液体而言，已经毫无意义。光能发热，能穿过物体使它膨胀，可见光还是可量的；至于电能够刺激触觉，更是人尽皆知的事。我们一向只管否认事实，却忘了我们器官的简陋。"

米诺莱打量着那个好像属于下层阶级的女子，说道："噢！她睡着呢！"

主人回答："此刻她的肉体可以说消灭了。一般人把这个状态叫作睡眠。但她能够向你证明有个精神世界，人的精神在其中完全不受物质世界的规律支配。你要她到哪儿去，我就教她到哪儿去。离开这儿几十里也罢,远至中国也罢,她都能把那边发生的事告诉你。"

米诺莱说:"你只要叫她到纳摩,到我家里去。"

那怪人回答:"好吧,我自己完全不参加。你把手伸出来;演员和看客,原因与结果,都归你一个人担任。"

他拿了米诺莱的手,米诺莱也让他拿着。他好似定了定神,用另外一只手抓着坐在椅上的女人的手;然后把老医生的手放在女的手里,教他坐在那个并无法器的女巫身边。老医生觉得自己的手和女的接触之下,她原来极平静的脸微微一震;这动作虽然后果很奇妙,动作本身却非常自然。

"你得听从这位先生的话,"那异人说着,平举着手,伸在女的头上,女的仿佛马上得到了光明和生命,"别忘了,你替他做的事都是使我高兴的。"然后他对米诺莱道:"现在你可以吩咐她了。"

医生便道:"请你到纳摩镇布尔乔亚街,到我家里去。"

蒲伐告诉他说:"你得等一下,等她和你说的话证明她已经到了那儿,你再放开她的手。"

"我看见一条河……一个美丽的花园。"女人说的声音很轻;虽则闭着眼,神气像聚精会神的瞧着自己的内心。

"干吗你从河跟园子那边进去呢?"米诺莱问。

"因为她们在那边啊。"

"谁?"

"你心里所想的小姑娘和她的奶妈。"

"园子是怎么样的?"米诺莱问。

"打河边的水桥上去,右手有一条砖砌的长廊,放着图书;

尽头是一间后来添上去的小屋子，挂着木铃和红蛋。左边墙上爬满了藤萝、野葡萄和素馨花。园子中间有一具小型的日规，还有许多盆花。你的干女儿正在察看她的花，还指给她的奶妈瞧呢；她拿着锹挖土，把花子放在泥里……奶妈在刮平走道上的石子……小姑娘虽然像天使般纯洁，心中已经跟破晓时的天色一样，微微的动了爱情。"

"对谁呢？"至此为止，医生还没听见什么只有梦游的人才能告诉他的事。他始终认为那是走江湖的法术。

她微微一笑，说道："你还一点儿都不知道呢；不过最近她成人以后，你也担心过。她的感情是跟着肉体发展的……"

老医生嚷道："一个平民阶级的女人居然会讲这种话？"

蒲伐回答："在这个状态中，谁说话都是特别清楚的。"

"可是于絮尔爱的是谁呢？"

那女的侧了侧头，答道："于絮尔还不知自己动了爱情。她太朴实了，根本没体会到情欲或是什么爱情，但她关切他、想念他；尽管压制自己，想把他丢开，也是没用……现在她弹琴了。"

"那男的是谁呢？"

"对门那位太太的儿子……"

"是包当丢埃太太吗？"

"包当丢埃？对啦。可是没什么危险，他不在本地。"

"他们讲过话吗？"医生问。

"从来没有。他们只见过面。她觉得男的挺可爱。不错，他长得一表人才，心也很好。她从窗里见过他；两人也在教堂里见过；但那个男的已经把这件事忘了。"

"他叫什么名字？"

"啊！那要我看一眼才行，或者要她说出来。噢！有了，他叫作萨维尼昂；她才说出这名字，觉得叫着心里怪舒服的：她已经在历本上查过他的本名节，拿红笔点了一下做记号……真是孩子气！噢！她将来是个多情种子，又热烈又纯洁；一生不会爱两次的；爱情会抓住她的心，深深的种在里头，把旁的情感都挤掉。"

"你从哪儿看出来的？"

"从她心里看出来的。她能够受苦；这一点跟她的血统有关，她父母都遭过大难！"

这最后一句把医生听呆了，他不是为之震动，而是惊奇。在此应当补充一下，那女的每说一句，都要隔十分到十五分钟，在那个时间内她精神越来越集中，明明是有所见的神气。她额上有些异样的表情显出她内心的活动，有时开朗，有时紧张，那种竭尽全力的劲儿，米诺莱只有在快死的人身上见过，而且还得是一个有先知一般的感觉的人。她好几次的手势都像于絮尔。

主人对米诺莱道："你尽管问她；她可以把只有你一个人知道的秘密告诉你。"

米诺莱问："于絮尔爱我吗？"

她微微一笑："差不多跟爱上帝一样；她因为你不信上帝，非常难过。你的态度仿佛只要不信仰，上帝就会不存在似的。可是世界上没有一处没有他的声音。所以这孩子唯一的痛苦就是你给她的。呦！她在琴上练音阶了；她还想在音乐方面求进步……她自个儿在那里懊恼，心里想着：倘若我唱歌唱得好，把嗓子练好了，他回到家里的时候一定能听见我的声音。"

米诺莱掏出记事册,记下了钟点。

"她散的什么花子,你能告诉我吗?"

"木犀草,豌豆花,凤仙花……"

"最后一样是什么?"

"是飞燕草。"

"我的钱放在哪儿?"

"在你公证人那儿;可是你按期存放,连一天的利息都不损失的。"

"不错;但我在纳摩每季家用的钱放在哪儿呢?"

"放在一本红面精装的,《于斯蒂尼安法学总汇》第二卷最后两页之间;放书的是玻璃碗橱的高头,插对开本的柜子,整格都给那部书占满了。你的钱放在靠近客厅那边的最后一册里头。咦!第三卷插在第二卷前面啦。可是你的款子不是钱,而是……"

"可是一千法郎的钞票?……"医生问。

"我看不大清,票子都折着。啊,是两张五百法郎的。"

"你看见了吗?"

"看见了。"

"是怎么样的钞票?"

"一张很黄很旧,另外一张颜色还白,差不多新的……"

最后这段问答,米诺莱医生听着发呆了。他呆呆的望着蒲伐,蒲伐和斯威顿堡信徒却看惯了不相信的人的惊奇,只管若无其事的低声谈话。米诺莱要求吃过饭再来。他想定定神,让惊怖的情绪平静一下,再来领略这种广大的神通;他预备做一次决定性的试验,向她提出一些问题,要是有了满意的解答,他的疑惑可以全部廓清了。

主人说:"那么你今晚九点再来,我为你再到这儿来一次。"

米诺莱医生激动到极点,出去的时候甚至忘了向主人告辞;蒲伐跟在后面,远远的嚷着:

"你怎么说?怎么说?"

米诺莱站在大门口回答:"蒲伐,我觉得我简直疯了。倘若那女人说的关于于絮尔的话都不错,倘若这妖婆替我揭穿的事只有于絮尔一个人知道,那我承认你的确是对的。我恨不得长着翅膀飞回纳摩,把事情调查明白。好,今晚十点我就动身。啊!我真是给闹糊涂了。"

"噢,倘若你看到一个害了多年不治之症的病人,五秒钟以内就给医好;倘若这催眠大家使一个麻风病人浑身淌汗;倘若你眼见他教一个瘫痪的女人站起来走路,你又怎样呢?"

"蒲伐,咱们一起吃饭去,到晚上九点为止,我不让你走开了。我要做一个切实的、无法推翻的试验。"

"好吧,老朋友。"那个梅斯曼派的医生回答。

07

信了这项，也就信了那项

两位言归于好的朋友到王宫市场去吃晚饭。米诺莱很兴奋的谈了一会，才把脑海中翻腾不已的思潮暂时忘掉。然后蒲伐和他说："如果你承认那女子的确有能力消灭空间或是飞渡空间，如果你切实知道，在圣母升天教堂附近，她能听到人家在纳摩说的话，看到在纳摩发生的事，你就得承认磁性感应的别的现象，那在不相信的人都是跟这些事同样不可能的。你不妨要她给你一个唯一可使你信服的证据，因为你或许以为刚才的事是我们打听来的；可是我们没法知道，比如说，今晚九点在你家中，在你干女儿卧房里的情形；你不妨把梦游者所看到的所听到的，牢记在心，或是用笔记下来，你再赶回家。我不认识于絮尔姑娘，她不是我们的同谋；要是她说的话、做的事，和你记下来的一样，那么，刚强的西刚勃勒，你该低头了[1]！"

---

[1] 法兰克族的王格洛维斯，于五世纪末与阿拉芒族战于多皮阿克，形势危急，格洛维斯乃发宏愿，若基督教的上帝能助其作战，即当皈依宗教。是役格果获全胜，即率士兵三千人同时信仰基督教。主教圣·雷米于兰斯城内为其举行洗礼时，说道："刚强的西刚勃勒，你该低头了！"西刚勃勒为日耳曼族一支，圣·雷米以此称呼格洛维斯的种族。

两个朋友回到那房间,又见到那梦游女人,但她见了米诺莱并不认识。斯威顿堡信徒远远的举起手来,女人便慢慢地闭上眼睛,恢复了饭前的姿势。医生和女人的手放在一起以后,他就要她说出这时候在他纳摩家中发生的事。

"于絮尔在那里干什么?"

"她已经脱了衣服,做好头发卷儿,跪在祈祷凳上,面对着一个象牙十字架,十字架挂在红丝绒底子的框子里。"

"她说些什么?"

"她在做晚祷,把自己交托给上帝,求他驱除她心中的邪念;她检查自己的良心,白天的行为,看看有没有违背上帝和教会的告诫。可怜的孩子,她在解剖自己的灵魂呢!"梦游者说着,眼睛湿了,"她并没犯什么罪过,可是责备自己想萨维尼昂想得太多了。她停下来思忖他此刻在巴黎做些什么,求上帝赐他幸福。末了,她提到你,高声做着祷告。"

"她的祷告,你能说给我听吗?"

"能。"

米诺莱拿铅笔把梦游者口述的祷告记下来,那明明是夏伯龙神甫替于絮尔起的稿子:

"我的上帝,我是崇拜你的仆人,抱着满腔热情和敬爱的心向你祝告;我尽量遵守你的诫命,愿意像你的圣子一样,为荣耀你的名字而献出我的生命,愿意生活在你的荫庇之下;你是洞烛人心的主宰,倘若你满意我的行为,我就求你开恩,点醒我的干爹,使他走上得救的路,赐他恩宠,让他最后几年能生活在你身上;求你保佑他平安,让我来代替他受苦!圣女于絮尔,我亲爱的本名神,还有圣母、天使长,天堂上所有的圣者,求你们垂听我的祈祷,请你们帮我向上帝说情,求你们可怜我们。"

梦游者把孩子那些天真的手势和圣洁的灵感,学得逼真,米诺莱看着,不由得眼睛里冒上了泪水。

"她还有别的话说吗?"

"有的。"

"讲给我听。"

"亲爱的干爹!他在巴黎跟谁玩脱里脱拉呢?她吹熄了蜡烛,倒下头去睡了。啊,已经睡着了!她戴着小小的睡帽,真好看!"

米诺莱向伟大的无名氏行过礼,和蒲伐握了握手,急急忙忙下楼。那时有一个出租马车的站,设在还没有为了扩充阿尔泽街而拆毁的一家老客栈门口;他奔到那里,找到一个马夫,问他可愿意立刻上枫丹白露。价钱讲妥以后,返老还童的老人马上动身。照预先谈好的办法,他在埃索纳镇让牲口歇了一会;然后赶上纳摩的班车,居然还有位置,便把包车打发了。

清早五点左右,他回到家中,因为路上辛苦,一口气直睡到九点,睡下去的时候,他一向对于自然界、生理学、形而上学的观念,完全崩溃了。

医生醒来,知道从他回家以后没有一个人进过他的屋子,便开始调查事实,心里却是说不出的恐惧;两张钞票的分别,两册《法学汇编》的次序颠倒,连他自己也不知道。可是梦游的女人看得一点不错。他便打铃叫蒲奚伐女人。

"把于絮尔找来和我说话。"他坐在书房中间吩咐。

孩子来了,奔过来拥抱他;医生把她抱在膝上;她才坐下,美丽的淡黄头发就跟老朋友的白头发卷在一起。

"干爹，你可是有什么事问我？"

"是的，不过你先得发誓，要非常坦白的回答我的话，绝不躲躲闪闪。"

于絮尔满面通红，直红到脑门。

医生看见她一向那么纯洁那么明净的美丽的眼睛，为了初恋的羞怯而显出慌乱的神色，便接着说："噢！你不能回答的话，我不会问你的。"

"干爹，你说罢。"

"昨天晚上你做最后一段祷告的时候，心里想些什么？祷告是几点钟做的？"

"大概是九点一刻，九点半。"

"把你最后一段祷告背给我听。"

于絮尔希望自己的声音能够感化不信上帝的老人，便跳下来跪在地上，诚心诚意的合着手，眉飞色舞，望着老人说道：

"我昨天求上帝的话，今天早上又求过了，我要求到上帝顺从了我的愿望为止。"

接着她把祷告背了一遍，背的时候有种更热烈的、簇新的表情；干爹却打断她的祈祷，接下去替她念完了，使她大为惊奇。

"行啦，于絮尔，"医生又把干女儿抱在膝上，"你倒在枕上睡觉之前，心里是不是想：亲爱的干爹！他在巴黎跟谁玩脱里脱拉呢？是不是？"

于絮尔跳起来，仿佛听到了最后审判的号角：她大叫一声，睁大着眼睛，一动不动的，不胜惊骇的瞪着老人。

"干爹，你是什么人呀？哪儿来这样大的神通？"她认为干爹既然不信上帝，一定是跟魔鬼打交道了。

"昨天你在园子里散的什么花子？"

"木犀草，豌豆花，凤仙花。"

"末了可是飞燕草？"

她跪在地下叫道："干爹，别吓我了；你昨天待在家里没出门，是不是？"

"我不是老跟你在一块儿吗？"医生开着玩笑，把话支开去了。他不愿意惊动天真的孩子，扰乱她的头脑。

"咱们到你卧房去吧。"

他让她搀着手臂，一同上楼。

"干爹，你的腿在发抖呢。"

"是的，我头里昏昏沉沉，好似给雷劈了一样。"

"难道你信了上帝吗？"她叫着，快活得眼睛里含着泪水。

老人瞧着自己替于絮尔布置的那间多朴素多可爱的卧房。地下铺着一张并不贵重的绿地毯，由她收拾得十分干净；墙上糊着蓝灰色的纸，印着蔷薇花和绿叶；朝着院子的窗上挂着粉红镶边的卡里哥布窗帘；两个窗洞之间，壁上有一面长镜，底下是一张白石面的金漆半桌，桌上放一个赛佛窑的蓝瓶，那是于絮尔平日插花的；壁炉架对面摆着一口细木镶嵌、大理石面的小柜子。床上铺的是旧波斯呢毯，挂的是波斯呢面子，用夹丝毛料做里子的帐帷；床是十八世纪通行的那种**公爵夫人式**，四角有刨出嵌线的柱子，顶上雕着一簇簇的羽毛做装饰。壁炉架上的摆钟，座子是贝壳做的，用象牙拼成许多图案；壁炉架的框子，架上的白石烛台，大镜子和四面堆花的边：那些颜色、调子、做工，都很调和。又高又大的衣柜放着于絮尔的内外衣衫：两扇柜门上用各种现在已经找不到的木料拼成风景画，有些木材的色彩是带绿的。

室内有股幽香。每样东西都安排得极有条理,极其和谐,谁见了都会欣赏,即使像米诺莱-勒佛罗那样的俗物也不能无动于衷。我们尤其可以看出,于絮尔对周围的东西多么看重,对这间与她儿童和少女时代的生活密切相关的屋子多么喜爱。老人为了不露痕迹,故意把室内的陈设看了一遍,发觉从于絮尔的窗子里的确望得见包当丢埃太太的屋子。他头天晚上已经盘算过,既然知道了于絮尔初动爱情的秘密,应当怎么应付。以监护人的资格去当面问她是不妥当的,不管是赞成是反对,他的地位都很僵。因此他决意先把年轻的包当丢埃和于絮尔双方的身份与处境,仔细考虑一下,再看要不要趁这股感情还没达到欲罢不能的阶段,就把它压下去。这样谨慎周密的态度,只有老年人才有。他一边为了磁性感应的事情,心绪还没定下来,一边把屋内的东西一件一件的瞧着,想借此看看挂在壁炉架旁边的历本。

"这些难看的烛台太重了,你这双美丽的小手怎么拿得动呢?"他把白石座子的镶铜烛台掂了掂分量,瞅着历本,把它拿了下来,嘴里说着:

"这也难看透了。多漂亮的屋子,干吗挂这样恶俗的历本?"

"噢!干爹,别拿走啊。"

"明儿我另外给你一本。"

他揣着这赃证下楼,关着门待在书房里,找出圣·萨维尼昂的节日:梦游的女人说得不错,十月十九那一天上果然有个小红点儿;米诺莱的本名神圣·但尼,和夏伯龙神甫的本名神圣·约翰的节日,也各有一个记号。点子不过针尖大小,梦游者不受空间和种种阻碍的影响,居然看到了。

老人把这些事一直想到晚上,那对于他比对谁都意义重大。

证据确凿，怎么能不信呢？打个比喻说，他心中那堵坚固的墙突然坍倒了；因为他的生活素来根据两个原则：一不关心宗教，二不相信磁性感应。感官原是纯粹的生理组织，它所有的效用都能解释清楚的；磁性感应却证明某些知觉的终极竟可与"无穷"相通，那在老人心目中等于推翻了斯宾诺莎的坚强的论据：斯宾诺莎认为有限与无限这两大原素是不能并存的，现在却变成互相包含的了。老人尽管承认物质的可分性与活动性有多么了不起的力量，总没法承认物质有这样大的神通。他年纪大了，没有精力再把这些现象归结到某种学说中去，把它们跟睡眠、异象、光线等等作比较。他的科学理论是以洛克和孔狄亚克派的主张为基础的，如今是整个儿崩溃了。空洞的偶像既然被砸烂了，他一味不信的心理也就跟着动摇。所以在信仰旧教的儿童与伏尔泰派老人的斗争中间，于絮尔在各方面都占了优势。在坍毁的堡垒里头，在那些废墟之上，有一道光在那里闪闪发亮。还有那段祷告在那里发出嘹亮的声音！然而固执的老人看到自己彷徨，大不满意。他虽然动了心，仍打不定主意，始终在那里抗拒上帝。但他的精神已经动摇，他已经改变了，一味深思默想，念着柏斯格的《杂思》、鲍舒哀的《新教教义游移史》、鲍那、圣·奥古斯丁等等的著作；也想搜罗斯威顿堡和圣－马丁的书籍[1]，这是巴黎的那位怪人跟他提到的。唯物主义在米诺莱心中建立的大厦已经到处开裂，只要一点儿轻微的震动就会全部瓦解。等到他皈依上帝的心意完全成熟的时候，他就瓜熟蒂落，投入宗教的怀抱了。

好几次晚上，于絮尔坐在一旁，老人一边和神甫玩着脱里脱

---

[1] 鲍那（1754—1840）为意大利政治家，拥护旧教甚力。圣－马丁（1743—1803）为梅斯曼的信徒。

拉,一边提出些问题,使夏伯龙听了很奇怪,觉得和老人平时的主张相差太远了;因为上帝为了超度这颗卓越的灵魂而在他心中所做的工作,神甫还一点儿都不知道。

"你可相信显灵的事吗?"不信宗教的老人停下游戏,问神甫。

"十六世纪的一个大哲学家,加唐[1],说他曾经见过显灵的。"神甫回答。

"凡是学者们注意过的显灵的事,我都知道;最近我把帕罗打的著作又读了一遍[2]。我现在问你,以旧教徒的立场来说,你是否相信,一个人死后能回到世界上来看活着的人?"

神甫回答:"耶稣死后就是在门徒面前显形的。教会对于教主的显灵当然深信不疑。至于奇迹,我们也有的是。"夏伯龙说到这里,笑了笑。"要不要我告诉你一桩最近的事,发生在十八世纪的?"

"噢!"

"是的,圣者玛丽-阿尔风斯·特·李哥里,在离开罗马很远的地方,就在教皇驾崩的一刹那,知道教皇的死。这桩奇迹有许多证人。那位有道行的主教,把他在出神入定时所听到的、教皇弥留时的遗言,当着好几个人说出来。过了三十小时,才有专差来报告教皇的噩耗[3]……"

---

[1] 加唐是十六世纪意大利医学家兼数学家,但惑于星相学及各种神秘学说,并非真正的哲学家,更非如巴尔扎克所说的大哲学家。

[2] 帕罗打为三世纪时亚历山大城中的神秘派哲学家。

[3] 此事见安谷·台·洛多男爵所著《圣·阿尔风斯·特·李哥里传》。李哥里主教生于一六九六,死于一七八七。此处所称教皇指格莱芒十三,崩于一七七四年九月十二日。男爵书中记载:"据若干极可靠的证人口述,自九月十一日起,李哥里主教即安座椅中不动不语,宛如入睡。"觉醒之时间,事后证明,即教皇驾崩之时间;彼时主教即对在旁侍候的修士声称:"我刚才送了教皇升天。"

"你这是放刁噜!"米诺莱老人跟神甫开玩笑似的说。"我不问你要证据,只问你信不信。"

神甫也继续取笑米诺莱,回答说:"我觉得显灵的事多半跟看到显灵的人有关。"

"朋友,我不是给你上当,你对这问题究竟有什么意见?"

"我相信上帝是万能的。"

医生笑道:"等我死了,倘若我信了上帝,一定要求他让我在你们面前显形。"

教士回答:"加唐和他的朋友彼此就是这样约定的。"

米诺莱道:"于絮尔,万一你受到什么威胁,只要叫我一声,我准来。"

教士道:"安德莱·希尼哀写过一首动人的悲歌,叫作《奈埃尔》[1],你一句话就把它的感情表达出来了。诗人的伟大,就在于把事实或情感蒙上一些永远生动的形象。"

"亲爱的干爹,你为什么要提到死呢?"于絮尔声音很悲痛,"我们基督徒是不死的,坟墓是我们灵魂的摇篮。"

老人微笑着说:"不管怎么样,反正得离开这个世界;我一朝不在之后,你看到你的家私一定会觉得惊奇的。"

"等你不在的时候,干爹,我唯一的安慰就是把我的生命奉献给你。"

"我死了,你还把生命奉献给我?"

"是的。我将来要是能做些善事,都要用你的名义去做,因

---

[1] 法国诗人希尼哀(1762—1794)所作悲歌《奈埃尔》,述一女子奈埃尔临终告其爱人:(大意)"……夕阳将下的时候,倘若你心中感动,朦胧出神,你只要叫我一声,我一定飞到你身边来!"

为我要补赎你的过失。我每天要祈祷上帝,求他大慈大悲,不要为了你一日之过而给你永久的惩罚,求他把一颗像你这样纯洁这样善良的灵魂,收留在他身边,和那些圣者的灵魂在一起。"

这几句回答,所包含的感情那么淳朴,声调口吻又那么肯定,直接指出了对方的错误,把但尼·米诺莱像圣·保罗一样的感化了[1]。他看到孩子有这样的感情,甚至顾到他未来的生命,不由得眼中含着热泪;同时有一道内在的光明使他心旌摇摇,不知所措。突然之间得到圣宠的效果,像触电一般。神甫合着手,惶惶然站起身子。孩子看到自己的成功,惊喜交集,哭了。老人仿佛有人叫他似的,猛的站起身子,望着前面,似乎看到了一道曙光;接着他跪在椅上,合着手,低着眼睛望着地下,诚惶诚恐,谦卑到极点。

他然后抬起头来,声音很激动的说道:"我的上帝!世界上只有这个纯洁的孩子才能替我求得恩宠,使我皈依。我已经深深的悔悟,由这个荣耀所归的儿童带到你面前,求你宽恕!"

老人的灵魂一直飞向上帝,求他在宠赐圣恩以后,再用智慧来点化他。他转身握着神甫的手,说道:"亲爱的导师,我变做孩子了,我请你训导,我把灵魂交给你了。"

于絮尔吻着干爹的手,喜极而泣,把老人的手都沾湿了。老人把孩子抱在膝上,很高兴的叫她做"教母"。神甫大为感动,很热烈的背着一首《来罢,圣灵》的赞美诗。跪在地下的三个基督徒,就把这首赞美诗代替了晚祷。

蒲奚伐女人很诧异的跑进来问:"什么事啊?"

---

[1] 圣·保罗未信基督以前,受命迫害基督徒,相传一日见耶稣显形,遂致失明,但心中觉得有一道神光照着。后来有了信仰,受了洗礼,双目乃复明。

于絮尔回答："哎，干爹信了上帝了。"

"那多好！这么一来，他就十全十美了。"老佣人嚷着，一本正经的画着十字，神气很天真。

慈祥的教士说道："亲爱的医生，不久你会感到宗教的伟大和奉教的必要；你会发觉，富于人情味的宗教哲学比最大胆的思想更高超。"

本堂神甫像小孩子一样快活，答应每星期来谈话两次，替老人解释基督教教义。由此可见，大家以为他的信教是于絮尔促成的，并且还有卑鄙的用意，其实是很自然的演变成功的。这颗心灵的创伤，教士暗中惋惜了十四年没敢碰一下；如今老人却像受伤的人请教一个外科医生似的，自动来央求他了。从那次谈话以后，于絮尔每天晚上的祷告都是和老人一块儿做的。他心中慢慢地觉得有种恬静的境界，代替了以前的骚乱。像他自己说的，不可解的事既然有上帝负责，他精神就安定了。于絮尔回答说，这表示他已经在上帝的国土内有了进展。

望弥撒的时候，他聚精会神的念着经文；因为他跟神甫谈了一次话，就参透那个神秘的观念，觉得一切信徒在精神上都是彼此相通的。这位刚刚归宗的老人已经懂得圣餐是个永久的象征，而一朝领会到它深刻与亲切的意义以后，信仰更使圣餐成为不可少的象征。那天他出了教堂，急于回家，为的是要感谢干女儿把他——照古时那种美妙的说法——渡登彼岸。他在客厅中把她抱在膝上，非常虔诚的亲着她的额角。那时他的一般旁系亲属却对于絮尔大肆谩骂，凭着他们恐惧的心理把那么圣洁的影响百般诬蔑。老头儿的急于回家，瞧不起亲属的态度，走出教堂时那句尖刻的回答，当然每个承继人都认为是于絮尔挑拨出来的。

08

这边商量，那边也商量

　　这方面，干女儿在琴上弹着韦白的《别意变体曲》给她干爹听；那方面，米诺莱-勒佛罗家的饭厅里，大家正在商量一个妙计，结果把这出戏文里头另外一个重要角色也带出场了。内地请客，饭桌上照例很热闹：再加从运河里载来的，或是蒲高涅方面，或是都兰纳方面的美酒，为大家助兴，一顿饭直吃了两个多钟点。才莉特意定了生蚝、海鱼和其他的名菜，替儿子接风。
　　饭厅颇像乡村旅店的客堂，中间摆着一张圆桌，桌面上的情形非常有趣。才莉看着规模宏大的下房心满意足了，又在大院子和种满蔬菜果树的园子之间盖一所屋子。她家中每样东西只求干净、实惠。勒佛罗-勒佛罗的作风对大家是个很大的教训，所以才莉绝不许建筑师随便乱来，浪费她的钱。饭厅只糊着上油的花纸，摆着胡桃木椅子、胡桃木酒柜、一只珐琅质的火炉，挂着一只时钟和一只晴雨表。杯盘虽是普通的白瓷，但桌布和大批的银器使饭桌显得灿烂夺目。因为只雇一个厨娘，才莉自己少不得奔进奔出，像香槟酒瓶里的铅丸一般。等她端上咖啡，候补律师但羡来把早上发生的大事和后果都弄明白了，才莉关上门，请公证人第奥尼斯发言。屋内鸦雀无声,每个承继人的眼睛都盯着那张公证人的脸;这就不难看出吃公事饭的人对一般家庭的影响。

他说:"诸位老弟,你们的叔叔是一七四六年生的,今年八十三岁;可是老年人往往会走上邪路,而这个小……"

"小毒蛇!"玛尚太太抢着说。

"小坏蛋!"才莉补上一句。

第奥尼斯往下说:"咱们只叫她名字罢。"

克莱弥埃太太道:"她的名字就是女强盗。"

"美丽的女强盗。"但羡来补充。

第奥尼斯接着说:"这小于絮尔是他的心肝宝贝。诸位都是我的主顾,我为了你们的利益,并没等到今天才打听消息,据我所知,这年轻的……"

"小毛贼!"稽征员嚷着。

"抢遗产的女棍!"治安裁判所的书记说。

公证人道:"诸位,别闹!要不然我戴上帽子,失陪了。"

"得了罢,老头儿,"米诺莱替他斟着罗姆酒[1],"再来一杯!……那真是罗马来的。好啦,你快点儿说罢。"

"于絮尔固然是约瑟·弥罗埃的女儿,但约瑟是你们老叔的岳父,华朗丁·弥罗埃的私生子;所以于絮尔是但尼·米诺莱医生非正式的内侄女。既然是非正式的内侄女,医生倘若立一张有利于她的遗嘱,也许会受到攻击。要是他把家私传给她而你们跟她打官司,那对你们也很不利;因为人家可以说于絮尔和医生并

---

[1] 罗姆原系甘蔗制成的酒(通常均译为甘蔗酒),因米诺莱无知,误为与罗马有关。

非亲戚¹。不过一个没人保护的姑娘遇到这场官司，一定会着慌，想法跟你们和解的。"

才毕业的法学士急于卖弄才学，说道："法律对私生子女的权利限制得非常严格，据一八一七年七月七日最高法院的判例，私生子对于他们的祖父不能有任何要求，连要求饮食都不行。可见当局把私生子女的亲属关系推得很广。法律在这方面的限制一直应用到私生子女的后代，因为把财产赠予私生子女的后人，就是间接赠予私生子女。我们把民法七五七、九〇八、九一一各条综合起来，就可得到这个结论。去年十二月二十六日有件案子，巴黎高等法院把祖父传给非正式孙子孙女的遗产克减了。要说亲属关系，这位祖父和非正式的孙子孙女，正如米诺莱医生和于絮尔一样的疏远。"

古郿道："我觉得这种看法只适用于祖父母对私生子的后代；姑丈等等是不相干的。一个人的舅子既是私生子，他和舅子的儿女就不成其为亲戚。于絮尔对米诺莱医生，根本是外人。记得一八二五年，我刚念完法律的时候，高玛的高等法院判决一件案子，说私生子一旦死了，他的后代就不能和先人的亲戚再成立什么间接的关系。现在于絮尔的父亲就是死了的。"

古郿的论据当时所发生的作用，大可引一句新闻记者在国会报导中常用的话，叫作**全场骚动**。

"这个话有什么意思呢？"第奥尼斯嚷道。"法院还没遇到姑丈对非正式内侄女的赠予案子；万一遇到的话，对私生子极严

---

1 法国民法限制私生子女的权利极严格。倘米诺莱医生与于絮尔的亲戚关系成立，则米诺莱以遗产赠予于絮尔即可受到利害关系人的攻击；倘米诺莱与于絮尔并无亲戚关系，则米诺莱自有权利以遗产相赠。

格的法律很可以应用上去，尤其在这个宗教极受尊敬的时代。所以我敢担保，这件案子一定能和解；倘若你们决心跟于絮尔把官司打到最高法院，那么和解更不成问题。"

一般承继人听了，仿佛金山银山已经摆在眼前，便高兴起来，有的笑逐颜开，有的挺挺腰板，有的做着手势，再也看不见古鄙的不以为然的表示。然后，听到公证人说出两个可怕的字儿"可是！……"大家又静下来，心里发慌了。

第奥尼斯仿佛拉了一下傀儡戏后台那根牵动轮盘，使傀儡一蹦一跳的线：所有的人都把眼睛瞪着他，脸也摆成一个同样的姿势。

他说："可是没有一条法律能阻止老人认于絮尔做养女或是跟她结婚。认养女是可以推翻的，我想你们打起官司来准赢：高等法院对过继问题绝不马虎，侦查期间一定会问到你们。尽管米诺莱医生得着圣·米歇勋章、荣誉团勋章，当过拿破仑的医师，也是要输的。你们为过继的事固然不用害怕，但要是他们结婚又怎办呢？老头儿相当狡猾，很可能到巴黎去住上一年再结婚，在婚书上写明送妻子一百万法郎。因此，唯一使你们的遗产受到危险的，是小姑娘和她的姑丈结婚[1]。"

说到这儿，公证人歇了一会。

古鄙摆出一副精明能干的神气，接着说："还有一个危险，便是立一张委托赠予的遗嘱给第三者，比如篷葛朗先生罢，托他将来把遗产转交于絮尔[2]。"

第奥尼斯打断了他帮办的话："倘若你们跟老叔捣乱，不好

---

1 西俗，亲戚不论辈分尊卑。
2 委托赠予是欧洲各国法律都允许，而民间常有的一种行为，源出《罗马法》。出面受赠之人，并非实际享受权利之人，而仅负责将赠予物交付委托书上指定之人。

好的奉承于絮尔，他一恼之下，不是和孩子结婚，就是像古鄙说的，来一个委托赠予；可是这种方式的遗赠，危险性很大，我想他不会采取的。至于结婚，要阻挠也容易得很。只消但羡来对小姑娘露出一点儿追求的意思，她哪有不喜欢年轻貌美，纳摩镇上的风流公子，倒反挑中一个老头儿的？”

车行老板的儿子听到有偌大家私，又垂涎于絮尔的姿色，不禁心里痒痒的，凑着才莉的耳朵说道：“母亲，要是我娶了她，全部家产都是咱们的了。”

“你疯了吗？你将来有五万法郎进款，还有当国会议员的希望；亏你想得出这种念头！只要我活着，绝不让你结那种不三不四的亲，断送你的前程。你贪图她七十万家私吗？……你傻不傻？镇长的独养女儿就有五万法郎进款，已经跟我提过亲啦……”

母亲对儿子说话这样不客气，还是破题儿第一遭；但羡来一听之下，觉得再没希望娶美丽的于絮尔了；才莉只要把蓝眼睛一瞪，拿定了主意，但羡来父子俩一向是拗不过她的。

克莱弥埃太太碰了碰丈夫的肘子，丈夫便高声说道：“喂！你说，第奥尼斯先生，万一老头儿当了真，把干女儿许给但羡来，拿全部家当给了她，咱们不是落空了吗？他只消再活五年，财产就要上百万了。”

才莉嚷道：“没有这回事！我口眼不闭，但羡来绝不能娶一个私生子的女儿，娶一个人家为了做好事而领养的，在街上捡来的女儿！别见鬼罢！将来叔父死了，我儿子就是米诺莱家的代表；姓米诺莱的五百年来都是清清白白的布尔乔亚。这种家世也抵得上贵族了。你们放心：但羡来要有了当选议员的把握才娶亲呢。”

这篇自命不凡的议论,立刻得到古鄙的拥护,他说:"但羡来一朝有了两万四收入,不是当高等法院的庭长,便是当检察长,这都是进贵族院的门路;若是他糊里糊涂结了婚,什么都完了。"

一般承继人听了,七嘴八舌,彼此都说起话来;米诺莱把桌子一拍,仍旧要公证人发言,大家才静下来不出声了。

第奥尼斯说道:"你们的老叔是个正人君子,自以为长生不老的;但像所有的聪明人一样,很可能不立遗嘱就被死神请了去。所以我主张,先劝他把现金作投资,投资的方式要使他不容易剥夺你们的承继;而眼前就有一个机会在这里。小包当丢埃欠了十多万债,关在圣·贝拉奚监狱。他老娘知道了,哭得像玛特兰纳,特意请夏伯龙神甫去吃饭,没有问题是商量这件事的。我预备今天晚上去见你们老叔,劝他把行市到了一百十八法郎的,有担保的五厘公债卖掉,筹了现款来借给包当丢埃老太太,她可以拿鲍第埃农庄和镇上这所屋子作抵;这样,她就能替浪子还债,救他出狱。以公证人的身份,我很可以替糊涂的小包当丢埃说话,我劝老头儿调动资金也在情理之中:立文书,做买卖,不都是我的进账吗?倘我能做他的顾问,还可以劝他把借出之后多余的钱买进别的田地;上好的产业,我手头有的是。他的家私一朝变了本地的不动产,或是凭抵押品借给了当地的人,那就逃不了啦。他再要想变成现金的话,我们总有办法阻挠的。"

这一席话比姚斯先生[1]说的更巧妙,立论的正确使承继人大为惊异,四下里响起一阵唧唧哝哝的声音,表示赞成。

---

[1] 为莫里哀喜剧《医生的爱》中人物。史迦拿兰以爱女吕商特忧郁成疾,与诸友商议;珠宝商姚斯劝其购买钻石以赠爱女,痼疾必可霍然而愈。

公证人随即下了结论:"所以你们应当协力同心,把老叔留在纳摩;这儿他已经住惯了,而且你们还能监视他。想法使小姑娘有个情人,她就不会嫁给……"

古鄙忽然起了野心,问道:"万一她真嫁了那个情人呢?"

公证人回答:"那事情也不算太糟,损失也看得见的;老头儿预备给多少陪嫁,可以打听出来。但要是你们派但羡来出马,他不妨把小姑娘拖延时日,拖到老头儿故世的时候。亲事可结可离,有什么难处!"

古鄙道:"如果老医生还要活好多年,那么最简单的办法不如把她嫁给一个规规矩矩的男人,拿着十万法郎陪嫁搬到桑斯、蒙太奚,或是奥莱昂,替你们把她带走。"

在场只有第奥尼斯、玛尚、才莉和古鄙四个人有头脑,他们意味深长的彼此望了望。

才莉咬着玛尚的耳朵,说道:"那可是梨子生了虫,从里头蛀出来啦。"

玛尚回答:"干吗让他来参加呢?"

但羡来向古鄙嚷道:"对你倒很合适。不过你能有一天收拾得干干净净,讨老人和他干女儿喜欢吗?"

"你要把肚子去挨裙撑子,可是做梦了。"车行老板终于也明白了古鄙的用意。

这句粗俗的打趣引得众人哈哈大笑。古鄙把众人扫了一眼,神气那么凶狠,吓得大家马上止住了笑声。

才莉凑着玛尚耳朵,说:"现在当公证人的都唯利是图;第奥尼斯万一为了招揽生意,倒过去帮了于絮尔,又怎办呢?"

"我相信他是靠得住的。"玛尚向才莉挤了挤那双狡猾的小

眼睛,心里还想补上一句:"他有把柄在我手里。"但他终于咽了下去,高声说道:

"我完全赞成第奥尼斯的意见。"

"我也赞成。"才莉嘴里这么说,已经疑心公证人为了利害关系和玛尚串通一起。

"我太太投过票了!"车行老板说着,又呷了一小口饭后酒;他早已酒醉饭饱,脸色都发紫了。

克莱弥埃也说:"那很好。"

"那么我饭后就得去走一遭了?"第奥尼斯又追问一遍。

克莱弥埃太太对玛尚太太说:"要是第奥尼斯先生的话不错,咱们就应该跟从前一样,每星期晚上去拜访叔叔,完全照第奥尼斯先生的办法做去。"

"嗯,是的,去受他那种招待!"才莉叫起来,"不管怎么样,我们一年也有四万法郎进款,几次三番请他,都被他拒绝了。哼,我们有什么地方比不上他?我虽不会开药方,可是当这个家也不是件容易的事!"

玛尚太太听了,心中有气;她说:"我没有四万法郎进款,自然一万也损失不起!"

克莱弥埃太太道:"我们是他的小辈,应该侍候他,对他家里的情形也能看得清楚些;表嫂,你将来会感激我们的。"

公证人举起手指放在嘴唇前面:"别亏待了于絮尔,特·姚第老头还拿自己的积蓄送给她呢!"

但羡来嚷道:"好吧,让我去换一套漂亮衣服。"

古鄙跟着他东家出了车行,说道:"刚才你那一套,和巴黎最高明的诉讼代理人台洛希一样厉害。"

"可是他们还跟我计较公费呢！"公证人苦笑了一下。

那些承继人陪着第奥尼斯和他的帮办走出来，个个人带着酒醉饭饱的神气，走到广场上，正遇上晚祷完毕。不出公证人所料，夏伯龙神甫搀着包当丢埃太太的手臂一块儿走着。

玛尚太太指着刚走出教堂的于絮尔和她的干爹，对克莱弥埃太太道："她还拉他去做晚祷呢。"

"咱们跟他说话去。"克莱弥埃太太说着，迎着老人走过去了。

自从在车行里开过会以后，众人脸上都换了一副表情，米诺莱医生看了很诧异，私忖他们为什么装作这样亲热。为了好奇，米诺莱医生让于絮尔跟两个女的见面；她们俩堆着假笑，好不肉麻的向于絮尔行礼。

克莱弥埃太太道："舅舅可允许我们晚上来拜访吗？有时我们怕打搅舅舅；可是我们的孩子好久没来向舅公请安了；我们的女儿也到了年纪，应该认识认识我们亲爱的于絮尔了。"

医生回答："于絮尔的脾气跟她的名字一样，孤僻得很呢[1]。"

"我们来陪陪她，她就随和了。"玛尚太太接着说。这位管家妇还想用俭省的理由遮盖她的用意，"并且，叔公，听说叔公的干女儿弹得一手好琴，我们很高兴能够听听。我跟克莱弥埃太太想请于絮尔的老师教我们的孩子；他有了七八个学生，也许学费能便宜些，不超过我们的能力。"

老人说："好吧；我还想替于絮尔请个歌唱教师，那么事情更容易商量了。"

---

[1] 于絮尔（Ursule）在拉丁文是Ursus，意思是熊。

"那么叔公,晚上见,我们带着你的侄孙但羡来一块儿来,他马上就要当律师啦。"

"晚上见。"米诺莱回答,他想借此看看这般小人究竟存着什么心。医生的外甥女和表侄孙女握了握于絮尔的手,装作挺亲热的说了声:

"再见。"

"噢!干爹,我心中的欲望都被你猜着了。"于絮尔嚷着,向老人不胜感激的望了一眼。

他说:"因为你嗓子很好。我还想替你找个图画教师和意大利文教师。"他推开家里的铁门,瞧着于絮尔,又道:"一个女子的教育,应当使她出嫁的时候无论什么地位都够得上。"

于絮尔脸红得像樱桃:干爹似乎正想着她所想的那个人。她觉得自己快要把不由自主的、常常想念萨维尼昂的心情,和为了他而竭力要求进修的欲望,告诉老人了;她去坐在一大堆浓密的藤萝底下,远远望去,她好似一朵蓝白相间的花。

她看见老人走过来,想换个题目,不让他再想着那些自己为之出神的念头,便说:"干爹,你瞧你的外甥女和表侄孙女对我多好;她们都是怪和气的。"

老人叫了声:"可怜的孩子!"

他把于絮尔的手放在自己臂上,轻轻拍着,带她走上沿河的平台,在那儿谈话是没有人听见的。

"干吗你要说可怜的孩子?"

"你没看见她们怕你吗?"

"为什么?"

"我信了教,我的承继人都着急了;他们一定认为我的进教是受你的影响，还以为我要剥夺他们的遗产，让你多得些家私……"

"那怎么会呢？……"于絮尔望着她的干爹，很天真的说。

老人抱起孩子，亲了亲她的脸颊："噢！你是我晚年的安慰。我刚才求上帝让我多活几年，原是为了你，不是为了我。我希望活到能替你找着一个合适的人，把你交托给他为止。我的小天使，你等会儿瞧着米诺莱、克莱弥埃、玛尚在这儿做的戏罢。你是要我活得舒服，活得长久！他们却巴不得我早死！"

于絮尔道："上帝不许我们憎恨；但要是你说得不错……噢！我也要痛恨他们了。"

蒲奚伐女人站在石级高头，那在花园这边正好是走廊尽处；她喊了声："吃晚饭了！"

饭厅壁上是用漆描的中国画，还是勒佛罗－勒佛罗遗下的装饰。于絮尔和干爹在这间精致的餐室内吃到饭后点心，治安裁判所的法官来了。医生请他喝一杯自炒、自磨、用一只叫作夏伯太的银壶自煮的莫加、蒲蓬和玛蒂尼葛的混合咖啡；那是只有最亲密的朋友才能受到的款待。

"哎，哪！"篷葛朗抬了抬眼镜，带着俏皮的神气望着老人，"外边可闹得满城风雨了；你一踏进教堂，你那批承继人就起哄啦。你的财产要捐给教会了，要送给穷人了，诸如此类。你刺激了他们，他们发急了。我看见他们在广场上的第一阵骚动，跟热锅上的蚂蚁一样。"

老人嚷道："于絮尔，我刚才对你怎么说的？我知道你听了会难过，可是也顾不得了；你应当认识认识世道人心，才能提防那些没来由的仇恨。"

"关于这件事,我有句话跟你说。"篷葛朗想借此机会,和老朋友谈谈于絮尔的前途。

满头白发的医生,抓起一顶黑丝绒便帽戴上了;法官怕着凉,也戴着帽子;两人沿着平台踱来踱去,商量用什么方法,才能替于絮尔保全干爹预备给她的财产。第奥尼斯认为照顾于絮尔的遗嘱不能生效的主张,法官是知道的;纳摩镇上的居民太关切米诺莱的承继问题了,不能不引起当地的法学家们纷纷议论。篷葛朗认定于絮尔和米诺莱医生根本不算亲戚;但他也感觉到,立法的本意是不允许有非正式的分子厕入家庭的。起草法典的人只想着父母对私生儿女的褊心,没料到旁系尊亲对私生子女的后人也会有感情。显而易见,法律在这方面是有疏漏的。

古鄙,第奥尼斯,但羡来,刚才讲给承继人们听的法理,篷葛朗也和医生说了一遍,又道:"在别的国家,于絮尔绝对不用担心;她是合法配偶所生的女儿,她的父亲仅仅是不能承继令岳华朗丁·弥罗埃的遗产。不幸我们的司法界很有才气,喜欢一步一步做推论,揣摩立法的精神。律师们会大谈道德,说法典上的疏漏是由于立法者太老实,没预料到这种情形,但他们至少已经把原则确定了。这场官司必定拖延时日,所费不赀。以才莉那个性格,恐怕只要告到最高法院为止,那时我是不是还在世界上可没有把握了。"

医生嚷道:"尽管是理直气壮的官司,也不一定准赢。我已经想到辩诉状上的理由:**私生子继承权利的限制应当推广到什么程度?**一个大律师的声名,就靠能够打赢下风官司。"

篷葛朗道:"婚姻是社会的永久基础,我恐怕推事们为了保护婚姻制度,会把法律的含义尽量推广。"

老人没有说明自己的主意,只是拒绝采用委托赠予的办法。篷葛朗提议用结婚来保障于絮尔的财产,医生却回答说:"可怜的孩子!我可能再活十五年,那她怎么办呢?"

"那么你打算怎办呢?"篷葛朗问。

"咱们再考虑,让我再想想罢。"老医生显然是支吾其词。

那时,于絮尔过来说第奥尼斯要找医生谈话。

"第奥尼斯已经上门了!"米诺莱望着法官叫了一声,又回答于絮尔说:"好吧,请他进来。"

"我敢打赌,他是替你的承继人做幌子的;他们和第奥尼斯一块儿在车行里吃饭,一定安排好什么计策了。"

公证人由于絮尔带到花园的尽头。行过礼,无关紧要的说了几句,第奥尼斯要求医生和他单独谈话。于絮尔和篷葛朗便回进客厅。

篷葛朗记着医生说的最后两句话:"咱们再考虑,让我再想想罢……"心上想:"哼,聪明人老是这一套;有朝一日,冷不防被死神请了去,他们心爱的人儿就受累了。"

专办事务的人对优秀人物的不信任是很显著的,他们承认优秀人物的长处,却不容许他们有短处。但这不信任的心理也许倒是一种褒奖。事务家看到高明的人站在山峰上,便以为他们不会走到平地上来,照顾到在金钱方面能变成大资本、在自然科学方面能变成整个世界的、极细微的小节。这个见解可是错了!一个有感情的人,一个有天才的人,都是巨纤不遗、无所不见的。篷葛朗因为医生不露口风,未免心中怏怏;但为了于絮尔的利益,并且觉得这利益的确受到危险,便打定主意要保护她,不让承继人欺负。篷葛朗又因为没法知道老人和第奥尼斯谈些什么,心里焦急得很。

他打量着于絮尔，暗暗想着："不管于絮尔多么纯洁，至少有一件事，少女们都是有自己的主张的。让我来试她一下！"他用手扶了扶眼镜，对于絮尔说道："米诺莱－勒佛罗夫妇，很可能替他们的儿子向你说亲。"

可怜的孩子脸色发了白；以她的教养和庄重的性格，她绝不肯去偷听第奥尼斯和老医生的谈话的；但她盘算了一会，觉得自己可以出场，如果干爹认为不妥，会向她示意的。医生做书房用的那间中国式水阁，落地长窗外面的百叶窗，还打开在那里。于絮尔灵机一动，走过去关窗。她先向法官告罪，表示要失陪一下。法官微笑着回答：

"你请便罢！请便罢！"

09

初次泄露

于絮尔走到从中国式水阁通往花园的石级上,逗留了一会,慢条斯理的关着百叶窗,望着落日。医生正向水阁这里走过来,于絮尔听见他回答第奥尼斯,说着:

"我那些承继人就喜欢我有不动产,希望我接受人家的抵押品,以为那么一来,我的财产更可靠了;他们之间说的话,我都能猜到;也许你是来替他们做说客的罢?告诉你,先生,我的办法绝不更改。我带到这儿来的本金,将来是给承继人的;叫他们放心,别跟我烦。对于这个孩子(他指着干女儿),我自有权衡,另作安排,倘若承继人中有人出来捣乱,我即使死了,也要回到阳间来叫他不得安宁!"接着又补充道,"所以,要是希望我借钱给萨维尼昂先生还债,那他只好在牢里白等了。我不会卖掉公债的。"

听到最后两句,于絮尔第一次感到真正的痛苦,她赶紧把身子和脑袋靠着百叶窗,才不至于倒下去。

"天哪!怎么的?她脸上血色都没有了。饭后这样冲动,对她可能有性命之忧的。"医生嚷着,伸出手来抱住于絮尔,她差不多已经发晕了。

"再见，先生，"他招呼公证人，"我不奉陪了。"

他把干女儿抱进书房，放在一张路易十五式的大沙发上，从药瓶堆里抓了一小瓶依太给她闻。

篷葛朗在旁骇坏了；老医生对他说："你代我送送客人罢。我要一个人在这里陪她。"

法官把公证人直送到铁门，漫不经意的问了一句：

"于絮尔怎么的？"

"不知道，"第奥尼斯回答，"她站在石级上听我们谈话。包当丢埃家的儿子欠了债，关在牢里，因为他不像杜·罗佛侯爵有篷葛朗先生帮忙。我劝医生借钱给包当丢埃还债，医生不答应，于絮尔听了就面无人色，倒下来了……不知她是否爱上了他，或者两人之间有什么……"

"她才不过十五岁，难道就……"篷葛朗打断了第奥尼斯的话。

"她是一八一四年二月生的，再过四个月就十六岁了。"

法官回答："不会的，她从来没见过这位邻居。大概是病罢？"

"是心病。"公证人接着说。

公证人发觉了这件事很高兴：这样，医生就不可能到最后关头娶于絮尔，来损害他的承继人了。篷葛朗却是全部希望都落了空，因为他久已想替儿子娶于絮尔做媳妇。

他歇了一会，说道："于絮尔要是爱那小伙子可倒霉啦：包当丢埃太太是布勒塔尼人[1]，而且把她贵族门第看得比什么都重。"

---

[1] 布勒塔尼人在法国是以固执出名的。

"幸亏是这样……"公证人差点儿露出马脚来,急忙改口道,"为包当丢埃家的声望着想,幸亏是这样。"

关于这位好心和老实的法官,我们得说句公道话:从大门口走回客厅的路上,他死了心,不敢再希望有朝一日把于絮尔叫作媳妇了;当然他心里是替儿子惋惜的。篷葛朗本意是等儿子当上署理法官的时候,给他六千法郎一年收入的财产;假定医生再给于絮尔十万法郎陪嫁,这两个青年便是一对珠联璧合的夫妇;他的欧也纳的确是个忠诚可爱的小伙子。或许就因为他过分的称赞欧也纳,引起了米诺莱老人的疑心。

篷葛朗心上想:"还是回头去打镇长女儿的主意罢。不过于絮尔即使没有陪嫁,也强似有一百万妆奁的勒佛罗-克莱弥埃小姐。现在得想法让絮尔嫁给包当丢埃,万一她真爱他的话。"

老医生关上通往藏书室和花园的门,带着干女儿坐在临河的窗下对她说:

"狠心的孩子,你怎么的?我跟你相依为命;没有你的笑容,我怎么过日子呢?"

"萨维尼昂关在牢里啊。"她回答了这句,泪如泉涌,抽抽噎噎的哭了。

老人像父亲那样好不焦急的按着她的脉,想道:"这一下没事了。可怜!她和我女人一样神经脆弱。"他去拿了听筒来放在于絮尔胸口,把自己的耳朵凑上去,自言自语的说着:"啊,好啦!好啦!"然后又望着她说:"我的宝贝,没想到你爱他已经爱到这个地步。但是你得把我看作你自己一样,把你们两人之间的事情统统说给我听。"

于絮尔哭着回答:"干爹,我并不爱他,我们从来没说过一句话。可是我一知道这可怜的青年关在牢里,你这个多慈悲的人竟狠着心肠,不肯救他出来……"

"于絮尔,我的小天使,你不爱他,为什么把圣·萨维尼昂的节日和圣·但尼的节日同样画上一个红点呢?来,来,把这桩爱情一五一十都告诉我。"

于絮尔脸上一红,含着眼泪;两人静默了一会。

"我是你的父亲、你的朋友、你的母亲、你的医生、你的干爹,这几天对你的疼爱更进了一步,难道你还怕我不成?"

"好!亲爱的干爹,我把心打开来给你看罢。今年五月里,萨维尼昂先生回来看他母亲。以前我从来没留意到他。他最初住到巴黎去的时候,我年纪很小,我可以起誓还看不出一个年轻人跟你们别的男人有什么分别,所知道的只是非常爱你,万万想不到会更爱别人的。萨维尼昂在他母亲生日的前夜,搭了驿车回来,当时我们都不知道。第二天早上七点,我做完祷告,打开窗子让房间换换空气,看见萨维尼昂先生的卧房开着窗,他穿着晨衣正在剃胡子,那种动作可真有风度……我觉得他长得挺好看。他梳理他的黑髭和下巴上的一撮须,我看到他的脖子,又白,又圆……唉,都告诉你罢,我发觉那个多娇嫩的脖子,那张脸和那些美丽的黑头发,跟我在你剃胡子的时候见到的完全不同。当时不知打哪儿来了一阵一阵的热潮,直冲到我的心里,我的喉咙口,我的头里;而且来势猛烈,使我不得不坐下来。我直打哆嗦,站不住了;可是一心只想再看,便提着脚尖瞧,那一下被他看到了。他跟我打趣,用手指送了一个飞吻,后来……"

"后来怎么样?……"

"后来我躲起来了,又害臊,又快活,也弄不清为什么我觉得这种快乐有点儿不好意思。以后每逢他那张年轻的脸在我心中浮现的时候，总有那股使我神魂颠倒，来势多么猛烈的巨潮涌上来。再说，我也极喜欢常常体验到这种情绪，不管它多么猛烈。去望弥撒的路上，有种抑制不住的力量，逼我去瞧扶着母亲的萨维尼昂先生；他走路的姿态，穿的衣服，连靴子踩在石板上的声音，我都觉得美不可言。他身上一切的小地方，戴着多细软的手套的手，都把我迷住了。可是在弥撒祭中间，我还能压制自己，不去想他。从教堂出来，我故意留在后面，让包当丢埃太太先走，那我就能挨在萨维尼昂旁边走出去了。这些小手段使我感到多少兴趣，简直没法形容。回到家里，我转过身去关铁门的时节……"

"蒲奚伐女人呢？……"

"噢！我让她到厨房去了，"于絮尔很天真的说，"那时我就看到萨维尼昂站在那儿，望着我出神。我以为他眼中有些惊奇和赞美的表情，便得意极了，恨不得想尽办法让他把我多瞧几回。我觉得以后非讨他喜欢不可了。只要他瞧我一眼，我做的好事就算得了最甜蜜的酬报。从那时起，我就时时刻刻不由自主的想着他。当天晚上，萨维尼昂先生动身了，我没有再看见过他；布尔乔亚街变得空虚得很，似乎他无意中把我的心带走了。"

"事情就是这些吗？"医生问。

"就是这些，干爹。"于絮尔叹了口气，觉得没有更多的事可说，非常遗憾；但当时的悲痛把遗憾的情绪压下去了。

医生把于絮尔抱在膝上，说道："亲爱的孩子，你转眼就要满十六岁，做大人了。此刻你正在过渡期间，一方面是已经结束的，幸福的童年，一方面是爱情的骚动，使你以后的生活风波很多，因为你神经特别敏锐。"老人又用了一种不胜惆怅的语气往下说："孩子，你那个感觉就是爱情，是纯洁的、天真的、保持着本来面目的爱情：它是不由自主的，来得很快，像一个贼似的把什么都席卷而去……是的，把什么都席卷而去！那也早在我意料之中。我仔细观察过女性，知道她们之中有一大部分，需要看到许多感情的证明和奇迹以后，才会动心，她们只要打败了才开口、才让步；但也有别的女性，由于一种现在可用磁性液体来解释的共鸣作用，会一见生情。你知道你是取的你姑母的名字。今天我可以告诉你，我当年一看见那可爱的人，根本不知道我们的性格和为人是否相配，就感觉到我会忠实的、专一的爱她。爱情是不是有先见之明，像千里眼那样呢？这问题，我不知怎么解答；因为有多多少少的配偶，以神圣的契约作保障而结合的，以后竟会破裂，终身反目，有如仇敌。两人尽可能在生理上结合得如胶似漆而思想上不能融洽；而也许某些人的生活倒是靠思想的成分多于肉体的成分。相反，性格相投而生理上彼此厌恶的，也往往有之。这两种截然不同的现象，既可以说明许多人生的不幸，更可以证明法律把儿女的婚姻交给父母决定是极聪明的办法；因为上面两种情形常常会蒙蔽一个少女，使她不是受这个幻象的骗，便是受那个幻象的骗。所以我并不埋怨你。你所经历的感觉，不知从何而来而直冲到你心坎和头脑中的情绪，你想念萨维尼昂时的快乐，都是天然的。可是，亲爱的孩子，正如夏伯龙神甫告诉你的，社会要我们把许多天生的嗜好牺牲掉。男女的命运完全不同。我当初可以挑中于絮尔·弥罗埃做我妻子，告诉她我怎么爱她；但做姑娘的爱一个男人而向他求爱，就有亏妇道了；女性不能像我们一样明目张胆的追求她的愿望。所以在你们身上，尤其在你身上，廉耻观念成为一道不可超越的、遮盖你们感情的藩篱。你一再踌躇，不敢对我说出你初恋的感情，足见你宁可受刑，也不愿向萨维尼昂承认……"

"噢！是的。"

"可是，孩子，你还应当进一步，克制你的感情，把它忘掉。"

"为什么？"

"因为，我的小天使，你只应该爱一个将来做你丈夫的男人，而即使萨维尼昂先生会爱你……"

"我还没想到这一步呢。"

"听我说，即使他会爱你，即使他母亲为他而向我提亲，我也要长时期的、仔细的，把他考察过后，才能答应。他这次的行为，使所有的家庭都要防他一着，使他和所有的闺女之间有了一道不容易推倒的栅栏。"

于絮尔收了眼泪，露出一副天使般的笑容，说道：

"患难未始于人无益！"

医生听了这句天真的话，一声不出。

"干爹，他做了什么事啊？"

"我的小天使，他两年之内在巴黎欠了十二万法郎的债！还糊涂透顶，让人家关进圣·贝拉奚[1]，年轻人做了这样的笨事，从今以后还有谁瞧得起？一个挥金如土，陷母亲于痛苦与贫穷的人，将来会像你父亲一样，使他妻子伤心死的！"

"你想他能改过吗？"于絮尔问。

---

[1] 至一八七二年止，凡因债务下狱的人都关在圣·贝拉奚监狱，以后又于格里希街另建监狱，囚禁此种被告，故巴尔扎克以后的小说中（如《贝姨》）改称格里希。

"倘若他母亲替他还了债，他就一贫如洗了；生为贵族而没有财产，那可是天底下最难受的刑罚。"

于絮尔呆呆的想了想，抹着眼泪，对干爹说：

"你倘使能救他，干爹，你还是救他罢；帮了他的忙，你可以有权利劝他、责备他……"

"并且，"医生学着于絮尔的声调，"他可以到这儿来，老太太也会来，我们能看到他了，并且……"

"我此刻只为他本人着想。"于絮尔红着脸回答。

"孩子，别再想他了；那简直是做梦！"医生口气很严肃，"包当丢埃太太是甘尔迦罗埃出身，哪怕她一年只有三百法郎生活费，也不会答应萨维尼昂·特·包当丢埃子爵，故海军上将包当丢埃伯爵的侄孙，故舰长包当丢埃子爵的儿子，跟——跟谁？——跟没有财产的于絮尔·弥罗埃结婚，她的父亲不但是军乐队的乐师，而且，我也不能再瞒你了，还是一个大风琴师的私生子！"

她听到这段内幕，哭了："噢，干爹！你说得不错：我们只有在上帝面前才平等。从此我只在祷告的时候想念他罢。请你把预备给我的钱统统给他。像我这样一个可怜的姑娘，钱有什么用呢？他却是关在牢里哪！"

"把你所有的委屈都交给上帝罢，也许他会帮助我们。"

两人静默了一会。于絮尔对干爹望都不敢望；等到后来抬起眼睛，看到他憔悴的脸上老泪纵横，她不禁大为激动。儿童的哭是天然的，老年人的哭是教人受不住的。

"啊，我的天！你怎么啦？"她扑在老人脚下，吻着他的手，"你不信任我吗？"

"我一向只想满足你的愿望,现在可给你尝到了出世以来第一次深刻的痛苦!我心里和你一样难受。我生平只哭过几回,在我孩子们死的时候和你姑母死的时候。好吧,你要怎办,我依你就是了。"

于絮尔眼泪还没干,对干爹像闪电似的看了一眼。她笑了。

"咱们上客厅去吧;别忘了,孩子,这些事都得严守秘密。"医生说着,把干女儿留在书房里,自个儿走了。

慈爱的老人看到那圣洁的笑容,软心了,差点儿说出一句暗示有希望的话来安慰他的干女儿。

10

包当丢埃母子

这时，包当丢埃太太陪着本堂神甫，坐在楼下冷冰冰的客堂里，正和她唯一的朋友、慈祥的神甫，讲完她的伤心事。她手中拿着几封使她痛苦得无以复加，夏伯龙神甫才看过而还给她的信。方桌上摆着残余的饭后点心，老太太坐在桌旁望着神甫，神甫坐在桌子对面的靠椅上，蜷着身子摸着下巴颏儿，活像一般数学家，教士，舞台上扮佣人的角色，为了一个难题而用心思索的神气。

小客堂临街开着两扇窗，四面是漆成灰色的护壁板；室内潮气极重，下面的板壁已经烂了，只靠油漆维持在那里，露出许多几何图形的裂痕。地下的红砖，平日只有独一无二的女仆擦洗，每个座位前面都得放上一块小圆草席；神甫的脚就是踏在这种草席上。浅绿底子深绿花的大马色窗帘拉上了，百叶窗也关了。桌上点着两支蜡烛，室内只有半明半暗的光线。两个窗洞之间挂着一幅拉都画的极精彩的粉笔肖像，画的是赫赫有名的海军上将包当丢埃。他原是和修弗朗、甘尔迦罗埃、琪乡、西牟士等等相颉颜的人物[1]。壁炉架对面的板壁上，还有包当丢埃子爵的像和子爵夫人的母亲的像，她是一位北罗埃迦出身的甘尔迦罗埃太太。

海军中将甘尔迦罗埃是萨维尼昂的外叔祖，海军上将包当丢埃的孙子包当丢埃伯爵是萨维尼昂的堂兄，他们俩都很有钱。海军中将甘尔迦罗埃住在巴黎，包当丢埃伯爵住着杜斐南省的古堡，古堡就用他的姓氏做名称。伯爵代表包当丢埃家的大房，小房的后代只有萨维尼昂一个。伯爵年纪四十开外，娶了一位有钱的太太，生下三个孩子。据说他承受了几笔遗产之后，每年有六万法郎收入。身为伊才州的议员，他每年都在巴黎过冬；又以维兰勒法令给他的赔偿[2]，赎回了巴黎的包当丢埃府第。海军中将甘尔迦罗埃，最近娶了外甥女特·冯太纳小姐，目的纯粹是要送她遗产。所以萨维尼昂犯的错误，使他失掉了两个有力的奥援。

萨维尼昂少年英俊，倘若进了海军，凭着他的门第和一个中将一个议员的撑腰，也许二十三岁上已经当了上尉；但他母亲不愿意让独养儿子入伍，只在纳摩请夏伯龙神甫的副司祭负责教导，自以为能够教儿子陪她一辈子，非常得意。她想安安分分的替萨维尼昂娶一个哀格勒蒙家的小姐，得一万二千进款的陪嫁；以包当丢埃的姓氏和鲍第埃的产业来说，也够得上攀这门亲。但事情演变的结果，这个规模虽小而很稳妥的，到第二代上可能重振家业的计划竟不能实现。哀格勒蒙府上家道衰落了，最大的一个女儿海仑失踪了，家属也没有理由可解释。

---

1 修弗朗与琪乡为法国十八世纪时的海军中将；其余诸人均系巴尔扎克创造的海军将领，散见于其他小说。
2 一八二五年四月，法国首相维兰勒公布法令，对大革命时期的流亡贵族所受的损失给予赔偿。

萨维尼昂过着没有空气、没有出路、没有行动的生活，除了一般儿子对母亲的感情以外，精神上别无养料；他厌倦不堪，终于摆脱了枷锁，不管那枷锁多么温和。他甚至打定主意，永远不住在内地，觉得自己的前途不是在布尔乔亚街，可惜这觉悟来得太晚了些。他二十一岁上离开母亲，到巴黎认亲戚，谋出路去了。

一个没人管束，没人阻拦，一心只想玩儿的青年，仗着包当丢埃的门望和有钱的亲戚，世家旧族没有一处走不进，一看到巴黎生活和纳摩生活的对比，可就凶多吉少了。萨维尼昂以为母亲藏着二十年的私蓄，便把见识巴黎用的盘川，六千法郎，一眨眼就花得精光。这笔钱根本不够他最初六个月的开销，还有数目加倍的账欠着旅馆、裁缝、靴匠、车行、首饰商，以及一切帮年轻人摆阔的商人。他才不过教人知道他的姓名，对于说话的艺术、应对的规矩、穿背心和挑选背心的诀窍、做衣服和打领带的技巧，才不过略窥门径，却已经欠了三万法郎的债，而萨维尼昂实际的成就还在字斟句酌，想向特·赛莱齐夫人倾听爱情的阶段；这位漂亮太太是特·龙葛洛侯爵的妹妹，帝政时代曾经靠着青春年少红过一时的。

像时下的青年一样，像一般在各方面的野心都归结到同一个目标，都要求那种不可能的平等的青年一样，萨维尼昂和一些时髦人物混得很熟。有一天，饭局完毕的时候，萨维尼昂问道：

"告诉我，你们是怎么应付的？你们不见得比我有钱，却没有一点儿心事，日子很过得去，我可是背了一身的债！"

拉斯蒂涅、吕西安·特·吕庞泼雷、玛克辛·特·脱拉伊、爱弥尔·勃隆台，当时的一班花花公子，一齐笑着回答："我们都是这样过来的呀。"

饭局的主人名叫斐诺，是一个想巴结这批哥儿们的暴发户，他说：

"特·玛赛一开场就有钱，只是个例外；并且，要没有他那本领，"他向特·玛赛点点头表示敬意，"他的财产反而会把他断送了的。"

"这句话可说到家了。"玛克辛·特·脱拉伊道。

"意思也到家了。"拉斯蒂涅补上一句。

特·玛赛一本正经的告诉萨维尼昂："朋友，欠债是求经验的资本。正式的大学教育，加上几个专教游艺[1]而你什么也学不到的教师，也要花到六万法郎。即使社会教育的学费贵上一倍，至少它教你懂得了人生，买卖，政治，男人，有时连女人也在内。"

勃隆台在这篇教训后面，套着拉·风丹的诗补上一句：

大家以为社会白送的东西，其实是价钱很贵的。

这些巴黎港湾中本领高强的舵工，说的倒是入情入理的话，但萨维尼昂不去体会，只当是打哈哈。

"朋友，"特·玛赛和他说，"小心点儿，你门第很高，要是不能挣到一笔相当的财产配上你的姓氏，你老来可能进骑兵营去当一名班长的……

"身首异处的名人，我们见得多了！"

---

[1] 指音乐、舞蹈、击剑、骑马等等。

他念着高乃依的诗句,抓着萨维尼昂的手臂,又道:"差不多六年以前,我们亲眼看到一位年轻的哀斯葛里浓伯爵,在上流社会的天堂里捱不上两年!唉!他那生活就像一团烟火。往上飞腾的时候直飞到特·莫弗利原士公爵夫人身边;一跤跌下来,直跌到他的本乡,陪着一个害鼻膜炎的父亲玩两个铜子一把的韦斯脱,拿这种生活来补赎他的过失。我劝你把处境向赛莱齐太太实说,别怕难为情;她会对你大有帮助;倘若不这么办而跟她玩着初恋那种猜谜式的游戏,她一定拿出拉斐尔的圣母派头,假装纯洁,教你在温柔乡中大大的花一笔旅费!"

萨维尼昂年纪太轻,只顾着贵族的面子,不敢把经济情形告诉赛莱齐太太。终于到了一个时期,他慌忙失措,不知怎办了,听了几位朋友教唆,用儿子进攻父母银箱的战术,写信给母亲,说了一大堆有多少到期的借票,被人控告是如何如何丢脸的话。包当丢埃太太当下倾其所有,寄了两万法郎。靠着这笔接济,他才支持到第一年年底。

第二年,他紧盯着赛莱齐太太,赛莱齐太太也当真爱上了他,同时也教育他;他便饮鸩止渴,向高利贷去求救了。朋友之中有位议员,也是他堂兄包当丢埃伯爵的朋友,叫作台·吕卜克司,在他无路可走的当口介绍他去找高勃萨克、奚高奈、巴尔玛[1]。他们把萨维尼昂母亲的产业打听得清清楚楚,所以每次借钱给他都很爽快。靠着高利贷和借票展期这两个办法,他很得意的混了十八个月。可怜的青年既不敢离开赛莱齐夫人,又发疯般爱上了美丽的甘尔迦罗埃伯爵夫人。她一味装作贞节,像一般专等

---

[1] 以上三人都是巴尔扎克创造的放高利贷的人物,散见于其他小说。

年老的丈夫死掉,把贞操当远期支票,做再醮资本的少妇一样。萨维尼昂不懂有目标的贞操是攻不倒的,只管拿出大富翁的气派追求爱弥丽·特·甘尔迦罗埃:凡是有她在场的跳舞会和戏剧表演,他一次都不错过。

有天晚上,特·玛赛笑着和他说:"喂,老弟,凭你那些火药是轰不倒这块岩石的。"

特·玛赛是巴黎时髦社会的领袖,因为同情萨维尼昂,把爱弥丽·特·冯太纳[1]的谜解释给他听,可是白费;只要"患难"那道黯淡的光和牢狱中的黑暗,才能点醒萨维尼昂。他糊里糊涂签了一张十一万七千法郎的约期票给首饰商;放高利贷的债主不愿露出凶恶的本相,跟首饰商讲妥了,由他出面控告,把萨维尼昂送进了圣·贝拉奚。朋友们先是不知道;后来拉斯蒂涅、特·玛赛、吕西安·特·吕庞泼雷三人听到消息,马上去找萨维尼昂,发觉他一文不名,便每人给了他一千法郎。萨维尼昂的当差被债主买通了,说出他秘密的住址;屋里的东西全部被扣,只剩他随身穿的衣服和戴的几件首饰。三个青年叫了一桌讲究的菜,一边喝着特·玛赛带来的香槟,一边盘问萨维尼昂的家境,表面上是替他的前途打算,实际是要看看他可有出息。

拉斯蒂涅说道:"朋友,你有着萨维尼昂·特·包当丢埃这样的姓名,有着一个未来的贵族院议员做堂兄,一个甘尔迦罗埃海军中将做外叔祖,一朝犯了给人送进圣·贝拉奚那样的大错,就该想法快点儿出来。"

特·玛赛嚷道:"为什么你瞒着我呢?走长路的马车,一万法

---

[1] 爱弥丽·特·甘尔迦罗埃太太,母家姓冯太纳,为萨维尼昂的外叔祖母。

郎现款，几封介绍信，都是现成的，满可以送你上德国。什么高勃萨克、奚高奈，还有别的放印子钱的家伙，我们都认得，可能教他们让步的。告诉我听，哪个混蛋带你去饮鸩止渴的？"

"台·吕卜克斯。"

三个青年彼此望了望，表示都有同样的感想，同样的疑心，只是不说出来。

特·玛赛又道："把你家里的情形告诉我，把你手里的牌都摊出来。"

萨维尼昂把他的母亲和她头顶上打着大结子的便帽，布尔乔亚街上的小屋子——只有三个临街的窗洞，没有花园，只有院子，院子里只有一口井和一个堆柴的木棚等等，描写了一番；也说出了这所砂石底子，外涂红色三合土的住屋的价值；把鲍第埃田庄也估了一个价；三位花花公子彼此望着，装作思想深刻的神气，念着谬塞新出版的诗剧中的一句话：

"那可惨了！"

"写一封动人的信给你母亲，她会替你还债的。"拉斯蒂涅道。

"不错，可是以后呢？……"特·玛赛问。

吕西安说："倘使你不过手段笨拙，做错了事，政府还能送你进外交界；可是圣·贝拉奚绝不能作大使馆的穿堂。"

拉斯蒂涅说："你太软弱了，应付不了巴黎的生活。"

"你瞧！"特·玛赛把萨维尼昂从头瞧到脚，像马贩子相马一般，"清秀的蓝眼睛长得很好，雪白的脑门模样儿怪不错，乌黑的头发光艳照人，一小撮黑须配着你苍白的脸颊十分调和，身腰又很柔软；一双脚表示你是旧家出身，肩膀和胸脯都很扎实，可并不粗野，并不俗气。教我说来，你是一个黑里俏。脸是路易十三的一派，不大有血色，鼻子的形状挺好看；你还有一些讨女人喜欢的特点，那是男人们自己说不上来，而跟神气、步伐、说话的声音，一瞥一视，一举一动，多多少少的小地方都有关系的；女人把这些看得很清楚，认为有某种意义，这意义，我们可捉摸不到。朋友，你还不知道你是何等人物呢。只消加上点儿风度，要不了半年，包你教一个富有十万法郎进款的英国女子倾倒；倘若再拿出你有名有分的子爵头衔，那更不成问题了。这种女子，我可爱的丈母娘杜特莱夫人，一定能在大不列颠地面上替你找到一个；我丈母娘替有情人撮合的本领可以说天下无双。不过有个先决条件，你得用第一流银行家的手段，把债务拖上三个月。干吗你对我一字不提呢？你若是在巴登温泉，债主会对你恭而敬之，或许还肯效犬马之劳；一朝把你送进了监狱，他们就瞧你不起了。债主跟社会和群众毫无分别，遇到能摆布他们的强者就下跪，遇到绵羊就毫不留情。在某些人眼中，圣·贝拉奚是个女魔，能把年轻人的灵魂烧焦的。好兄弟，要不要我替你出个主意，我可以把告诉小哀斯葛里浓的话跟你说一遍：还债的时候小心点儿，想法留下三年生活费，在内地碰到一个有三万法郎进款的姑娘，马上结婚。安分而有陪嫁的闺女，贪图包当丢埃太太这种头衔的姑娘，三年之内一定能找到。这才是聪明人的办法。来，喝酒罢。我为你干一杯，祝贺你能遇到一个有钱的姑娘！"

探监的钟点到了，三个青年方始和他们以前的朋友告别；在监狱门口，彼此说着："他太懦弱了！——他被打倒了！——他还能爬起来吗？"

第二天，萨维尼昂写了一封二十二页的长信，把事情向母亲和盘托出。包当丢埃太太哭了整整一天,然后复了儿子的信,答应救他出狱;接着又写信给包当丢埃和甘尔迦罗埃两位伯爵。

神甫才看过而交还在可怜的母亲手里的,那些沾着泪水的信,是当天早上送到的,使老太太心都碎了。

致特·包当丢埃太太书

1829年9月,巴黎

太太,请你相信,我和甘尔迦罗埃都很关切你的痛苦。你吩咐他做的事,使我很伤心,尤其因为我的家就是令郎的家:我们一向是以萨维尼昂自豪的。倘若他对甘尔迦罗埃多信任一些的话,我们一定把他留在身边,而他也早已有了职位了;但他竟一字不提,可怜的孩子!甘尔迦罗埃拿不出十万法郎:他自己也有债务,还为了我在外面借钱,我完全不知道他的经济情形。他特别焦急的是,萨维尼昂既已被捕,我们就没法再替他活动。假使我这个俊俏的侄孙不是对我抱着那种莫名其妙的痴情,就不至于为了爱情的傲气,把亲属之间应该说的话咽在肚里;那我们可以一边应付这里的事,一边打发他上德国去旅行一次。甘尔迦罗埃可能替他在海军衙门谋一个缺;但为了债务而被监禁以后,甘尔迦罗埃也无能为力了。你还是替萨维尼昂还了债,让他进海军罢;他会显出包当丢埃家的本色,一定成功,他那双美丽的黑眼睛就有他祖先的英气;那时我们都会帮助他的。

所以,太太,千万不要绝望;你还有些朋友呢,而我就自命为其中最忠诚的一个,在此向你表达我的情意和敬意。

爱弥丽·特·甘尔迦罗埃

致特·包当丢埃太太书

1829年8月，包当丢埃

亲爱的叔母，萨维尼昂荒唐的行为使我又难堪又伤心。我已经有了家室，生着两男一女；我的家私，以我的地位和抱负而论，已经很微薄了，不能再损失十万法郎，从龙巴人[1]手里去赎出包当丢埃来。

你还是卖掉田庄，还了债，住到舍间来罢；我们即使不能一心为你，也绝不会亏待您。您日子一定可以过得很快活；萨维尼昂也早晚能成家，内人一向觉得他挺可爱的。这次的胡闹没有什么大不了，你别难过；我们州里不会有人知道的。富户人家的女儿，这里有的是，都巴不得高攀我们呢。

内人和我先向您表示欢迎，希望这计划早日实现，同时请您接受我们至诚的敬意。

吕克-萨维尼昂，特·包当丢埃伯爵

布勒塔尼出身的老太太抹着眼泪，嚷道："堂堂甘尔迦罗埃家的人，想不到会收到这种信！"

夏伯龙神甫说："海军中将并不知道侄孙在监狱里；伯爵夫人自个儿看了你的信，自个儿回复的。"停了一会又道："可是

---

[1] 龙巴人即意大利的龙巴地人，很早在欧洲经营银钱业；此处所言犹今日所谓犹太人。

总得打个主意才好,我劝你别出卖庄园。租约快满期了,那还是二十四年以前订的;再过几个月,你可以把租金加到六千法郎一年,还能要一笔等于两年租金的小费。眼前我们向一个规规矩矩的人去借钱,别找镇上那些专作抵押生意的人。你的邻居是个正人君子,温文尔雅,大革命以前见过大人物的。最近还从无神论者一变而为旧教徒。最好你捺着傲气,今晚上去看他;这样的移樽就教,对他必有作用;我劝你把甘尔迦罗埃的门第暂时忘记一下。"

"办不到!"老太太尖着嗓子回答。

"那么做一个和蔼可亲的甘尔迦罗埃罢;等他没有外客的时候去找他,那他只要三厘半利率,或许只要三厘,同时他还能很体贴的帮你忙,你一定会满意的;他会亲自上巴黎恢复萨维尼昂的自由,把他带回来,反正他要上巴黎去卖掉公债。"

"你是说米诺莱那个小家伙吗?"

"那小家伙年纪已经八十三了,"夏伯龙神甫微微一笑的回答,"好太太,拿出一点儿基督徒精神来,别得罪他,他能帮你忙的地方多着呢。"

"怎么?"

"他身边有个天使,一个最圣洁的姑娘……"

"不错,你是说小于絮尔……那又怎么呢?"

听到这句"那又怎么呢",可怜的神甫不敢再往下说,老太太尖刻的口气先把他心里的计划给打消了。

"我相信米诺莱医生很有钱。"

"跟我有什么相干?"

"你当初不给儿子安排前程,已经间接造成他今日的不幸;

将来你可是得小心行事了！"神甫态度很严厉，"要不要我先去通知你的邻居呢？"

"既然知道我有事找他，他为什么不到这儿来？"

"啊！太太，你去看他，你只要出三厘利息；他来看你，你就得出五厘了。"神甫觉得这个充分的理由可以说服老太太，"倘若你由公证人第奥尼斯和书记玛尚经手出卖鲍第埃田庄，在价钱方面要吃亏一半；他们绝不肯把现钱借给你，存心要趁你为难的时候占你便宜。什么第奥尼斯，什么玛尚，还有镇上一般觊觎你的田庄，知道你儿子关在牢里的有钱的人，我跟他们都没有交情。"

"好，他们知道就知道罢！"老太太举着手臂直嚷，"噢！神甫，你的咖啡都凉了……蒂安纳德！蒂安纳德！"

蒂安纳德是一个年纪上了六十岁的布勒塔尼老婆子，穿着短袄，戴着布勒塔尼便帽，急急忙忙进来，拿神甫的咖啡去重煮。

她看见神甫想端起来喝，便道："神甫，放心，我拿去隔水温一温，味道不会变的。"

"那么，"神甫用他那种带着劝导意味的声音又说，"我先去通知医生，你等会儿来罢。"

经过一小时的口舌，神甫翻来覆去把理由说了十来遍，老太太方始让步；而这位傲慢的甘尔迦罗埃直听到神甫说出"你不去，将来萨维尼昂会去看他的！"以后，才表示屈服：

"那么，还是我自己去的好。"

11

萨维尼昂得救了

　　钟上正好敲九点，神甫走出嵌在大门中间的小门，奔到医生家的铁门口使劲打铃。他这儿刚由蒂安纳德送出，那儿就由蒲奚伐女人迎进；老奶妈说："神甫，你来得这么晚！"对门的老佣人却说："太太正在伤心，干吗你老早就走了？"

　　神甫看见一大堆人挤在医生那间棕绿两色的客厅里；因为第奥尼斯路过玛尚家，已经把老叔的话述了一遍，让几位承继人放心了。

　　他说："我相信于絮尔心里有人，这桩爱情将来只会给她痛苦和烦恼；她念头古古怪怪的（一般公证人都用这种字眼来形容多愁善感），一时还嫁不出去呢。因此你们不用多心：尽管对她献点儿小殷勤，好好的侍候你们老叔；他精明透顶，一百个古鄙还斗不过他哩。"公证人这么说着，不知道古鄙这个词儿原是从拉丁文的**费北**（狐狸）化出来的。

　　所以，玛尚夫妇、克莱弥埃夫妇、车行老板和但羡来，纳摩的医生和篷葛朗，在医生家凑成了一个热闹而少有的集会。夏伯龙神甫走进客堂，听见钢琴声。于絮尔正在结束贝多芬的《F调交响乐》[1]。孩子自从被干爹提醒之后，心里也讨厌那些承继人：虽是天真、无邪，她也卖弄小手段，有心挑这阕气势雄壮，要经过研究才能了解的音乐，教那般女太太们扫兴。越是美妙的音乐，无知的人越不会欣赏。客厅门一开，一露出夏伯龙神甫那张年高德劭的脸，承继人们便赶紧站起身子，如逢大赦般的嚷着："啊！神甫来了！"

这声叫喊，也在牌桌上引起回声。篷葛朗、纳摩的医生和米诺莱老人正在那里受罪，因为克莱弥埃要讨好舅舅，厚着脸自动和他们凑成一局韦斯脱。于絮尔离开了钢琴。医生也站起来好像是招呼神甫，其实是借此散局。那些承继人在老叔面前把于絮尔的才艺天花乱坠的恭维了一阵，告辞了。

正在关铁门的时候，医生叫了声："朋友们，再见了。"

出了屋子几步路，克莱弥埃太太就对玛尚太太说："嘿！这就是花那么多钱学来的！"

玛尚太太道："我才不花了钱，让我的小阿丽纳在家里敲得震天价响呢。"

克莱弥埃道："她说那是**贝多方**作的，算是个大音乐家，很有名气的。"

"哼，在纳摩才不会出名呢，"克莱弥埃太太回答，"怪不得他叫作什么**白多疯**。"

玛尚道："我看那是老叔有心不要我们再去；他对小丫头一边指着那本绿面子的书，一边还眨眼睛呢。"

车行老板接口说："他们觉得砰砰訇訇的响声好玩，那的确还

---

[1] 这是指改编为钢琴曲的交响乐。贝多芬的第六、第八两交响乐都是F大调，作者此处未注明何曲。

是关在家里的好。"

克莱弥埃太太道:"篷葛朗先生打牌的兴致真好,亏他受得了那些**咒命曲**(奏鸣曲)。"

那时,于絮尔走到牌桌旁边坐下,说道:"在一般不懂音乐的人面前,我永远弹不好琴的。"

神甫道:"富于内心生活的人,感情只能在友好的环境中宣泄。教士在恶魔面前不能祝福,栗树在太肥沃的土地上不能生长;同样,有性灵的音乐家遇到外行会精神不振。在艺术方面,我们的心灵是以周围的心灵作环境的,我们给它们的生命力,是和从它们那儿汲取的生命力相等的。人的感情逃不出这个定理,我们的两句成语也是从这个定理来的,一句是:**遇到狼,跟着嗥**;一句是:**物以类聚**。但只有天性温柔而敏感的人,才会像你那样的感到痛苦。"

医生道:"所以普通女子的痛苦,对我的小于絮尔可能致命。我离开世界以后,希望你们在她和世俗之间筑起一道墙垣,保护这朵像加多尔[1]诗中说的**空谷幽花**……"

"于絮尔,那几位太太着实奉承你呢。"篷葛朗微笑着说。

"奉承得有点俗气了。"纳摩的医生批评了一句。

米诺莱老人道:"我觉得虚假的奉承总是俗气的。为什么呢?"

神甫说:"真诚的情意本身就不俗。"

于絮尔又焦急又好奇的对神甫瞧了一眼,问:"你可是在包当丢埃太太家吃晚饭的?"

---

[1] 加多尔(纪元前84年–47年)为著名的拉丁诗人。

"是的，可怜的太太伤心得很，说不定今天晚上会来拜访你，米诺莱先生。"

"既然她心里难受，有事找我，应该由我去看她。咱们把这最后一局快些结束罢。"

于絮尔在桌子底下把老人的手按了一按。

法官说："她儿子太不懂事了，没有监护人，独自住在巴黎是不行的。前一晌听见有人向这里的公证人打听老太太的田庄，我就猜到他要送母亲的命了。"

"你相信他下得了手吗？"于絮尔说着，恶狠狠的向篷葛朗瞪了一眼；篷葛朗私忖道："唉，可怜她真的爱着他。"

纳摩的医生接口道："那倒不一定。萨维尼昂天性还是好的，所以会坐牢；坏蛋是从来不会入狱的。"

"诸位，咱们歇了罢，"米诺莱老人大声说，"只要能够使一个可怜的母亲止住眼泪，就该趁早把她止住。"

四位朋友站起来，一同出去了；于絮尔跟到铁门口，看着干爹和神甫敲对面的门。蒂安纳德把他们让了进去，于絮尔却坐在屋子外面的一根界石上，叫蒲奚伐女人陪着。

神甫先走进小客堂，说道："子爵夫人，米诺莱医生不愿你劳驾上他家去……"

医生接着说："太太，我是上一个朝代的，不会不知道怎样对待像你这种身份的人物；据神甫说，我还能对太太帮点儿忙，那我真是太高兴了。"

包当丢埃太太虽然接受了神甫的劝告，还是放不下面子；神甫走了以后，甚至想去找纳摩的公证人了；现在看见米诺莱这样体贴，亲自上门，她觉得出乎意外，站起来指着一张椅子，说道：

"先生，请坐，"她神气非常威严，"神甫大概告诉过你了，子爵关在牢里，为了些年轻人的债务，数目是十万法郎……倘若你能借给他，我可以把鲍第埃田庄作抵押。"

"子爵夫人，这一点，我们慢慢再谈；让我先把令郎带回来，如果太太允许我代庖的话。"

"好吧，医生。"老太太点点头，同时望着神甫，意思是说："你的话不错，他果然是个上流人物。"

于是神甫接着说："太太，你瞧，医生对府上的事非常热心。"

"先生，我们一定很感激你，"包当丢埃太太这句话，显而易见说得很勉强，"你年纪这么大了，还上巴黎去替一个糊涂虫料理他的荒唐事儿……"

"太太，一七七五年，在玛兰尔勃先生和特·蒲风伯爵府上，我很荣幸，跟鼎鼎大名的包当丢埃上将会过面；蒲风伯爵问他一些旅途的奇闻异事。太太的尊夫，包当丢埃先生，说不定那回也在座。当时法国海军正烜赫一世，把英国海军顶住了；在那些战役中，包当丢埃舰长也有英勇的表现。一七八三、八四两年，大家多么兴奋的等着圣·洛克的消息！我差点儿被派去当军医。令先叔祖甘尔迦罗埃上将那时还在，正坐着贝尔·波尔号指挥那有名的海战。"

"啊！要是他知道他的外甥曾孙坐牢的话！"

"令郎再过两天就出来啦。"米诺莱老人说着，站起身子。

他向老太太伸出手去，老太太也伸出手来；他拿着恭恭敬敬吻了一下，深深的行着礼，出去了；接着又回进屋子对教士说：

"神甫，可不可以请你向车行定个座儿，我明儿早上就走。"

神甫又坐了半小时左右，说了许多米诺莱医生的好话。米诺莱医生有心讨老太太喜欢，居然成功了。

老太太道："以他的年纪，真是了不起；他把上巴黎去替我孩子料理事情说得那么轻松，好像只有二十五岁。不错，他的确见过上流人物。"

"还是第一流的呢，太太；今日之下，不少贵族院的穷议员，要能娶到他那个有一百万陪嫁的干女儿才高兴咧。啊，倘若萨维尼昂有意思的话，照眼前的时世，恐怕在令郎出了那件事以后，最大的困难还不在你们这方面。"

只因为老太太听得呆住了，神甫才能把话说完。

"亲爱的神甫，你这话可是没见识了。"

"太太，你再想想罢；但愿上帝保佑，使令郎从今以后的行为能博得那老人的青眼！"

包当丢埃太太道："神甫，要不是你，而是另外一个人跟我这么说……"

"你就跟他绝交了，"夏伯龙神甫笑着说，"希望令郎会告诉你，现在巴黎人是怎么结亲的。你得替萨维尼昂的幸福着想；已经耽误了他的前程，可别再阻止他成家立业。"

"想不到你会跟我说这种话！"

"除了我，还有谁跟你说呢？"神甫说完，站起来急急忙忙告辞了。

他出去看见于絮尔和她的干爹在院子里转来转去。软心的医生被干女儿缠不过了，只能让步：她想出种种理由要跟着上巴黎去。老人招呼神甫叫他过来，央他当夜就去包定班车的前厢，倘若办事处还没关门的话。

第二天傍晚六点半,老人和小姑娘到了巴黎,他当夜就去找公证人商量。那时大局正在动荡。头天晚上,篷葛朗谈话之间和医生说过好几遍,只要报界和宫廷的争执不得解决,除非疯子才会手头留着公债。米诺莱的公证人,认为篷葛朗这种间接的劝告很有道理。米诺莱便把行市都在高峰上的工业股票和公债,统统变了现款,存入银行。公证人劝他把于絮尔名下的证券同时抛出,那是姚第的遗赠,而老人为了孩子的利益也做了投资的。公证人答应托一个极精明的经纪人出面,跟萨维尼昂的债主谈判;但要事情成功,萨维尼昂必须耐着性子在牢里多待几天。

公证人对医生说:"这种事不能性急,否则至少吃亏一个八五折;并且你的现款也要等七八天才能拿到。"

于絮尔听说萨维尼昂还得在牢里住一星期,便要求干爹至少让她去探望一次,被老人拒绝了。他们住着小田园街上的一个旅馆,包着几间清静的客房。米诺莱知道干女儿奉教虔诚,只吩咐她不要在他上街办事的时间独自出门。老人带着于絮尔游览巴黎,逛大街,看橱窗,参观铺子里的陈设;但没有一样她看了喜欢或是感兴趣的。

"那么你要什么呢?"老人问她。

"要看看圣·贝拉奚。"她很固执的回答。

于是米诺莱雇了一辆车,带她到钥匙街,叫车子停在那所由修道院改成的监狱外边,正对着它丑恶不堪的门面。灰暗的高墙,所有的窗上都装着铁栅,小小的门洞要低着头才能进去(这也是个可怕的教训!)。区域本身就是一个贫民窟,四面都是冷落的街道,一大幢阴森森的屋子高耸其间,可以说是苦海中的苦海。于絮尔看到这些凄惨的景象，不由得吃了一惊，掉了几滴眼泪。

她说："怎么，年轻人欠了债就得关在牢里？怎么债主比王上势力还要大？那么他是在这里了！"她挨着窗子瞧着，问："在哪儿呢，干爹？"

老人道："于絮尔，你叫我跟着你胡闹了。这样怎么能把他忘掉呢？"

她回答："即使我对他不存希望，难道连关心他也不允许吗？我可以爱着他，永远不嫁人。"

老人嚷道："啊！你偏偏有这么多理由解释你没理由的事。那只能怪我自己，不该把你带来的。"

三天以后，债权人的收据、文书，和一切开释萨维尼昂的证件，都给老人拿到了。这笔债务的清算，连代理人的报酬在内，一共花了八万法郎。医生还剩八十万现款，听着公证人的劝告，买了国库存单，免得损失利息。另外他替萨维尼昂留着两万法郎现钞。星期六下午二时，医生亲自去把子爵接出来；子爵已经由母亲来信通知，便很热烈的向医生道谢。

米诺莱说："你应该赶快回去见你母亲。"

萨维尼昂不大好意思的回答，他在牢里还借着钱，随即把三位朋友的访问说了一遍。

老人笑了笑，道："我猜到你还有些零碎债。令堂向我借的十万法郎只用了八万；余下的都在这儿。希望你好好的调度，先生，别忘了以后跟命运相搏的时候，你还需要一笔本钱呢。"

最近一星期，萨维尼昂把他所处的时代仔细想了想。各方面竞争都很剧烈，要想发迹，非埋头苦干不可。非法的路子比光明正大的路需要更大的才具，需要更多的从偷偷摸摸中得来的经验。在交际场中走红，非但不能给你一个立身之本，反而吞掉你许多时间，耗费大宗金钱。母亲把包当丢埃这个姓说得如何了不起，在巴黎却是一文不值。当议员的堂兄包当丢埃伯爵，在贵族院和宫廷前面，不过是个国会里的小角色；要说信用，他自己还嫌不够呢。甘尔迦罗埃上将处处要靠他太太。同时，萨维尼昂见到平民出身的演说家和贵族，也见到小乡绅一跃而为炙手可热的要人。总之，路易十八想照英国的格式创造一个新社会；金钱是这个新社会的轴心，独一无二的敲门砖。从钥匙街到小田野街的路上，萨维尼昂把他的感想在老医生面前大略说了一遍，内容很接近特·玛赛先前的劝告。

他说："我得隐姓埋名，躲上三四年，找一条出路。也许写一部关于政治哲学，或是风俗统计，或是讨论当代重大问题的书，可以使我成名。总之，我一方面要物色一个有相当陪嫁，能让我有候选资格的少女，一方面要不声不响的埋头工作。"

医生仔细端相着年轻人的脸，看出他一本正经，的确是受了挫折，想争一口气。他很赞成这计划。

医生最后又说："朋友，倘若你能把现在已经不时行的世家的身份丢掉，再安分守己，用功三四年，我负责替你找一个贤德的姑娘，一个俊俏、可爱，虔诚，有七八十万陪嫁，能使你快乐，引以自豪的对象，但是她的高贵只在于内心而不在于门第。"

青年人嚷道："啊！医生，如今只有优秀人物，没有贵族阶级了。"

老人道："你把零星债务还清了，回到这儿来；我去包一个班车的前厢，因为我带着干女儿一起来的。"

傍晚六点,三位旅客到王妃街搭上班车。于絮尔戴着面纱,一言不发。萨维尼昂从前给她的一个飞吻,只是逢场作戏,在于絮尔心中固然像读了一本爱情小说似的大起风波,他却在巴黎欠了一身债,日坐愁城,早已把医生的干女儿忘得干干净净;何况对爱弥丽·特·甘尔迦罗埃的单相思,也不容许他想起曾经和纳摩镇上的一个小姑娘交换过几个眼风。因此,老人叫于絮尔先上车,自己坐在中间把两个青年隔开的时候,萨维尼昂并没认出她是谁。

医生和萨维尼昂道:"我要向你交账,文件我都带来了。"

萨维尼昂回答:"为了置办内外衣服,我差点儿走不成;那些市侩把什么都拿走了,我现在竟是浪子回家了。"

虽然一老一少之间的谈话非常有趣,萨维尼昂的某些回答也十分风雅,但于絮尔直到天黑不出一声,始终挂着绿色面纱,双手交叉着放在披肩上。

萨维尼昂见她不理不睬,倒反忍不住了,说道:"小姐好像不大喜欢巴黎罢?"

"我回到纳摩,觉得很高兴。"她撩起面纱回答,声音有点激动。

虽则天色昏暗,萨维尼昂一看到粗大的辫子、神采奕奕的蓝眼睛,也把她认出来了。

他道:"我离开巴黎躲到纳摩来,也不觉得遗憾;因为我又能看到美丽的邻居了。医生,希望你允许我到府上来;我喜欢音乐,还记得听见过于絮尔小姐的琴声。"

医生肃然回答:"先生,我可不知道令堂大人是否愿意你跟我这老头儿来往;因为我对这个心疼的孩子是像母亲一样关切的。"

这句很含蓄的话引起萨维尼昂许多念头，他也想起了那么随便飞送的一吻。夜色已深，天气很热，萨维尼昂和医生先睡着了。于絮尔想着许多计划，到半夜才阖上眼睛。她脱下那顶极普通的小草帽，戴着一顶绣花睡帽。不久她的脑袋也倒在干爹的肩上。天刚亮，车子到蒲隆，萨维尼昂先醒了，看见她在车辆颠簸之下头脸不整的情形：睡帽往上翻起，皱作一团；车内的闷热使她两颊绯红，旁边挂着散开的辫子；那在一个非装扮不可的女子会丑态毕露的，但于絮尔倒反显出青春与美貌的光彩。心地纯洁的人睡眠总是甜美的。半开的嘴唇露出一副好看的牙齿；散开的披肩让你在印花纱衫的褶裥底下注意到她可爱的胸部，而并不妨碍她的端庄。总之，这相貌完全表露出她童贞的灵魂多么纯洁，尤其因为没有别的表情困扰，令人看得格外清楚。米诺莱老人接着也醒了，把孩子的头放在车厢一角，让她舒服一些；她一连几夜想着萨维尼昂的不幸，此刻便睡得人事不知，听人摆布了。

老人对萨维尼昂说："这孩子睡得多甜啊！"

萨维尼昂回答："你一定很得意的；我看她不但长得美，心也挺好的。"

"噢！一家的欢乐都在她一人身上。便是对亲生女儿，我的感情也不过如此。明年二月五日，她足十六岁了。但愿上帝保佑我多活几年，替她物色一个使她终身快活的丈夫。这回她是第一次到巴黎，我想带她去看戏，她不愿意，因为纳摩的本堂神甫不许她去。我问她：将来你结了婚，丈夫要带你去，又怎么呢？她说：我当然听从他的。万一他叫我做件不好的事而我依了他，将来在上帝面前就得由他负责；所以为了他真正的利益，我一定有勇气拒绝的。"

清早五点，车到纳摩的时候，于絮尔醒了，发觉自己仪容不整，被萨维尼昂不胜赞美的望着，不由得很难为情。班车在蒲隆停了几分钟，而在蒲隆到纳摩的途中，萨维尼昂已经爱上了于絮尔。她淳朴的心地、俊美的身体、白皙的皮肤、清秀的相貌、迷人的声音，萨维尼昂都细细研究过了；他所听到的声音，便是头天晚上她说的那句简短而意义深长，明明不愿泄露心事而仍不免泄露的话。萨维尼昂还有一种说不出的预感，觉得老医生向他描写的女子，用七八十万陪嫁把她装饰得金光灿烂的人物，就是于絮尔。

他心上想："再过三四年，她二十岁，我二十七；老头儿说过考验、用功、好好做人的话。嘿！不管他多么精明，早晚会把他的心事告诉我的。"

三位邻居在他们的屋子外面分手了，萨维尼昂临别对于絮尔一往情深地瞧了一眼。包当丢埃太太让儿子睡到中午。医生和于絮尔不管路上辛苦，照旧去望正场弥撒。既然萨维尼昂释放出狱，由医生陪着回家了，镇上一般好事者和那些承继人也就明白医生出门的原因。他们和半个月以前一样，又聚集在广场上议论纷纷。大家很奇怪：弥撒完毕，包当丢埃太太居然招呼米诺莱老人，由老人搀着送回家。原来老太太要请医生和他干女儿当天晚上去吃饭，说除了本堂神甫，并无外客。

米诺莱－勒佛罗道："他大概是带于絮尔去见识见识巴黎的。"

克莱弥埃嚷道："该死！老头儿一步都离不开他的小丫头。"

玛尚说："要包当丢埃太太肯让他挽着走，他们之间一定有了很密切的关系。"

古郿叫道："你们还没猜到老叔卖了公债，把小包当丢埃赎出来吗？他不接受我东家的提议，倒接受了他小东家的提议！……啊！你们完啦。包当丢埃子爵不会立借据，只会订婚约的了；医生要攀这门亲，自然要拿一笔相当的陪嫁给他的宝贝女儿，只消做丈夫的在婚书上承认产业归妻子就行了。"

肉店老板说："把于絮尔嫁给萨维尼昂，这主意倒是不错。老太太今儿请米诺莱先生吃晚饭，蒂安纳德清早五点就来向我定了牛排。"

第奥尼斯也走到广场上来了，玛尚奔过去说："喂！第奥尼斯，局势越来越好了！……"

"嗯，怎么啦？事情不是很好吗？"公证人回答，"你们老叔卖了公债；包当丢埃太太约我到她家去，立一张十万法郎的借据，拿产业作抵押。"

"对；但要是两个年轻人结了亲呢？"

公证人回答："你这句话，就像说古郿要受盘我的事务所。"

古郿道："两桩事都不是不可能呀。"

老太太望了弥撒回家，吩咐蒂安纳德叫萨维尼昂来见她。

那幢小屋子，二层楼上共有三间房。包当丢埃太太的和她亡夫的卧室都靠在一边，中间隔着一大间只开一个小窗洞的盥洗室，还有一个公用的小穿堂相连，外面便是楼梯。

另外一间房一向是萨维尼昂住的，窗户像他父亲房内的一样临着街道。房后楼梯道的地位，给萨维尼昂的卧房留出一小间盥洗室，靠天井开着一个小圆窗洞。

老太太的卧房靠着天井，是全家最凄凉的一间；但她日常起居都在楼下的堂屋内；因为有一条甬道直达天井尽头的厨房，所以堂屋兼做了客厅和餐室。故包当丢埃先生的卧房，至今保持着他故世那天的原状，就是少了他这个人。床是包当丢埃太太亲手铺的；上面放着舰长的佩剑、制服、帽子、红的绶带、各种勋章的标识。他临终以前用过的鼻烟壶，喝过水的杯子，连同他的表、祈祷用的经文，都摆在床侧小几上。床头挂着带圣水缸的十字架，十字架高头的壁上有个框子，里头供着包当丢埃先生的白头发，编成一卷。室内还有他看过的报纸、动用的家具、荷兰式的唾盂、挂在壁炉架上面的军用望远镜、零星杂物，式式俱全。他死的时候，寡妇把古老的座钟拨停了，永远指着那个钟点。房间里还能闻到亡人的扑粉[1]和鼻烟的气味。壁炉也保持原状。走进这儿等于看到他的人：所有的东西把他的生活习惯全告诉你了。柄上装着金球的粗大手杖，还在他摆下的老地方，大麂皮手套也放在那儿附近。哈瓦那城送的一个雕工粗劣而价值三千法郎的黄金花瓶，在半圆桌上闪闪发光。美国独立战争的时候，他先护送一批商船进了哈瓦那港，又跟兵力优越的英国舰队作战，使哈瓦那城没有受到袭击。事后西班牙王[2]给了他一个勋位作酬报。法国政府把他列入晋升司令的名单，给了他圣·路易勋位的红绶带。然后他利用休假的时间结了婚；太太带过来二十万法郎陪嫁。但大革命把升级的事搁浅了，包当丢埃自己也亡命到国外去了。

"母亲在哪儿？"萨维尼昂问蒂安纳德。

---

1 十八世纪及十九世纪初期的人，都在假发上扑粉。
2 哈瓦那为中美洲古巴的首府兼大港，古巴未独立之前，为西班牙殖民地。

"在你父亲房里等着。"女佣人回答。

萨维尼昂不由得打了个寒噤。他知道母亲把道德和荣誉看得很重,也知道她为人清白,贵族的成见很深;大概训责一顿是免不了的了。他像上阵打仗似的去见母亲,面无人色,心也乱跳。在百叶窗里透进来的半明半暗的光线中,他看见母亲穿着黑衣服,神色庄严,跟那间亡人的卧室正好是一个情调。

她一看见儿子就站起身来,抓着他的手带到父亲床前,说道:"子爵,你的父亲是死在这儿的;他一生清白,到死都没做过一件亏心事。他的英灵就在这儿。看到儿子负债入狱,他在天上一定很伤心。现在不比从前的朝代可以求王上赐一封密诏,把你下在国家监狱,免得你受这番耻辱[1]。你此刻站在听得到你说话的父亲前面。进监以前做的事,你心里有数;你能不能对着父亲的英魂和无所不见的上帝发誓,担保你没有做过一件不名誉的事?能不能担保你欠的债只是少年人的荒唐,而并没损害你的荣誉?假定你一生清白的父亲还活着,坐在这张椅子上,要你把所有的行为和盘托出,你敢说他听完以后是不是还会拥抱你?"

"母亲,我可以这样担保。"萨维尼昂很尊敬很郑重的回答。

母亲张开手臂,紧紧的搂着儿子,掉了几滴眼泪。

"好,这些事都不提了,"她说,"归根结底,不过损失了一笔钱,但愿上帝帮我们挣回来。你既然没有玷辱门楣,你就拥抱我罢,我痛苦得够了!"

萨维尼昂把手悬空伸在床高头,说道:"亲爱的母亲,我发誓不

---

[1] 由王上直接下令(所谓密诏)逮捕的人民,都监禁在国家监狱(例如有名的巴士底狱),狱中待遇较优,特别对贵族。且贵族往往要求将子弟幽禁,以免为非作歹,或遇有债务纠纷时暂避,以便与债主磋商条件。

再给你受这一类的痛苦。我初次铸成的错误,一定要尽力补救。"

"孩子,来吃饭罢。"她一边说,一边走出房间。

假定讲故事也需要遵照戏剧的规律,那么萨维尼昂一回到纳摩,应该在这一小出戏里出场的人物都齐了,序幕部分也在这儿告终了。

12

情人之间的障碍

这出戏是靠一根发条的作用来推动的,那在新旧文学中已经用得俗滥了[1],要不是里头有一个布勒塔尼老太太——甘尔迦罗埃家的小姐,大革命时代的流亡贵族——恐怕谁也不会觉得这个发条在一八二九年还有什么作用。可是我们得承认:一八二九年,贵族在政治方面丧失的地盘,在风俗习惯方面略微争回了一些。并且,我们祖父母一辈对于婚姻要门当户对的心理是不会消灭的,它跟文明社会关系极密,又是从家庭观念中来的。就是现在,不论在日内瓦、在维也纳、在纳摩,那心理依旧占着优势,正如当年才莉·勒佛罗不许儿子娶一个私生子的女儿一样。可是一切社会成规都有例外。所以萨维尼昂想叫母亲的傲气向于絮尔天生的高贵低头,而母子两人也就立刻开始摩擦了。萨维尼昂才坐上饭桌,母亲便提到甘尔迦罗埃和包当丢埃的来信,她认为他们态度恶劣透了。

萨维尼昂回答说:"母亲,现在没有家庭,只有个人了!贵族

---

[1] 贵族家庭不愿子女与布尔乔亚通婚,由来已久,往往为作家采作故事的重要关键,所以说那根发条用得太俗滥了。

之间也没有什么休戚相关的情谊。今日之下，人家不问你是否姓包当丢埃，是否勇敢，是否政治家，只问你纳多少税[1]。"

"那么王上呢？"

"王上处于两院之间[2]，仿佛一个男人处于大妇与情妇之间。所以我应当娶一个有钱的姑娘，不管什么家庭出身，只要有一百万陪嫁，教养不坏，就是说受过私塾教育的就行。"

"那是另外一件事了！"老太太回答。

萨维尼昂一听这话，皱了皱眉头。他知道母亲的特性就是有那种顽石一般的，所谓布勒塔尼人的固执；他想在这个微妙的问题上把母亲的意见马上弄清楚。

"那么，"他说，"倘若我爱上一个姑娘，譬如说，像我们邻居的干女儿小于絮尔那样的，你是反对我跟她结婚的了？"

她回答："是的，只要我活着。我死了以后，包当丢埃和甘尔迦罗埃两家的血统和荣誉，就归你一个人负责了。"

"今日之下，倘没有财富的光彩，门第就是虚空的；难道你愿意我为了一个虚空的观念而潦倒一辈子？"

"你可以替国家出力，你应当听上帝安排！"

"你要把我的幸福耽搁到你百年之后吗？"

"那只能证明你的不孝罢了。"

"路易十四差点儿娶暴发户玛查冷的侄女。"

"那是玛查冷自己也反对的。"

"还有斯加隆的寡妇呢？"

1　纳税的多少暗示财产的多少。
2　当时的两院为众议院与贵族院。

"别忘了她是特·奥皮涅出身[1]！并且是秘密结婚的。孩子，我已经为日无多，"她侧了侧头说，"等我离开了世界，你要娶谁都可以。"

萨维尼昂素来敬重母亲，爱母亲；他一声不出，但暗中拿出同样固执的脾气，对抗甘尔迦罗埃家的固执脾气，决意非于絮尔不娶；因为一有人反对，情人当然像禁果一般变得更有价值了。

晚祷以后，米诺莱医生带着于絮尔走进那间冷冰冰的客堂，她穿着白跟粉红两色的衣服，一进去就浑身紧张，打了一个寒噤，好似站在法兰西王后面前要求什么恩典似的。自从于絮尔向干爹吐露心事以后，这所小小的屋子便有了宫殿般的规模，老太太的地位也不亚于中古时代平民心目中的公爵夫人。这时候，于絮尔方始很痛苦的看出自己与对方的距离：一个是堂堂子爵，一个是靠善心的医生抚养大的孤女，父亲是军乐师，前意大利剧院的歌唱家，大风琴师的私生子。

"孩子，你怎么啦？"老太太说着，教于絮尔坐在她旁边。

"我惭愧得很，承蒙太太不弃……"

"唉！孩子，"包当丢埃太太用她最尖刻的声调回答，"我知道你的监护人多么喜欢你，我要对他表示好感，因为他替我把浪子带回家了。"

于絮尔满面通红，为了不让自己哭出来，脸都抽搐了；萨维尼昂看了大为不忍，说道："可是，亲爱的母亲，即使你不欠米诺莱骑士什么情分，我觉得小姐肯光临，我们也很高兴的。"

---

[1] 斯加隆（1610—1660）为法国诗人，小说家，戏剧家，一六五二年时娶一世家（特·奥皮涅）出身的贫苦的孤女。斯氏故后，寡妇改嫁特·曼德农侯爵；后为路易十四的情妇，旋与之秘密结婚。

年轻的贵族意义深长的握着医生的手,又道:"先生,我知道你受过圣·米歇勋位,那是法国历史最悠久的荣衔,得到的人,身份跟贵族一样。"

近乎绝望的爱情,几天以来使于絮尔的绝世姿容更多了一种深度,就是大画家在肖像上用来刻画心灵的那种深度。老太太看到于絮尔这样美丽,吃了一惊,不禁怀疑医生的热心帮忙是有计划的了。引起萨维尼昂那句回答的话,她是为了要从老人最心爱的人身上去刺伤老人,而故意说的。米诺莱听见萨维尼昂称他为骑士,不由得微微一笑;他在这种浮夸的措辞中,体会到情人们大胆的程度,无论怎样可笑的事都做得出来。

当过御医的老人回答说:"子爵,从前大家为了要得圣·米歇勋位,笑话也不知闹过多少,现在却跟许多别的特权一样,不值钱了。今日之下,这勋位只赏给医生和可怜的艺术家。那些君王把它和圣·拉查勋位合而为一,倒是很好的办法;我记得圣·拉查是个穷光蛋,靠着奇迹而复活的。由此可见,圣·米歇和圣·拉查的勋位对我们的确是个象征。"

这几句回答,又尊严又挖苦;说完以后,室内寂静无声,谁也不愿意开口;等到大家有点儿发僵的时候,有人敲门了。

"啊,咱们的神甫来了。"老太太说着,丢下于絮尔,起身去迎接夏伯龙;那是对于絮尔和老医生都没有的礼数。

老人微微笑着,望望干女儿,望望萨维尼昂。一个胸襟狭窄的人看到老太太这种态度,不免要抱怨或生气的;但米诺莱深于世故,绝不会去触这种暗礁;他跟萨维尼昂谈着查理十世任命包里涅克亲王组阁的事,和这件事所能引起的危机。直过了相当时间,等到提及债务不至于有报复嫌疑的时候,医生才用半正经半说笑的态度，把萨维尼昂被控的文件和公证人的账单，连同付讫的票据，交给老太太。

"这些都经小儿核对过吗？"她对萨维尼昂瞥了一眼，萨维尼昂点点头。

"噢！那么是第奥尼斯的事了。"她不胜鄙夷的把文件一推，表示她对这件事跟对金钱一样的瞧不起。

据包当丢埃太太的想法，看轻财富等于抬高贵族的身份，把布尔乔亚的势力一笔勾销。过了一会，古鄙奉东家之命，来索取萨维尼昂和米诺莱之间的账目。

"做什么用？"老太太问。

"立借票需要有根据，你们这项债务并没银钱过手。"首席帮办说着，很放肆的在屋子里东张西望。

于絮尔和萨维尼昂，都是第一次跟这个丑八怪照面，当时的感觉像见了癞蛤蟆一样，更可怕的是还有一种不祥的预感。两人对于自己的前途，都看到有个模糊的，无法肯定的景象，非言语所能形容，但可以用斯威登堡信徒告诉医生的精神作用说明。于絮尔肯定这阴险的古鄙将来会对他们不利，不禁浑身战栗；但看到萨维尼昂跟她一样的骚动，便觉得有种说不出的快乐，心也跟着安定了。

古鄙才带上门，萨维尼昂就说："第奥尼斯先生的帮办，长相真难看！"

包当丢埃太太说："这些人长得好看难看，有什么关系？"

本堂神甫接口道："我不埋怨他长得丑，而埋怨他心地坏；他恶毒透了。"

医生虽然想表示亲善，也不由自主的变得严肃和冷淡了。两个情人觉得很拘束。要不是夏伯龙神甫一团和气的在饭桌上提起大家的兴致,医生和他的干女儿简直受不了那局面。吃到饭后点心,米诺莱看见于絮尔脸色发白,便说:

"孩子,倘使你不舒服,只要穿过街就到家了。"

"怎么啦,我的心肝?"老太太问孩子。

"唉!太太,"医生神气很严肃,"她心里冷得很,平日她是看惯笑容的。"

老太太道:"医生,这种教育是要不得的。你说是不是,神甫?"

米诺莱朝着一声不出的神甫望了一眼,答道:"是的,太太。我的教育使这个纯洁的孩子到社会上没法跟人相处;可是我未死之前,一定要安排妥当,不让她受到冷淡和憎恨。"

"得了罢,干爹!……别说了!我在这儿并不难受。"于絮尔说着,望着包当丢埃太太;她宁可跟包当丢埃太太照面,而不愿意瞧着萨维尼昂,显出她的弦外之音。

萨维尼昂接着对母亲说:"我不知道于絮尔小姐是不是难过,我只知道你使我大大的受罪。"

于絮尔听到热情的萨维尼昂被母亲的态度逼出这种话来,不禁脸色变了,向老太太告了罪,站起来搀着干爹的手臂,行过礼,走了。她回到家里,急急忙忙冲进客厅,坐在钢琴旁边,双手捧着头,眼泪簌落落的直淌下来。

医生急得直嚷:"狠心的孩子,干吗不把你的感情问题交给我这有经验的人调度呢?……贵族永远不会感激我们布尔乔亚的。他们觉得,我们帮他们忙,是我们应尽的责任。何况老太太还发觉萨维尼昂常常瞧着你,深怕他爱上了你呢。"

于絮尔道:"好吧,至少他得救了!可是连你这样的人,她也想加以屈辱!……"

"我去去就来,孩子。"

医生回到包当丢埃家,看见第奥尼斯、篷葛朗和镇长勒佛罗都在那里;法律规定,凡是只有一个公证人的地方,一切文书契约必须有两位见证才能生效。米诺莱把第奥尼斯拉过一边,凑着耳朵嘱咐了一句,然后第奥尼斯当众宣读借据的内容:包当丢埃子爵借到米诺莱医生十万法郎,五厘起息;包当丢埃老太太以全部财产作抵押。听到利率一项,夏伯龙瞧了瞧米诺莱,米诺莱略微点点头,表示没有错。神甫凑在老太太耳畔唧哝了几句,她低声回答:

"我就不愿意欠这种人的情分。"

萨维尼昂对医生道:"先生,家母给了我一个好差事;她负责归还你的钱,可是把感恩两字交给我了。"

神甫接着说:"你第一年就得张罗一万一千法郎,因为除了利息,还有立借据的公费。"

米诺莱听了便告诉公证人:"先生,既然包当丢埃太太母子两位没能力付公费,还是归我代付,你把这笔款子加在借款里头罢。"

公证人在借据上批明了,把总数改作十万零七千法郎。所有的契据都签过字,米诺莱便推说身子疲倦,跟公证人和两个见证同时告退。

那时只有神甫一个人留下,他说:"太太,你干吗要得罪这个心地多好的米诺莱先生呢?他替你在巴黎至少省了两万五千法郎,又那么周到,另外留着两万,给令郎料清他的零碎债务……"

她吸了一撮鼻烟,回答道:"你那个米诺莱狡猾得很,他做的事,他自己心里明白。"

萨维尼昂对神甫说:"家母以为他把我们的田庄并在一起,存心逼我娶他的干女儿,仿佛一个姓包当丢埃的男子,甘尔迦罗埃家的外甥,真会受人强迫,娶一个不愿意娶的人似的。"

一小时以后,萨维尼昂上医生家去了;一般承继人为了好奇,都挤在那里。青年子爵的到场,给大家一个很大的刺激,尤其因为每人的感想各不同。克莱弥埃和玛尚家的两位小姐,交头接耳,看着于絮尔,于絮尔脸红了。两个做母亲的和但羡来说,古鄙对这桩亲事的看法可能准确的。在场的人都把眼睛盯着医生,医生却并不站起来迎接子爵,只向他点点头,手里照旧拿着骰子缸,他正和篷葛朗先生玩脱里脱拉。医生这副冷淡的神气使所有的人都很奇怪。

他道:"于絮尔,我的孩子,弹点儿琴给我们听罢。"

于絮尔一弹琴就不用发慌,便很高兴的扑到乐器前面,翻那堆绿面子的乐谱;承继人们看着只得嘴上叫好,心里叫苦;因为他们认定老叔和包当丢埃母子之间必有什么计谋,特意来探听的,不料这一下既要受罪,又开不得口了。

一支本身很贫乏,但由一个受着深情鼓动的少女演奏的乐曲,比一支大规模的,由一个熟练的乐队声势浩大的演奏出来的序曲,往往给人更深的印象。无论什么音乐,除了作曲家的思想,还有演奏家的灵魂,能凭着这门艺术独有的伸缩性,使一些并没多大价值的乐句变得有诗情、有深意。这一点,从前巴迦尼尼在小提琴上已经证明过了,近来肖邦又在钢琴上加以证实。这位神妙的天才与其说是一个音乐家,不如说是一颗现身说法的灵魂,借着各种乐曲,甚至于几个简单的和弦,来表达他自己。于絮尔以她那种高雅而娇弱的素质,就属于这一派少有的天才;但许模克老人,那个每星期六来教她,而在她游览巴黎的期间每天都给她上一课的老师,把女学生的才具琢磨得更完满了。于絮尔那晚挑选的《卢梭的幻梦》,是埃洛尔的少作,本身就不无深度可以供演奏家发挥;她再加上在胸中骚动的感情,把题目上的幻梦二字给点明了。由于韵味深长,如梦如幻的演奏,她用自己的心和萨维尼昂的心说话,把一些差不多有形体的思想,像云雾一般的罩着爱人。萨维尼昂坐在钢琴尽头,肘子靠在琴盖上,左手托着头,不胜赞叹的瞧着于絮尔。于絮尔眼睛望着护壁板,好像向一个神秘的世界打着问号。此情此景,怎么能不使一个男人动心呢?真正的情感自有一种磁性作用,何况于絮尔还想泄露自己的内心,好比风骚的女子用装饰来讨人喜欢。艺术之中唯有音乐是用思想跟思想说话的,不需要语言、色彩与形式的帮助;于絮尔便是借了音乐的力量表白她的心,把萨维尼昂引进那个奇妙的世界。天真原来和儿童有一样的魔力,一样能使人入迷;而于絮尔就从来没有像这个时候,像她进入生命新阶段的时候那么天真。

神甫邀萨维尼昂入局玩韦斯脱,把他的梦惊破了。于絮尔继续弹奏。承继人都走了,只剩下但羡来一人,还想探明叔祖、子爵和于絮尔的用意。

少女合上琴盖,过来挨着干爹坐下;萨维尼昂和她说:"小姐,你的才艺跟感情一样了不起。你的教师是谁啊?"

医生回答:"是个德国人,住在龚第河滨道上,靠近王妃街。要不是我们在巴黎的期间,他天天给于絮尔上一课,今天早上他又该到这儿来了。"

于絮尔道:"他不但是个大音乐家,还是个天真的可爱的人。"

但羡来高声说道:"学费一定很贵罢!"

牌桌上的人彼此望了望,微微一笑。牌局完了,整个晚上都若有所思的医生,瞧着萨维尼昂,带着无可奈何而不胜遗憾的神气。

他说:"先生,你急于来看我的心意,我很感激;可是令堂大人疑心我有些不大高尚的作用;为了免得坐实,我只能要求你今后别再来看我,虽则你的光临使我觉得很荣幸,虽则我也很高兴和你亲近。我要保全名誉,保持清静,所以咱们不得不断绝邻居关系。希望你转达令堂大人,我不请她下星期日赏光到舍间来吃饭,因为我料定她临时会身体不舒服的。"

老人说完,向年轻的子爵伸着手,子爵恭恭敬敬的握着,回答道:"先生,你说得不错。"

接着他告辞了,向于絮尔行礼的时候,不免流露出惆怅多于失望的情绪。

但羡来和子爵同时出门,可是没法搭讪,因为萨维尼昂三脚两步就奔回家了。

两天之内,那些承继人只谈着包当丢埃母子和米诺莱医生的不融洽;他们佩服第奥尼斯料事如神,同时也认为遗产保住了。那时阶级的限制已经打破;醉心平等的风气使所有的人不分高低,使一切都受到威胁,连军队的服从,在法国代表权力的最后一个堡垒也岌岌可危了;除了双方的反感,或者财产的多寡之外,男女的爱情已经没有什么障碍了:在这样一个时代,只有一位布勒塔尼老太太的固执和米诺莱医生的尊严,才会在两个情人之间立下几道关塞；关塞的作用，跟从前一样，不是减弱，而是加强爱情的。在一个热情的男人，越是千辛万苦得来的女子，越是了不起。萨维尼昂明明看到需要斗争、需要努力，也感觉到前途渺茫；仅仅这几点已经使他把于絮尔视同至宝，非征服不可了。万物成长时期的长短原是由自然律支配的，也许我们的感情也受同一规律支配：寿命长的，童年也长！

13

两心相许

　　第二天早上起身的时候，于絮尔和萨维尼昂都转着一个同样的念头。这种默契本来就能促发爱情，何况在这个场合已经是有了爱情的证据，而且是最甜蜜的证据。少女轻轻地揭开窗帘，只露出一个极小的缝隙，刚好能瞧见萨维尼昂的卧房，不料她爱人的脸也伸在对面窗子的拉手高头。窗子既然给了情人们极大的方便，无怪政府要抽窗户税了。于絮尔这样偷觑一下，也算对干爹冷酷的措置表示抗议。然后她放下窗帘，打开窗子，关上百叶窗；这样她可以望见对方而不让对方看见了。当天她到卧房去了七八次，每次都看见年轻的子爵在那里写信，写了撕掉，撕了又写，那准是写给她的了！

　　下一天清早，于絮尔刚醒，蒲奚伐女人就递给她一封信。

致　于絮尔小姐

　　小姐，我这一回落到一个全靠你监护人的帮助才能脱身的田地；这样一个青年会教人寒心是毫无问题的。从今以后，我比谁都需要提供更多的保证；所以，小姐，我以诚惶诚恐的态度扑在你脚下，向你吐露我的爱情。这求爱的表示并非由于一时冲动，而是从涉及整个生涯的信念出发的。我对于年轻的外叔祖母，甘尔迦罗埃太太的疯魔，弄到身陷囹圄；现在为了你，这些回忆全部消灭了，我心坎中的那个小影被你的小影抹去了：这一点，你不觉得是真诚的表示吗？自从我在蒲隆站上，看到你像儿童一般妩媚的睡态之后，你就占据了我的灵魂，做了它的主宰。除了你，我不愿意娶别的人了，我理想中的妻子应有的优点，你都具备了。以你所受的教育和你高贵的心灵而论，不论怎么高的地位你都可以当之无愧。但我没有把握在你面前把你描写得很准确，我只能爱你。昨天听了你弹琴以后，我想起一些句子，好像就是为你写的：

"天生的动人心魄，悦人眼目；温柔而聪明，风雅而明理；仪态万方，好似经过宫廷生活的陶冶；淳朴浑厚，俨如未经世故的隐士；眼中那朵心灵的火焰，被天使般的贞洁冲淡之下，显得温和了。"

从你身上最细微的地方映现出来的、这颗美妙的灵魂，我完全体会到它的可贵。所以我敢大胆要求，倘若你还没有爱人的话，让我用照顾、用行为，来向你证明我不至于辱没你。这和我的前途有关；请你相信，我要发挥所有的精力，目的不但是要取悦于你，而且是要博得你的敬重，那为我等于普天下人的敬重。我心中既然抱着这个希望，如果你，于絮尔，再允许我在心中把你叫作爱人，那么纳摩便是我的天堂了，最艰苦的事业也只会给我快乐了；我要把那种快乐奉献给你，正如我们把一切都奉献给上帝一样。请你允许我自称为

你的　萨维尼昂

于絮尔吻着这封信，用各种疯疯癫癫的举动拿着，念了又念，然后穿上衣服，预备送去给干爹看。

"天哪，我差点儿没做祷告就出去了。"她说着，回进卧房跪在祈祷凳上。

一会儿以后，她下楼到园子里，找到了干爹，叫他念萨维尼昂的信。两人走到浓密的蔓藤底下，坐在凳上，正对着中国水阁：于絮尔等老人开口，老人却沉吟不语；心焦的孩子只嫌他想的时间太久了。他们俩密谈的结果，终于写成下面一封信，内中一部分想必是医生口述的。

先生，来信向我提亲，我只觉得万分荣幸；但在我的年纪上，再加我的教育给我定下的规矩，我不得不把你的信交给监护人；我全部家属只有他一个人，我既把他当作父亲，同时也当作朋友。他向我提出一些无情的意见，应当作为我对你的答复。

子爵，我是一个可怜的女孩子，将来的资产不但有赖于我干爹的好意，并且还要看他为了消除承继人对我的恶意而采取的，没有把握的措施，是否成功。我虽是第四十五团的上尉乐师，约瑟·弥罗埃的合法的女儿，约

瑟·弥罗埃本人却是个私生子；所以人家尽管毫无理由，仍可能跟一个孤立无助的少女涉讼。先生，资产微薄还不是我最大的不幸。我有很多理由不愿高攀。我为了你，不是为了我，才提出这些意见，那在动了爱情的忠诚的人，往往是认为无足重轻的。可是先生，你也得想到，倘若我不跟你提，别人就可以怀疑我有心使你的热情不顾一切，不顾那些在一般人心目中，尤其在你母亲心目中认为不可克服的障碍。再过四个月，我不过十六岁。也许你会承认，我们都还太年轻，经验不足，没有力量克服生活的穷困；因为我除了故姚第先生的遗赠之外，别无财产，而单靠这一点做基础的生活势必很清苦。并且我的监护人不愿意我在二十岁以前结婚。这四年是你一生最美好的时期，谁知道这期间命运替我们作何安排呢？别为了一个微贱的姑娘把你的一生蹉跎了。

我亲爱的监护人非但不阻挠我的幸福，还想竭力促成；他还希望他对我为日无多的照顾，能有一个情意不亚于他的人来接替。我把他的理由陈述完了，还得声明一下，你的提议和殷勤的情意，的确使我非常感动。我这个答复所根据的思虑，是一个阅世很深的老年人的思虑；但我向你表示的感激，是出之于一个一片真心的少女。

所以，先生，我的确可以说是

你的仆人　于絮尔·弥罗埃

萨维尼昂没有回信。是不是在他母亲那里想办法呢？还是于絮尔的信把他的爱情打消了呢？诸如此类的无从解答的问题不知有多多少少，把于絮尔折磨得好苦，间接也折磨了老医生；他只要心爱的孩子有一点儿骚动，就觉得难过。于絮尔常常到卧室去张望萨维尼昂的屋子，只看见他坐在桌子前面出神，不时朝她的窗子望一眼。直过了一星期，她才收到萨维尼昂的信，迟迟不复的缘故原来是他的爱情更进了一步。

致 于絮尔·弥罗埃小姐

亲爱的于絮尔，我多少是布勒塔尼人，一朝打定了主意，什么都不能使我改变。你的监护人——但愿上帝保佑他多活几年——理由很对；可是难道我就不能爱你吗？我只要知道你是否爱我。请你告诉我，即使只做一个记号也可以；那么这四年便是我一生最幸福的时期了！

我托朋友送了一封信给我的外叔祖，海军中将特·甘尔迦罗埃，求他提拔，介绍我进海军。这位慈祥的老人哀怜我的遭遇，回信说，倘若我要求军阶，即使王上愿意开恩，也受着条例限制；但在多隆学习三个月以后，海军部长就能给我一个舵手长的职位，让我到船上去；等舰队巡逻阿尔及尔的时候（我们不是正和阿尔及尔人作战吗？）出勤一次，再经过一次考试，就能当上候补少尉。目前正在筹备袭击阿尔及尔的战事，将来只要能临阵立功，实授少尉是不成问题的。可是要多少时间，就很难说了。不过为了使海军里头仍旧有一个包当丢埃家的人，当局一定把条例尽量放宽。我明白了，我应该向你干爹提亲；你对他的尊敬，把你在我心中的地位更提高了。所以在答复人家以前,我要跟你的干爹谈一谈;我的前途完全根据他的答复而定。告诉你,不论将来怎么样,不管你是上尉乐师的女儿,还是王上的女儿,你始终是我心上的人。亲爱的于絮尔,那些成见在从前的时代可能把我们分离,现在可没有力量妨碍我们的婚姻了。我献给你的,是我心中的全部爱情;献给你姑丈的,是负责你终身幸福的保证!他才不知道我短时期中对你的深情,已经超过他十五年来对你的爱……好,咱们晚上见。

于絮尔得意扬扬的把信递给老人,说道:"干爹,你瞧。"

老人念完了信,嚷道:"啊!孩子,我比你更高兴。子爵下了这个决心,等于把他所有的过失都补赎了。"

晚饭以后,萨维尼昂来到医生家里,医生和于絮尔正在临河的平台上,沿着栏杆散步。子爵在巴黎定做的衣服已经送到;动了爱情的青年,少不得把自己收拾得又整齐又大方,尽量烘托出天生的俊美,好像要去见美丽而高傲的甘尔迦罗埃夫人而讨她喜欢似的。可怜的孩子看他走下石阶,迎着他们过来,便立刻抓着干爹的手臂,仿佛站在悬崖高头怕掉下去一般;医生听见她紧张而沉重的呼吸,不由得打了个寒噤。

萨维尼昂握着于絮尔的手,恭恭敬敬吻了一吻。于絮尔随即坐在水阁外面的石级上。医生吩咐她说:"孩子,你别过来,让我们谈话。"

萨维尼昂轻轻地问医生:"先生,一个海军上校来向你求这位千金小姐,你肯不肯?"

米诺莱微微一笑，道："那我们等得太久了……不用上校，只要上尉就行啦。"

萨维尼昂快活得含着眼泪，非常亲热的握了握老人的手，说道："那么我就动身了，我要去用功读书，六个月之中读完海军学校六年的课程。"

"怎么就动身了？"于絮尔从石阶那边往他们冲过来。

"是的，小姐，为了不辱没你。我越急于出门，表示我越爱你。"

她不胜温柔的望着他："今天是十月三日，过了十九再走罢。"

老人说："对，我们要庆祝圣·萨维尼昂的节。"

"那么再见了，"萨维尼昂说，"这个星期我要留在巴黎办几件事，我要作种种准备，买书籍，买数学上用的仪器，还得请部长帮忙，给我最优越的条件。"

于絮尔和干爹把萨维尼昂直送到铁门口，看他回进屋子，又看他出来，背后跟着蒂安纳德提着一口箱子。

于絮尔问干爹："你既然有钱，干吗要逼他进海军呢？"

医生笑了笑回答："这样下去，我看不久连他欠的债都要我负责了。我没有逼他；可是孩子，一套军服，一个凭军功挣来的十字勋章，可以抹掉一个人多多少少的污点。六年之内他可能当上舰长；我对他的要求也不过如此。"

"但是他可能遇到危险呀。"她说着，脸都白了。

"情人像酒徒一样，自有他的神道保佑的。"医生带着说笑的口气回答。

孩子瞒着干爹，夜里叫蒲奚伐女人帮忙，把她又长又好看的淡黄头发剪下一束，正好编一条辫子。隔了一天，她缠着音乐教师许模克老人，要他监督巴黎的理发匠防止调换，还得赶着下星期日把辫子编好。

萨维尼昂从巴黎回来，告诉医生和他的干女儿说，志愿书已经签了，二十五日要赶到勃兰斯特。医生约他十八日吃晚饭，他在医生家差不多消磨了整整两天。虽是米诺莱叮嘱两个情人的话入情入理，他们在本堂神甫、法官、纳摩的医生和蒲奚伐女人面前，仍不由自主的流露出他们心心相印的感情。

老人说："孩子们，你们得意忘形，不会把快乐藏在心里。"

到了萨维尼昂的本名节，两人先在弥撒祭中彼此瞟了几眼；然后萨维尼昂在于絮尔窥伺之下，穿过街，到她的小园中来了。他们俩差不多是单独相对。老人有心放任，坐在书房里看报。

萨维尼昂道："亲爱的于絮尔，你可愿意使我的节日过得比我在母亲面前更快活，给我一个新生命吗？……"

于絮尔打断了他的话，说道："我知道你要的什么。你瞧，这就是我的答复，"她从围裙口袋里掏出辫子来递给他的时候，快乐得直打哆嗦。"你既然爱我，请你把这个带在身边。这礼物表示我的生命和你的生命连在一起了，但愿它使你逢凶化吉！"

医生见了，对自己说着："啊！这小丫头！竟给了他一根辫子。她怎么弄起来的？把多美的淡黄头发剪下一把……那不是把我的血都给了他吗？"

萨维尼昂吻着辫子，瞧着于絮尔，掉了一滴眼泪，说道："临走以前，我要你切实答应我永远不嫁别人，你不会觉得我要求过分吗？"

于絮尔红着脸回答："你在圣·贝拉奚的时候，我曾经到监狱的墙下徘徊;你要求我的诺言,倘若你还嫌我说得不够,我就再说一遍罢:我永远只爱你一个人,永远只属于你一个人。"

萨维尼昂看见于絮尔半个身子掩在藤萝中间,忍不住把她搂在怀里,在她额上吻了一吻;她轻轻地叫了一声,往凳上倒了下去。萨维尼昂正挨在她身边道歉,医生已经站在他们面前。

他说:"朋友,于絮尔是个极娇嫩的孩子,对她话说得重一点就有危险。你应当把爱情抑制一些才对!唉!要是你爱了她十六年,你单是听到她说话就会满足了。"他这样补充是针对萨维尼昂第二封信里的一句话的。

两天之后,萨维尼昂动身了。虽然他经常来信,于絮尔却害了一种表面上没有原因的病。好比美好的果子被虫蛀一样,她的心受着一个念头侵蚀。胃口没有了,血色也没有了。干爹第一次问她觉得心里怎么样,她说:

"我想看看海景。"

"十二月里可不便带你上海港去。"老人回答。

"那么终有一天能去的了?"她说。

一刮大风,于絮尔就着急;不管干爹、神甫、法官,把陆地上的风和海洋上的风分辨得多么清楚,她总以为萨维尼昂遇着飓风。法官送她一张雕版的图片,印着一个全副军装的候补少尉,使她快活了几天。她留心读报,以为萨维尼昂所参加的那次巡逻,报上必有消息。她拼命看柯柏[1]的海洋小说,还想学航海的术语。这许多执着一念的表现,在别的女子往往是装出来的,在于絮尔是完全出于自然;甚至萨维尼昂每次来信,她都在梦中先看

---

[1] 柯柏(1789—1851)为美国小说家,专写冒险小说及印第安人的故事。

到而在第二天早上向大家预告的。

这些在医生与神甫都不以为奇的预感第四次发生的时候，她对干爹说："现在我放心了，不管萨维尼昂离得多远，他要受了伤，我一定立刻感觉到。"

老医生左思右想的出神了；法官和神甫看他脸上的表情，认为他一定想着些很痛苦的念头。

他们等于絮尔不在面前的时候，问老人："你怎么啦？"

老医生回答："她将来怎么活下去啊？一朵这样细巧、这样娇嫩的花，遇到感情的打击，是不是抵抗得住呢？"

虽然如此，这个被神甫戏称为"**小幻想家**"的姑娘，用功得很；她知道学识丰富对一个上流社会的女子多么重要；除了练唱、研究和声与作曲以外，她把余下的时间都用在书本上，那是夏伯龙神甫在她干爹丰富的藏书中挑出来的。她尽管很忙，精神上仍旧很痛苦，只是嘴里不说出来。有时她对萨维尼昂的窗子呆呆的望上半天。星期日望过弥撒，她跟在包当丢埃太太后面，很温柔的瞧着她；虽然老太太心肠冷酷，于絮尔仍因为她是萨维尼昂的母亲而爱着她。她对宗教更热心了，天天早上都去望弥撒，因为她深信自己的梦都是上帝的恩赐。

老医生眼看相思病给她的伤害，心中很怕，便在于絮尔生日那天，答应带她上多隆去参观舰队远征阿尔及尔的开拨仪式，事先不让萨维尼昂知道。法官和神甫，对这次旅行的目的替医生守着秘密，仿佛只是为了于絮尔的健康出门的，但一般承继人已经为之大惊小怪了。于絮尔和穿着候补少尉军服的萨维尼昂见了面，参观了壮丽的旗舰，舰上的海军上将就是受部长嘱托，特别照顾萨维尼昂的人。然后她听了爱人的劝告，上尼斯去换换空气,沿着地中海滨直到热那亚;到了热那亚,她得到消息,舰队已经安抵阿尔及尔,很顺利的登陆了。

医生本想继续在意大利观光,一方面让于絮尔散散心,一方面也多少能补足她的教育:大艺术家生息的土地,多少不同的文明留下光华的遗迹的土地,本身就有一种魔力,再加风土人情的比较,当然能扩展她的思想。但医生听到国王跟那有名的一八三〇年的国会冲突的消息,不得不赶回法国。干女儿出门一趟,变得生气勃勃,非常健康,还把萨维尼昂服役的那艘军舰,带了一具小巧玲珑的模型回来。

14

于絮尔又做了孤儿

　　一八三〇年的选举，使米诺莱的承继人都有了立足点。在但羡来和古鄙策划之下，他们在纳摩组成一个委员会，推出一个进步党人做枫丹白露区的候选人。玛尚很有力量操纵乡下的选民。车行老板的佃户中间，五个是有选举权的。第奥尼斯也拥有十一票以上。克莱弥埃、玛尚、车行老板和他们的党羽，最初在公证人家集会，以后经常在那儿见面了。米诺莱医生回来的时节，第奥尼斯的沙龙已经变做承继人们的大本营。法官和镇长联合起来抵抗进步党，他们虽有四乡的贵族支援，仍旧被反对派打败；但打败以后，他们反倒更团结了。这样的对抗使纳摩破天荒第一次有了两个党派，而米诺莱的几个承继人居然占了重要地位。正当篷葛朗和夏伯龙神甫把这些情形告诉医生的时候，查理十世已经从朗蒲伊埃宫堡出奔，逃往希尔堡去了。但羡来·米诺莱的政见是追随巴黎的律师公会的；他从纳摩约了十五个朋友，归古鄙率领，由车行老板供给马匹，在七月二十八的夜里赶到巴黎。袭击市政厅的一役，就有古鄙和但羡来带着这批人马参加。事后，但羡来得了荣誉团勋章和枫丹白露助理检察官的职位。古鄙得了七月十字勋章。第奥尼斯当选为纳摩镇长,接替前任的勒佛罗;镇公所的委员包括副镇长米诺莱-勒佛罗、玛尚、克莱弥埃,和第奥尼斯沙龙的全部党羽。篷葛朗靠着儿子的力量才保住原职;那儿子做了墨仑的检察官,和勒佛罗小姐的亲事大概也有希望了。

医生听说三厘公债的行市跌到四十五法郎,便搭着驿车上巴黎,把五十四万法郎买了不记名公债。剩下二十七万左右现款,他用自己的姓名买了同样的证券:这样,外边只知道他每年有一万五千进款。老教授姚第遗赠于絮尔的本金,和九年之间所生的八千法郎利息,都用同样的方式存放;老人又添上一笔小款子,把这份薄产凑成一个整数,让于絮尔有一千四百法郎收益。老妈子蒲奚伐听着主人劝告,也把五千几百法郎积蓄买进公债,每年有三百五十法郎利息。这些跟篷葛朗商量好的,非常合算的调度,因为政局混乱,居然没有一个人知道。

局势大定以后,医生又买下贴邻的一所小屋子,把它拆了,把自己院子的界墙也拆了,另外盖起一间车房一间马房。拿一笔可有一千法郎利息的本金起造下房,在米诺莱所有的承继人眼里简直是发疯。这桩被认为发疯的行为,在老人的生涯中成为一个新时代的起点。那时的车辆马匹,价钱跟白送差不多:医生便从巴黎带了三匹骏马和一辆四轮篷车回来。

一八三〇年十一月初的一个下雨天,老人第一次坐了四轮篷车去望弥撒;他下了车,正在搀扶于絮尔,镇上的人已经全部赶到广场上,为了要瞧瞧医生的车,盘问一下马夫,也为了要把医生的干女儿批评一番:据玛尚、克莱弥埃、车行老板和他们的老婆的意见,老叔的荒唐全是野心勃勃的小姑娘撺掇出来的。

古鄙嚷道:"喂,玛尚,有了马车了!你们的遗产去路很大,嗯？"

站在牲口旁边的马夫，是米诺莱车行里一个领班的儿子；车行老板对他说："加皮洛，你要的工钱大概不小罢？八十四岁的东家用不了多少马蹄铁的了。两匹马花多少钱买的？"

"四千法郎。车子虽是旧货，倒花了两千；可是很漂亮，车轮是**把挡**[1]的。"

"加皮洛，你那句话怎么说的？"克莱弥埃太太问。

古郚抢着回答："他是说**白拓**。那是英国人行出来的玩意儿。你瞧，外边什么都看不见，样样都包在里头，多漂亮，又不会勾着人的衣衫，套在轴梗头上的那种难看的方铁帽也取消了。"

"什么叫作**白拓**？"克莱弥埃太太很天真的问。

古郚道："怎么！你不想拓些便宜吗？"

"啊！我明白了。"她说。

"嗨！不是的，"古郚道，"你是个老实人，我不好意思哄你；真名叫作**百挡脱**，因为梢子藏在里头。"

"对啦，太太，就是这意思。"加皮洛说。古郚态度一本正经，连马夫也上当了。

克莱弥埃嚷道："不管怎么样，反正是一辆挺讲究的车；不是财主，谁撑得起这样的场面！"

古郚道："小姑娘抖起来啦！她这办法不错，教你们也享享福。喂，米诺莱老头，干吗你不弄几匹好马，买几辆篷车？你不争这口气吗？换了我，要不高车大马，摆摆威风才怪呢！"

玛尚问："喂，加皮洛，我们的老叔这样铺张，可是小姑娘撺

---

1 此系马车零件的专门名词，凡是"把挡"的车辆，轴梗不会从轴帽中脱出。

掇的？"

加皮洛回答："不知道；可是她在家里就像东家娘一样。天天有各种各样的教师从巴黎来。听说她还要学画呢。"

克莱弥埃太太道："那我好趁此机会，叫人描张肖像了。"

内地人那时还把画像叫作描像。

"可是教钢琴的德国老头也没有辞掉啊。"玛尚太太说。

"他今儿早上还来上课呢。"加皮洛回答。

"多几条狗也没害处。"克莱弥埃太太这话引得众人哈哈大笑。

古鄙叫道："从今以后，诸位可别想什么遗产啦。于絮尔转眼就是十七岁，越长越漂亮了；青年人都是靠游历训练出来的。小丫头把你们老叔收拾得服服帖帖。每个星期，班车上都有她五六个包裹；什么女裁缝，做帽子的，都到这儿来替她试样，把我的东家娘气坏了。等于絮尔从教堂里出来，你们瞧瞧她脖子里那条披肩吧，货真价实的开司棉，值到六百法郎呢。"

古鄙说完，搓着手。他最后几句话对承继人们的作用，便是霹雳打在他们头上也不过如此。

医生家绿颜色的客厅，由巴黎的家具商来换新了。看老人排场这么阔，大家一会儿说他藏着私蓄，有六万法郎一年收入，一会儿说他挥金如土，只顾讨于絮尔喜欢；他们今天把他说成财主，明天把他叫作荒唐鬼。当地的舆论，总括起来只有一句话："他是个老疯子！"小镇上这种错误的判断，恰好把一般承继人蒙住了，他们绝对没想到萨维尼昂爱上了于絮尔，而这才是医生花钱的真正的动机。他很高兴教干女儿先当惯子爵夫人的角色；并且有了五万法郎进款，老人也尽可把宠爱的孩子装扮一下，让自己看着喜欢。

一八三二年二月,于絮尔足十七岁的那天,早上起来,看见萨维尼昂穿着海军少尉的服装,站在他窗前。

她心里想:"咦!怎么我一点都不知道的?"

攻下阿尔及尔的一仗,萨维尼昂立了功,得了十字章;接着他服务的那条军舰在海洋中游弋了几个月,没法和医生通信;而不跟医生商量,他又不愿意退伍。新政府极想在海军中保存一个显赫的姓氏,趁七月政变的机会把萨维尼昂升作少尉。新任少尉请准了半个月的假,从多隆搭驿车赶来祝贺于絮尔的生日,同时也想听听医生的意见。

"他来了呀!"干女儿冲进干爹的卧房,嚷着。

"好吧!他离开海军的理由,我猜到了;现在他可以留在纳摩了。"

"啊!这才是我真正的节日了。"她一边说,一边拥抱干爹。

她上楼做了一个记号,萨维尼昂立即过来;她觉得他比以前出落得更英俊了,要把他欣赏一下。的确,服过兵役的男子,举动、步伐、神色,自有一种坚决与庄重的气概,一种说不出的方正严肃,即使穿着便服,也能教一个眼光肤浅的人看出他是军人:可见男人天生是作领袖的。于絮尔因之更爱萨维尼昂了;她让他挽着手臂在小园中散步,叫他叙述**以候补少尉的资格**在攻击阿尔及尔一役中所立的功劳,她像小孩子一样的高兴。毫无问题,阿尔及尔是萨维尼昂攻下来的。她说,瞧着萨维尼昂的胸饰,眼前就看到一片血海。医生在房内一边穿衣,一边瞅着他们;然后也走到他们这边来。他对子爵并不完全讲明,只说倘若包当丢埃太太同意子爵和于絮尔的婚事,单凭于絮尔的家私,子爵也不需要再靠军职来维持生活。

"唉！"萨维尼昂回答，"要我母亲让步，还早得很呢。我动身之前，她明知道只要答应我娶于絮尔，我就可以留在她身边；否则只能偶然见面，我还得经常冒着危险；但她仍旧让我走了……"

"可是，萨维尼昂，我们不是从此在一起了吗？"于絮尔抓着他的手，不大耐烦的摇了几摇。

她所谓爱情不过是常常见面，不再分离，绝对想不到更远的地方。当时她那使性的声调、可爱的手势，显得那么天真，把萨维尼昂和医生都感动了。辞职的信发出了；未婚夫的在场给于絮尔的节日添了不少光辉。过了几个月，到五月里，米诺莱医生的家庭生活又像过去一样清静，只多了一个常客。青年子爵不断的上门，很快就被大家看作未来的夫婿，尤其因为望弥撒的时候、散步的时候，萨维尼昂和于絮尔虽则很矜持，仍免不了流露出两心相契的痕迹。第奥尼斯提醒那些承继人，说包当丢埃太太已经欠老头儿三年利息，老头儿从来没讨过。

公证人说："将来老太太一定要让步的，一定会答应儿子攀这门不体面的亲。万一出了这种倒霉事儿，你们老叔就得拿出大部分家当，去做巴齐儿所谓的批驳不倒的理由[1]。"

承继人们猜到老叔太喜欢于絮尔，太不喜欢他们了，绝不会不损害他们的利益而去保障于絮尔的幸福的；所以心里都恨到极点。七月革命以后，他们天天晚上在第奥尼斯家聚会，便在那儿咒骂两个情人；他们没有一晚不想找些对策来阻挠老人的计划，可惜一筹莫展。才莉当然和医生一样，利用公债的跌价，在调动

---

[1] 巴齐儿为博马舍的有名的喜剧《赛维尔的理发师》中的歌唱教师，他说（见第四幕第一场）："我觉得一个黄金累累的荷包，永远是一个批驳不倒的理由。"

巨额资金的时候沾足了便宜；但她是对于絮尔和包当丢埃母子怀恨最深的人。古鄙素来不愿在那些晚会中受罪，可是有天晚上为了要听听在那边所谈的镇上的事，也去了，正碰上才莉怒火中烧，大发脾气：当天上午她看见医生、于絮尔和萨维尼昂，从郊外坐着马车回来；那种亲密的神气完全说明了他们之间的关系。

她说："倘使在包当丢埃和小丫头没结婚以前，上帝肯把咱们的老叔请回去，我愿意拿出三万法郎。"

古鄙陪着米诺莱夫妇回家，直送到他们的大院子中间；四顾无人，他才说：

"你们可愿意帮我盘进第奥尼斯的事务所？我能够拆散包当丢埃和于絮尔的婚姻。"

"怎么拆散？"大胖老板问。

"你想我这么傻，会把计划告诉你吗？"古鄙回答。

才莉说："那么好啊，你先把他们拆开了，咱们瞧着办。"

"咱们瞧着办！单凭这句话，我才不干这种麻烦事儿呢！萨维尼昂那小子好厉害，可能把我杀了的；我要吃得住他，击剑打枪的本领都得跟他一样才行。你们先帮我把事业弄成了，我绝不失信。"

车行老板回答："你破坏了这头亲事，我准定帮你忙。"

"哼！准定帮忙！我为了要盘进书办勒葛的事务所，不过向你们通融一万五千的小数目，你们考虑了九个月还没答应；现在还要我相信这句话吗？好，将来你们一定得不到遗产，那也是你们活该。"

才莉说："倘若只为了一万五千法郎和勒葛的事务所，那还罢了；可是要替你垫付五万！……"

"我会还你的呀！"古鄙把那勾魂摄魄的眼睛瞅着才莉，才莉也用骄横的目光回答了他一眼。那情形就好比毒蛇遇到了猛兽。

才莉终于说了一句："咱们再等一晌罢。"

古鄙心上想："哼！无毒不丈夫，真要做到这一步才好！"他一边走出一边盘算："这些家伙，一朝给我抓住了，要不当作柠檬一般挤干才怪！"

萨维尼昂跟医生、神甫、法官往还之下，让他们看出了他纯厚的天性。他对于絮尔的始终不渝、没有一点儿利害打算的爱情，使三位老朋友大为感动，心里已经没法把两个青年分开了。朴素单调的生活，两个爱人对前途的信念，终于使他们的感情近于兄妹之间的友爱。医生往往让于絮尔和萨维尼昂两个人在一起。他已经把这个可爱的青年看准了：他只有在每次来到的时候吻一下于絮尔的手，和她单独相对的时候就不敢向她提出类似的要求，因为他对于这姑娘的纯洁与天真抱着极大的敬意；同时她常常流露的那种极其敏锐的感觉，也使他知道只要话说得重一些，神情冷淡一些，或是从温柔变为粗暴的态度，对她都会有性命之忧。所以两人之间最大胆的举动，也是在晚上当着几位老人的面表现的。这种幽密的快乐的岁月过了两年，除了子爵一再央求母亲许婚而无效以外，别无他事。有时他讲了一个早上，母亲听着他的理由和央求，拿出布勒塔尼人的脾气一声不出，或者干脆拒绝。于絮尔已经到了十九岁，长得一表人才，弹琴唱歌无一不精，才德双全，不需要再进修什么了。她的姿色、风韵、学问，遐迩闻名。有一天，哀格勒蒙侯爵夫人来替她的大儿子向于絮尔求婚，被医生谢绝了。虽则医生、于絮尔、哀格勒蒙太太把这件事严守秘密，六个月以后仍旧被萨维尼昂知道了。看到他们用心这样体贴，他非常感激，就拿这件事做理由去劝母亲，母亲回答说：

"因为哀格勒蒙家愿意降低身份，所以我们也得降低身份吗？"

一八三四十二月，虔诚慈祥的老人，身体显而易见衰退了。镇上的人看见他从教堂里出来，脸色发黄，面庞瘦小，两眼那么苍白，便议论纷纷，都说这八十八岁的老头儿死期近了。

"不久事情就有分晓啦。"有人跟那些承继人说。

的确，老人的死像谜一样的惹人注意。但医生还存着幻想，不知道自己有病；而于絮尔、萨维尼昂、法官、神甫，为了体贴，都不忍揭穿他的病势；每天晚上来看他的纳摩的医生，也不敢为他开药方。老人不觉得有什么痛苦，只是灯尽油干，慢慢地熄下去。他理智始终很强。像他这种禀赋的老人，肉体受着灵魂控制，到死都能支持的。神甫为了不要加速他的死期，叫他不必再上教堂望弥撒，就在家里做日课；因为老医生奉行教规十分严格，而且越近坟墓，越敬上帝。永恒的光明，渐渐替他把各种难题都解释清楚了。一八三五年年初，于絮尔劝他把车辆马匹卖了，把加皮洛辞退了。

篷葛朗对于絮尔的前途，并不因为米诺莱透露过几句话而放心；有天晚上他跟老朋友提到那个微妙的承继问题，指出米诺莱对于絮尔的监护权必须解除。解除监护以后，于絮尔才有权接受监护人代管财产的清算，才有权持有财产，而别人也可能给她遗产。老人以前虽然和法官商量过，当时听了法官的开场白，并不说出自己替于絮尔安排的秘密，而只采取解除监护权的办法。篷葛朗越是急切的想知道老朋友用什么方法资助于絮尔，老朋友越是对他防得紧。并且，米诺莱的确不敢把利息三万六千的不记名债券交托给法官。

篷葛朗问他："干吗你要跟命运赌博呢？"

医生回答："反正都没有把握，只能拣危险性比较小的一条路。"

篷葛朗把终止监护的手续办得很快，要赶在于絮尔·弥罗埃足二十岁的那天办妥。这个生日是老人过的最后一个节：他准是预感到寿数将尽，所以大事铺张，替于絮尔举行了一个小规模的跳舞会，把第奥尼斯、克莱弥埃、米诺莱、玛尚四家的青年男女都邀请了。舞会以前又摆了一席丰盛的酒：请的客有萨维尼昂、篷葛朗、本堂神甫、两位副司祭、纳摩的医生、许模克、才莉、玛尚太太和克莱弥埃太太。

晚会快完毕的时候，老人和公证人说："我觉得自己为日无多了，我要把我以监护人身份代于絮尔执管的财产，交还给她。请你明天来立一份清册，免得将来清算财产多纠纷。谢谢上帝！我连一个小钱都没教我的承继人吃亏，我支配的只限于我的息金。于絮尔的亲属会议，由克莱弥埃、玛尚和我的侄子米诺莱参加；我移交代管财产的时候，请他们都到场作证。"

玛尚把这些话听在耳里，在舞会中传开去。四年以来，一会儿以为有巨产可得，一会儿以为全无希望的三对夫妇，这一下可皆大欢喜了。

克莱弥埃太太道："这话就像一个临死的人说的了。"

清早两点，客厅里只剩下萨维尼昂、篷葛朗和夏伯龙三个人；于絮尔送了克莱弥埃和玛尚家的小姐回来，穿着跳舞衣衫十分娇艳；老医生指着她向三位客人说道：

"诸位朋友,我把她交给你们了!再过几天,我不能再保护她了;她没出嫁以前,请你们大家照顾,别让她受人欺侮……我替她很担心呢。"

这些话使听的人非常难过。几天以后,举行了亲属会议,交出了代管财产的清账。账上说明米诺莱医生应当交出一万零六百法郎:包括几年来应付未付的一千四百法郎息金,那是姚第上尉的遗赠所生的利息;还有十五年中积起来的五千法郎,是医生逢年逢节给干女儿的红包。

这种结清账目同时又经过公证的手续,完全是依照法官的建议;因为他很担忧米诺莱医生死后的变化,不幸这个预感竟没有错。于絮尔接受清账的结果,一共有一万零六百的现款和年息一千四的公债。第二天,老人虚弱不堪,不能起床了。他家里的事一向很隐秘,但病重的消息还是传遍全镇,那些承继人就满街乱撞,像一串断了线的念珠。上门来探问病情的玛尚,从于絮尔嘴里知道医生上了床。不幸,纳摩的医生早已说过,只要米诺莱老人躺上床,命就完了。承继人们便冒着严寒,一齐站在街上、广场上,或者自己的屋门口,聚精会神的谈论这桩盼望了多年的大事;一边东张西望,但等本堂神甫把圣体供在内地常用的那种器具内往老医生家里送。

因此,两天以后,夏伯龙神甫带着副司祭和助祭童子,随着高捧十字架的圣器执事,穿过大街的时候,一般承继人立刻跟上去,预备占领屋子,以防走漏,同时也准备去攫取他们假想中的藏金。这批人跪在教会执事后面,并没做祷告,而是虎视眈眈的直瞪着老人,老人看了不由得露出一副狡猾的笑容。神甫掉过头去看到了他们,也就慢慢地念着祷告。车行老板受不了那个不舒服的姿势，第一个站了起来，他的女人也跟着站起；玛尚唯恐才莉夫妇顺手牵羊，拿掉屋子里的什么小玩意儿，便和他们一块儿到客厅去；不久，所有的承继人都在那儿会齐了。

克莱弥埃道："他是个挺规矩的人，不会随便要求临终圣礼的，这一下咱们可以放心了。"

玛尚太太回答："对，咱们每家都能有两万法郎一年的进款啦。"

才莉道："我有这么个念头：他的钱近三年来不再存放，他喜欢把现金藏起来了……"

"准是藏在地窖里罢？"玛尚对克莱弥埃说。

"咱们要找到一点儿什么才好呢。"米诺莱-勒佛罗道。

玛尚太太嚷道："反正那天他在跳舞会里有过声明，事情已经定局了。"

克莱弥埃道："咱们到底怎办呢？平分呢？拍卖呢？拈阄呢？因为咱们都成年啦。"

为了怎么分家的问题，大家七嘴八舌，马上紧张起来。半小时以后，乱哄哄的闹成一片，特别是才莉那个尖嗓子，叫得连院子里和街上都听得见。

"老头儿大概死了罢。"一班挤在街上的闲人说。

吵闹的声音直传到老医生耳朵里，他听见克莱弥埃连吼带嚷的说："屋子吗，屋子值三万法郎！我来买，我拿出三万法郎！"

才莉声音恶狠狠的回答："不管值多少，我们都拿得出来。"

夏伯龙神甫替朋友行过临终圣礼，在旁陪着；老人对他说："神甫，请你想个办法，让我安静一些。我那些承继人，像红衣主教齐美奈斯[1]一样,可能等不到我死就来翻箱倒箧,我又没养着猴子替我把东西抢回来。你去告诉他们,我要他们统统出去。"

神甫和纳摩的医生下楼,把病人的话给大家说了。两人愤慨之下,还把他们训斥了几句。

纳摩的医生吩咐蒲奚伐女人:"把铁门关起,谁都不让进来;难道一个人连死都不得安宁吗?你再预备一贴芥末膏药,敷在先生脚上。"

承继人中有些是带着孩子来的;本堂神甫一边打发他们,一边说:"你们的老叔并没有死,可能还要活好些时候。他要绝对清静,除了干女儿,身边不要别人。唉,这姑娘的行事才不像你们哪!"

"这老东西!"克莱弥埃叫道,"让我来站岗。说不定他们暗中捣鬼,损害我们的利益。"

车行老板早已溜进花园,想跟于絮尔一同看护,教人家留他在屋里帮忙。他蹑手蹑脚的回进来;过道和楼梯上都铺着地毯,靴子踏在上面毫无声响:他直走到老叔房门口,始终没人听见,神甫和纳摩的医生都走了,蒲奚伐女人正在预备芥末膏药。

"人都走了吗?"老人问干女儿。

于絮尔提着脚尖朝院子里望了望。

"都走了;神甫临走亲手把铁门带上了。"

垂死的老人便说:"亲爱的孩子,我的命只有几小时,几分钟了。我医生不是白做的,芥末膏药不会把我拖到今天晚上。"他说到这里,被干女儿的啼哭把话打断了。"于絮尔,你别哭;

---

[1] 红衣主教齐美奈斯(1436—1517)为西班牙政治家。

我说的是关于你和萨维尼昂结婚的事。等蒲奚伐拿着膏药上来，你就到书房去，钥匙在这里；你把蒲勒酒柜上的白石面子抬起来，下面有一个信封写着你的名字，你拿来给我看；要不亲眼看见那个信封在你手里，我死了也不放心的。我断了气，你别声张：先把萨维尼昂找来，一同看那封信，你得向我起誓，也得代他起誓，一定要遵照我最后的意志行事。只要萨维尼昂听从了我的话，你们再宣布我死的消息；那时承继人就要开始做他们的戏了。但愿上帝保佑，别让那些野兽来糟蹋你！"

"好吧，干爹。"

车行老板不再往下听了，赶紧提着脚尖下楼，他已经想到小书房的锁是装在藏书室这一边的。从前他听见建筑师和铜匠讨论这事，铜匠认为要预防有人从临河的窗子进来，还是把锁装在藏书室一边为妙，因为小书房主要是夏天纳凉的地方。当下米诺莱被利益冲昏了头，血都到了耳朵里；他用一把小刀把门锁旋下，手脚像贼一样的快。他走进书房，拿了文件，不敢当场开拆，装上了锁，把一切恢复了原状，到饭厅里坐着，只等蒲奚伐送膏药上楼的时候往外溜。他走得非常方便，因为于絮尔觉得贴膏药比干爹的嘱咐更要紧。

"信啊！信啊！"老人用那种快死下来的声音嚷着，"你得听我的话，把钥匙拿去。我一定要看你拿到了信才行。"

他这么说着，眼神惊惶不定，蒲奚伐对于絮尔说：

"快快听干爹的话，你要把他急死了。"

于絮尔亲了亲老人的额角，拿着钥匙下楼了；但一会儿听见蒲奚伐尖着嗓子直嚷，又马上退回来。老人把她瞅了一眼，看她两手空空，猛的从床上坐起，想说话，临了只是好不凄惨的叹了一口气，眼睛里充满着恐怖的表情，死了。可怜的姑娘从来没见过死人，立刻跪在地下，哭作一团。蒲奚伐替老人阖上眼睛，把他放倒在床上。老奶妈把死人像她所说的装扮完毕，赶去通知萨维尼昂；但那般承继人早已跟围着看热闹的闲人等在街头，活像一群乌鸦只等一匹马掩埋了，就过来连啄带扒的把死马从泥土中翻出来。当下他们蜂拥而至，和那些猛鸟一样迅速。

15

医生的遗嘱

这时候,车行老板回到自己家里,急于要打开那个神秘的信封,看看里头装的是什么。结果他找出下面几项文件。

> 给我亲爱的于絮尔·弥罗埃——我的舅子约瑟·弥罗埃和舅嫂狄娜·葛洛曼的女儿
>
> 1830年1月15日,纳摩

> 我的小天使,我像父亲一般对你的慈爱,你是受之无愧的;我所以会有这种感情,不但因为我受了你父亲之托,并且因为你极像你的姑母于絮尔·弥罗埃:你使我时时刻刻想起她的风韵、聪明、天真和妩媚。但你的父亲是我岳父的私生子,我正式给你遗产可能引起别人争议……

车行老板念到这里,骂了一句:"老狐狸!"

……把你过继为女儿也可能引起诉讼。我又始终不愿和你结了婚而把财产送给你;说不定我还有多年可活,把你的幸福耽误了。而你的幸福迟迟不能实现,只是由于包当丢埃太太活着的缘故。把这些难处郑重考虑过后,我既要给你一份丰厚的家私,让你生活优裕……

——"坏东西!他什么都想到了!"

又要不损害我的承继人……

——"假仁假义!难道他的全部家私不都是我们的吗?"

我决定把十八年的积蓄送给你,那是听了我公证人的指点,不断的放在外面生利的;我的目的是要财富所能给人的幸福,你都能够享受到。没有资产,你的教育和你高尚的思想反而会造成你的不幸。何况对那个爱你的青年,你也应当给他一份丰厚的陪嫁。在紧靠客厅那边的最后一口书柜里,小桌子高头第一排书的最末了一册内(红摩洛哥皮精装的对开本《法学总汇》第三卷),有三张不记名的三厘公债,每张利息是一万二[1]……

车行老板嚷道:"他多阴险!上帝可不让我受这样的欺骗。"

---

[1] 按此项公债票面是一百法郎,当时以四十五法郎的市价买进,实付本金五十四万,共购得票面一百二十万的公债,分为三张,利率三厘,故每张可支年息一万二。

你立刻去把证券拿了,还有我临死剩下来的少数积蓄,夹在第三册前面的一本书里,你也收起来。我疼爱的孩子,你得想到能够给你财产是我一生最快乐的事,你非服从我这个意思不可;否则我不得不向上帝求救了。我知道你良心的顾虑最多,所以这封信内附着一份正式的遗嘱,写明这三张债券是送给萨维尼昂·特·包当丢埃先生的。那么,不论由你自己执管,还是由你爱人转手送给你,那笔钱总是你合法的财产了。

你的干爹　但尼·米诺莱

跟这封信一起,有一小张贴着印花的官契,上面写着:

遗嘱

立遗嘱人但尼·米诺莱,医学博士,住纳摩镇,身体康健,神志清楚,可以本遗嘱的年月为证。我死后把灵魂交还上帝,并请上帝俯念我真诚悔罪,宽恕我多年的错误。萨维尼昂·特·包当丢埃子爵平日对我感情深厚,我决于遗产内提出年息三万六千法郎的公债相赠,与我所有的承继人无涉。

立遗嘱人　但尼·米诺莱亲笔

1831年1月11日,纳摩

这些文件,车行老板为了不让一个人知道,特意躲在老婆房内看的。他毫不迟疑,找了一块打火石来;可是上帝给了他两次警告,接连两根火绒都没点上。第三根着了火。他把信和遗嘱都放在壁炉里烧了,还不放心,又拿壁炉里的灰把纸张和封蜡的残余一齐盖没。然后他飞也似的奔往老叔家里,一心只想瞒着老婆,独得三万六千一年的利息;他蠢笨的脑袋也只容得下这个简单明白的念头。一看见老叔的屋子已经被三份终于得手的家庭占领了,他不禁提心吊胆,唯恐那个他只想着阻碍而没考虑过的计划无法实现。

他对玛尚和克莱弥埃说:"喂,你们待在这儿干吗?难道让人家来抢劫,把金银宝贝拿走不成?咱们三个既然是承继人,就不能坐在这儿发呆!你,克莱弥埃,马上到第奥尼斯家去报告死亡,叫他来检验。我虽是副镇长,可不能为我老叔填死亡证……你,玛尚,你去找篷葛朗老头,要他来封门。"他又对自己的女人,玛尚太太和克莱弥埃太太说:"你们几位应当陪着于絮尔。这样,就不会有走漏了。最要紧是关上铁门,谁都不让出去!"

妇女们觉得这话很对,立刻赶到于絮尔房里。这天性纯洁而已经受着恶意的猜疑的姑娘,淌着眼泪,跪在地下祈祷。米诺莱猜到三个女的不会在于絮尔身边耽久的,又怕两位共同承继人起疑,便奔往藏书室把那本书找到了,打开来,拿了三张证券,又在另外一册内找到三十多张钞票。这大汉虽是个蛮子,偷这些东西的时候,耳朵里也听见一阵钟声,血也在太阳穴里尖声乱叫。天那么冷,可是背上的衬衣都湿透了;两条腿也直打哆嗦,他竟支持不住,倒在客厅里一只小沙发上,仿佛头上挨了几下闷棍。

玛尚一边在街上急急忙忙走,一边和克莱弥埃说:"啊!一得遗产,大胖米诺莱的舌头也灵活了。你听见他说话吗?'你上这儿！你上那儿！'真会调度！"

"不错，那个冬瓜脑袋倒真亏他的，神气有点儿……"

"唷！"玛尚忽然心里一慌，"他女人也在那儿，他们俩在一起未免太多了！事情归你办，我还是赶回去的好。"

车行老板才坐下，已经看见玛尚脸色通红的凑在铁门上；他赶回死人的屋子，跟雪貂一样快。

"嗯！什么事啊？"车行老板一边开门一边问。

"没有什么，我回来看封门的手续。"玛尚说着，把野猫似的眼睛瞪了他一下。

米诺莱回答："我也巴不得早点儿贴上封条，咱们好回家去。"

玛尚道："我看哪，封了门还得派一个人看守才行。蒲奚伐一味帮着小丫头，什么事都做得出来。咱们叫古鄙来罢。"

车行老板说："你找他吗？他会把好菜吃光，给你一个空锅子。"

玛尚又道："封门的事，一小时以内就能办妥；今晚还要守灵，那就让咱们的女人看守罢。明儿中午下葬。清点财产总得一个星期以后。"

大个子微微笑了笑，说："咱们先叫小丫头滚蛋，再托镇公所的鼓手[1]来看门。"

"好啊！"玛尚叫道，"这件事你去办，你是米诺莱家属的领袖。"

米诺莱便道："诸位先生，诸位太太，大家都到客厅里来，不

---

[1] 当时内地市镇，遇有要事即由鼓手击鼓游街，向市民传布。

是请你们吃饭,而是要办封存手续,保护全部的权益。"

接着他把自己的女人拉过一边,把玛尚对于絮尔的主张告诉她。妇女们久已恨透了小丫头,巴不得出一口气,听到赶她出去的话,就表示热烈赞成。

篷葛朗来了;才莉和玛尚太太请他以老医生的朋友资格,要求于絮尔离开屋子;篷葛朗大为愤慨,说道:

"你们要把她撵出屋子,撵出她的父亲、她的干爹、她的恩人、她的监护人的屋子,你们自己去撵罢!全靠她心胸高尚,你们才得了遗产;你们现在去抓着她的肩膀,当着全镇的面把她摔到街上去吧!你们以为她会偷你们的东西?贴上封条,托一个人看守:那是你们的权利。先告诉你们,我绝不封她的房间;她是在自己家里,她房里所有的东西都是属于她的;我要把她的权利告诉她,叫她把自己的东西都收到房间里去……"篷葛朗老头听见承继人一阵嘀咕,便补上一句:"当着你们的面就是了。"

一班妇女听着篷葛朗这篇怒气冲冲的言论,呆住了。克莱弥埃对车行老板和女太太们说了声:"嗯?"

"没见过这样的法官!"车行老板嚷着。

于絮尔坐在一张小椅子上,昏昏沉沉的,仰着头,辫子都散了,歇一会,哭一声。她两眼浑浊,眼皮虚肿,那种身心衰弱的情形,除了承继人,便是最狠心的人也会觉得可怜的。

"啊!篷葛朗先生,过了我的生日,想不到就是死亡和丧事,"她像心灵高尚的人一样,自然而然流露出这种意味深长的话,"你是知道他的为人的,二十年工夫对我没有一句急躁的话!"她又叫道:"他真是我的妈妈,好妈妈。"

想到这儿,她又两行眼泪直挂下来,夹着抽抽噎噎的哭声;

最后她直挺挺的倒在椅子上。

法官听见承继人们上楼了，便说："孩子，你要哭他，日子长呢；可是收拾东西的时间只有这一会儿工夫：你把屋子里所有属于你的东西都归到房里来。那些承继人逼我贴封条了……"

于絮尔气愤交加的直跳起来："啊！他们要拿，都拿去吧。最宝贵的东西，我有在这里了。"她说着拍了拍胸脯。

"什么呀？"车行老板紧跟着问，他和玛尚两个一齐在房门口露出一张凶恶的脸。

"就是说关于他的德行、生活、说话的回忆；还有他圣洁的心灵的形象。"她做了一个美丽的手势，眼睛和脸颊都闪闪发光。

于絮尔那一下动作，把胸褡里头的钥匙震落了，玛尚像猫一般窜过去，捡了起来，嚷着："哎，你还有一把钥匙呢！"

她红了红脸，说："那是他书房的钥匙，他临死的时候要我上书房去的。"

米诺莱和玛尚彼此狞笑了一会，又瞧着法官，眼中带着恶毒的猜疑的神气；那在玛尚是无意的，在车行老板是有心的。于絮尔一见之下，猜到他们的用意，不由得站起身子，脸色发白，好似浑身的血都流完了，眼中像霹雳一般射出一道砭伤她自己元气的火光，声音哽咽着说道：

"啊！篷葛朗先生，这房里的东西都是干爹好意送给我的，他们要拿尽管拿罢；我身上只有这几件衣服，我走出房间，从此不进来了。"

于絮尔说着，走进干爹的卧室，不管别人怎么央求，再也不肯离开；因为那些承继人对自己的行为也觉得有些惭愧了。于絮尔吩咐蒲奚伐女人到老驿站旅馆定下两间房，以后再在镇上找个地方和

183

她同住。她回到房里拿了祈祷用的经文,和本堂神甫、副司祭、萨维尼昂,几乎整夜都在一块儿守灵:她不是祷告,便是哀泣。萨维尼昂等母亲睡下就过来,一声不响的跪在于絮尔身旁,于絮尔对他凄然笑了笑,感谢他这样至诚的来分担她的忧苦。

篷葛朗捧了一个大包裹交给于絮尔,说道:"孩子,你姑丈的一个女承继人,把你所有的更换衣服从五斗柜里拿出来了;因为你的东西要启封以后才能拿,而启封还要等好几天。为了保护你的权益,我把你的卧房也给封了。"

于絮尔迎上去握着他的手,答说:"谢谢你,先生。你再瞧他一眼:不是很像睡熟的样子吗?"

老人的脸色像一朵不久就要枯萎的鲜花,凡是临死没有痛苦的人都是这样的。

法官凑着于絮尔的耳朵问:"他临终没有私下给你什么东西吗?"

"没有,他只提到一封信……"

"好吧!那一定能找到的,"篷葛朗接着说,"他们要求贴封条,对你倒是很有利的。"

天刚亮,于絮尔和这所屋子告别了:她在这儿度过了幸福的童年,尤其那间卧房是她爱情的发源地,使她特别留恋,便是在极度忧伤的心境之下,也不免对着这个安静而甜蜜的住所掉了几滴惋惜的眼泪。她最后一次把屋内的窗子和萨维尼昂的脸轮流瞧了一会,走出大门到客店去:蒲奚伐提着包裹跟着,慈祥的保护人篷葛朗挽着她的手臂。可见老人尽管用心周密,事实证明还是多疑的法学家料得不错。不久这法官就要看到于絮尔两手空空,被那般承继人欺负了。

第二天傍晚，全镇的人都来送丧。听到承继人们对付养女的手段，极大多数的人觉得是应该的：那是遗产攸关，非同小可；老头儿一向藏头露尾；于絮尔可能自以为有什么名分，承继人这么办不过是保护自己的财产；何况于絮尔在老人生前盛气凌人，老叔对待承继人也像玩冰球戏的时候对待野狗似的。但羡来·米诺莱，据嫉妒车行老板的人说，当了助理检察官并无成就，也回家来送丧。于絮尔不能到场，躺在床上发着神经性的高热，一半由于受了承继人们的侮辱，一半由于过度的哀伤。

有几个承继人指着萨维尼昂，说道："嘿！看他虚情假意的哭成这样！"但萨维尼昂为了医生的死，的确非常悲伤。

古鄙回答："他应该不应该哭，还是问题。别忙着开心，财产还没启封呢。"

米诺莱心里有数，说道："噢！你老是大惊小怪的吓我们。"

灵柩正要从教堂发引，送往墓园的当口，古鄙碰到一件大为失意的事：他想挽着但羡来的手臂同行，遭了拒绝；助理法官这个举动，等于当着纳摩全镇的面不认古鄙是老伙计了。

古鄙私忖道："嗯，耐着点儿罢，我此刻是没法出气了。"他那颗冰冷的心，却像海绵一般在胸中胀大起来。

16

两个敌人

　　检察官是孤儿的法定监护人；清点遗产之前，检察官先得委托篷葛朗做代表，办这手续需要相当时间。关于米诺莱的遗产，大家纷纷议论了十天之久；终于继承开始了[1]，一切都按照法律程序严格执行。公证人第奥尼斯正是得其所哉，进账不少；古鄙也趁此机会兴风作浪。遗产的数目既然很可观，办案的手续自然很繁复。办过第一道手续，照例得吃一顿。公证人、帮办、承继人、见证，都喝着家藏的名酒。

　　在内地，尤其在小城市里，居民都是住的自己的房产，要借房子不是件容易的事。所以盘进什么铺子的人，差不多老是连屋子一起买下的。检察官托治安法官篷葛朗照料孤儿的权益，法官觉得要于絮尔能搬出旅馆，只有劝她自己买房。在大街和横跨运河的桥相交的地段，正好有一所小屋子：进门是一个过道，底层只有一间餐室，临街开着两扇窗；餐室后面是厨房；从厨房的玻璃门出去，有一个三丈见方的院子。一座狭小的楼梯，临河有

---

1 "继承开始"为欧美法律的专门名词，大抵遗产继承因被继承人之死亡而开始，在一定期间之内应开具遗产清册呈报法院。

几个小窗洞取光。二层楼有三间房,顶上还有两间阁楼。屋价是六千法郎。篷葛朗向蒲奚伐女人借了两千法郎积蓄,先交付一部分屋价,余下的再分期拔清。

于絮尔要买进干爹的藏书;篷葛朗看到屋子的进深正好摆得下书架,教人把二楼的两间房前后打通。因为萨维尼昂和篷葛朗把那些管打扫、油漆和装修的工人催得很紧,于絮尔到三月底居然能离开旅馆,搬进这所难看的屋子了;但她的卧室仍旧和承继人把她赶出来的那间一模一样;法官启封的时候,把她原有的家具都搬了来。蒲奚伐睡在于絮尔卧房的顶上一层,只要小主人拉着床头的铃,她立刻可以下来。派作藏书室用的房间,底层的堂屋和厨房,都还空着,只粉刷了一道,糊了花纸;专等干爹的遗物拍卖的时候去买家具来布置。

法官和神甫虽然深知于絮尔的性格,还是替她担心,认为从老医生给她过惯的高雅富足的生活,过渡到这个清贫简陋的生活,未免太突兀了。萨维尼昂为之伤心透了,好几次暗中贴钱给工匠和家具商,一定要让于絮尔至少在房间内部,不觉得以前和现在的卧室有什么分别。但只要瞧着萨维尼昂就心里快活的姑娘,对一切都安之若素。两位老朋友看着更加感动了;除了过去的事实证明以外,她又再度证实只有感情方面的痛苦才会给她打击。她为了干爹的故世,悲痛之极,根本不觉得自己的处境有了变化,虽然这变化使她的亲事又多添了一重障碍。萨维尼昂鉴于她生活清苦,大为不乐;而她看到萨维尼昂的不乐,又觉得十分难过,甚至搬进新屋那天,她早上望了弥撒出来,附在他耳边说:

"没有耐性,爱情是不会成功的;咱们等着罢!"

等到老医生的人欠欠人的账结出了,玛尚受着古鄙撺掇,要包当丢埃太太把到期的借款立刻还清。古鄙因为暗中恨着米诺莱，便改变方针去投靠玛尚，以为跟这个放高利贷的精明人打交道，或许比跟谨慎小心的才莉容易得手。老太太接到催告的公事，要她在二十四时以内把十二万九千五百十七法郎五十五生丁付给承继人，还得从催告之日起另付利息，否则就要扣押不动产；老太太吓坏了。另外借钱来还债根本不可能。萨维尼昂到枫丹白露去请教一位诉讼代理人。

诉讼代理人说："你碰到了一批不肯和解的坏蛋，一定要狠狠的逼你，吞掉你鲍第埃田庄的产业。你还是把法院的拍卖改做自己出售罢，还能省一笔手续费。"

这个坏消息使布勒塔尼老太太大受打击；儿子很婉转的表示，假使母亲在米诺莱医生在世的时候赞成了他的婚事，老医生一定会把财产送给于絮尔的丈夫：今日之下，他们早已家道富裕，不至于艰难到这个地步了。这番理由，说的时候固然没有责备的意味，但跟不久就要倾家的念头同样伤透了老太太的心。于絮尔寒热刚退，受的承继人的气才不过平了些，听到这件祸事，不禁失魂落魄，呆住了。没有能力帮助爱人，对一般坚贞贤淑的女子，的确是最残酷的痛苦。

"我本想买我干爹的屋子，现在买你母亲的罢。"她和萨维尼昂说。

"怎么可能呢？你还没成年，要出卖公债必须经过一番手续，那又是检察官不会同意的。并且我们也不预备和债权人对抗。一个旧家崩溃，全镇的人看了都高兴。那些布尔乔亚很像一群抢骨头的狗。幸亏我还剩一万法郎，在料理这桩倒霉事的期间，可以养活母亲。你干爹的遗产没有清点完毕，篷葛朗先生还希望替你找到一点儿什么。看你两手空空,他和我都觉得奇怪透了。医生对他、对我,屡次提起替你安排了一个美好的前程,所以我们对现在这个情形简直莫名其妙。"

她说:"噢,只要能把干爹的藏书和家具买下来,不让它们散失或是落在不相干的人手里,我对自己的命运也满足了。"

"可是你想承买的东西,谁知那些卑鄙的承继人标什么价钱呢?"

从蒙太奚到枫丹白露,大家议论纷纷,只谈着米诺莱的承继人和他们正在搜寻的百万藏金。但屋子启封以后,经过无微不至的检查,仍是一无所获。包当丢埃家欠的十二万九千的债;年息一万五的三厘公债,合到三十八万本金,因为行市已经涨到七十六法郎;估作四万法郎的屋子,再加屋内的漂亮家具,财产总数大概有六十万。那在众人眼里,为数也不算太少,大可安慰的了。但米诺莱心里着急得很。因为蒲奚伐女人和萨维尼昂,跟法官一样始终认为必有遗嘱,每一道手续办完,总得问篷葛朗搜查的结果如何。篷葛朗有时在经纪人和承继人们走出去的当口叫起来:"我简直弄不明白了!"在许多肤浅的人眼中,每个承继人得到二十万法郎,在内地已经是一笔很大的家私,也就不再追问医生在日单凭一万五的岁收,怎么能对付那种排场的;因为借给包当丢埃的款子,利息分文未取。这问题,只有篷葛朗,萨维尼昂和本堂神甫三个人,为了于絮尔的权益才想到;他们在言语之间表示这疑问的时候,好几次使车行老板脸都变色了。

财产清理完毕的那天,篷葛朗说道:"要说搜寻,也搜寻到家了;他们找的是藏金,我找的是资助包当丢埃先生的遗嘱。壁炉里的灰也撩拨过了,白石台面也掀起来了,软底鞋也摸过了,床架子也用签子戳过了，褥子抖过了，盖被和压脚毯都用针刺过，鸭绒被翻过身，文件一张张的看过，抽斗一只只的寻过，连地窖里的泥土也翻掘了，而我还在旁边鼓励他们这样翻箱倒箧的搜查呢。"

"那么你看是怎么回事？"神甫问。

"遗嘱一定是被不知哪个承继人毁掉了。"

"还有公债呢？"

"甭提啦！像玛尚和克莱弥埃那么阴刁、那么狡猾、那么贪心的人，知道他们干的什么事！到手二十万遗产的米诺莱，他那份家私又是怎么来的？据说他快要把车行的执照、牌号、住宅，全部出让，值到三十五万法郎！……你听听这数目罢！而他投资在田产方面的三万多收入还没计算在内。想到咱们的老医生，真是可叹啊！"

萨维尼昂道："遗嘱也许藏在书架里罢？"

"所以，于絮尔想收买藏书，我没有劝阻。要不然，让她把仅有的一笔现款，花在她永远不会打开的书本上，不是发疯吗？"

镇上的人原来以为遍寻无着的现金都饱了干女儿的私囊；等到确实知道她全部财产不过一千四百法郎年息和一些零星杂物，大家就一致注意医生的屋子和家具了。有的认为必有大批钞票藏在家具里；有的猜老头儿把钞票夹在书里。拍卖的时候，承继人们用了古古怪怪的方法来防范。第奥尼斯担任公卖人的职司，每次拿起一件东西来喊价，总得声明一句：承继人只卖家具，不卖家具里头隐藏的东西。交货之前，他们又像做贼的一样，翻来覆去的看上半天，拿手指弹着听声音，或者把手伸进去掏摸；临了，看着人家把东西搬走时的眼神，活像一个做父亲的目送独养儿子上印度。

蒲奚伐女人参观了第一道清点程序回来，垂头丧气的说道："啊！小姐，我下回不去了。篷葛朗先生说得不错，你看到那种场面是受不住的。东西都摔在地下。人到处乱跑，像街上一样，把最漂亮的家具都随便糟蹋，当梯子用，里里外外搅得一塌糊涂，便是母鸡要找它的小鸡也不容易了，真像火烧过了一样。院子里堆满杂物，五斗柜都打开着，里头全空了！噢！可怜的老人家，还是死了的好，要不然，看到这次拍卖也会气死的。"

篷葛朗受于絮尔委托，代买她干爹心爱的家具，拿来装饰她的小屋子；但拍卖藏书的时候，篷葛朗绝不露面。他比那些承继人更乖巧，猜到他们贪得无厌，会把书价抬得太高的，便委托墨仑一个做旧货生意而已经来买过几批东西的人，专程到纳摩来。承继人们因为不放心，把书一部一部的出卖。三千册书没有一册不经过检查、察看，提着封面封底拼命抖动，看有没有夹在中间的纸张掉下来；书面书底，里封衬页，都严密查过。于絮尔拍进的东西，一共要付六千五百法郎左右，等于她在遗产中应当收进的款项的一半。书架交出之前，先从巴黎请了一个以识得暗机关出名的细木工专家来仔细检查。等到法官盼咐把书架和图书送往弥罗埃小姐家里，几个承继人又莫名其妙的害怕起来，直到以后看见于絮尔跟从前一样清苦，才算放心。

米诺莱买了老叔的屋子，价钱被其余两位承继人抬到五万，认为车行老板存心想在墙壁中得到什么藏金。协议书上还为此添加保留的条款。遗产清算完毕以后半个月，米诺莱把车行和牲口，一起卖给一个富农的儿子，自己搬进老叔的屋子；又为了装修和买家具，花了一大笔钱。可见米诺莱是自愿住在于絮尔近边，只和她隔着几步路的。

限期清偿的通知送达萨维尼昂母子的那天，米诺莱在第奥尼斯家里说道："希望这两个臭乡绅早点儿滚蛋！以后咱们再撵走别的。"

古鄙回答说："老婆子是十四代贵族之后，不愿意看着自己落魄的；她会上布勒塔尼去养老，到那边去替儿子娶个媳妇。"

当天早上替篷葛朗立了买契的¹公证人说："我看不会的；于絮尔才买了里李加寡妇的屋子。"

"该死的小丫头只想跟我们捣乱！"车行老板冒冒失失的嚷着。

古鄙看见那蠢笨的大汉做了一个气恼的姿势，觉得很奇怪，问道："她住在纳摩跟你有什么相干？"

米诺莱的脸红得像罂粟花，回答说："你不知道我儿子糊涂透顶，爱上了于絮尔。我愿意出三百法郎，叫她离开纳摩。"

单看这第一阵冲动，谁都懂得于絮尔尽管贫穷，隐忍，也要使有钱的米诺莱大不安宁了。米诺莱先是忙于清算遗产，出盘车行；接着又有许多意外的事需要奔走；为了买进医生的屋子和种种细节，又不免跟才莉争论；才莉为了儿子的前途，一心只想过体面生活。米诺莱这样的忙来忙去，和平时那种安静的生活大不相同，自然没有工夫想到他的受害人。可是，到五月中旬，搬进布尔乔亚街几天以后，他有一次散步回来，听见钢琴声，又看见蒲奚伐女人像守护宝物的神龙一般坐在窗口，便突然之间听到有

---

1 于絮尔尚未成年，不能自行置产。篷葛朗为法定保护人检察官的代表，故代于絮尔出面买进房屋。

一个讨厌的声音，在自己心里叫起来。

像车行老板那种性格的人，为什么一见于絮尔会立刻觉得受不了呢？于絮尔根本没疑心他偷过她什么东西。安于患难的那种伟大的精神，怎么会使他想要把她赶出纳摩呢？而这念头又怎么会带着仇恨与疯狂的意味？要解答这些问题，恐怕只要写一篇道德论文才行。也许失主在米诺莱近边住上一天，米诺莱就一天不敢自信为三万六千存息的合法持有人。也许米诺莱的被害人一日不去，米诺莱就一日不放心，隐隐约约的以为自己犯的案子必有机会被人识破？也许这个浑浑噩噩，近乎蛮子而从来没犯过法的人，看到于絮尔就觉得良心不安？也许因为米诺莱的家私远过于合法所得，所以他的内疚把他鞭挞得特别厉害？没有问题，他是把良心的骚动归咎于于絮尔一个人的，满以为只要于絮尔不在眼前，他的骚扰不宁的情绪就会消灭。再说，或许罪恶本身也要求圆满，作恶也要求有个结果：第一下伤了人，就会跃跃欲试的再来一下，致人死命。或许谋财与害命必然是相连的。米诺莱下手盗窃的时候，接二连三的事来得太快了，他完全没有加以思索，他的念头是事后才有的。可是，倘若你们能把这个人的相貌举动想象得非常真切，就不难懂得思想对他的作用是多么可怕了。何况良心的责备比思想还要深一层，引起内疚的那种情感，和爱情一样无法掩藏，而且是很专制的。米诺莱劫夺财产的行为没有经过考虑，现在见到这蒙在鼓里的被害人而自己心里觉得难堪的时候，也同样不假思索的想把她赶出纳摩了。米诺莱既然是个蠢汉，做事从来不想到后果，便受着贪心鼓动，一步一步往险路上走，好似一只野兽完全不想到猎人的狡黠，只倚仗自己的蛮力和行动的迅速。不久，一班在公证人第奥尼斯家聚会的有钱的布尔乔亚，发现这素来无忧无虑的家伙，态度举动都变了。

米诺莱是决意把那惊人的举动瞒着老婆的，所以老婆对人说："不知道米诺莱怎么回事，老是魂不守舍的！"

关于米诺莱的烦闷，各人有各人的解释；因为他有了心事，表现在脸上的倒的确很像烦闷。有的说是因为他一无所事的缘故；有的说是从忙碌突然一变而为清闲的缘故。一方面，米诺莱正在打算破坏于絮尔的生活；另一方面，蒲奚伐女人没有一天不跟于絮尔提起她应有的财产，没有一天不把于絮尔清寒的境况，和老主人替于絮尔安排的生活作比较，那是他生前亲口告诉她蒲奚伐的。

她说："还有一点，当然我这么说不是为了贪财；可是像先生那样好心的人，怎么会一点儿小东西都不留给我呢？……"

"你有了我，还不够吗？"于絮尔这样回答，不让蒲奚伐女人在这个问题上再讲下去。

于絮尔不愿意让金钱的念头沾污她亲切的、凄凉的、甜蜜的回忆，那是跟老医生的那张高贵的脸分不开的。小客堂里挂着于絮尔的绘画教师替老人画的速写像。于絮尔凭着新鲜活泼的想象，看到这幅速写等于永远看到她怀念不已的干爹，尤其屋子里到处都摆着老人心爱的家具：俗称为公爵夫人式的大沙发，书房里的家具，玩脱里脱拉的用具，还有干爹送的那架钢琴。和于絮尔做伴的两个老朋友，夏伯龙神甫和篷葛朗先生——她愿意接待的客人也只有这两个——在那些因为她悼念深切而差不多有了生命的遗物中间，他们仿佛是她过去的生活的两个生动的纪念品；而她是用受过干爹祝福的爱情，把现在和过去连在一起的。不知不觉减淡下来的惆怅的情绪，不久使她的岁月染上一种色调，把室内所有的东西结合在一片说不出的和谐中间：例如那种纤尘不染的清洁，极其对称的陈设，萨维尼昂每天送来的鲜花，几件高雅的小玩意儿，还有她的生活习惯反映在周围的事物上，而使居处显得可爱的，那股和平恬静的气息。吃过早饭，望过弥撒，她继续练琴、练唱；然后坐在临街的窗下刺绣。萨维尼昂不问晴雨，每天出外散步，下午四点回来，看到窗子半开着，便坐在外边的窗槛上，和于絮尔谈上半小时。晚上，神甫和法官来看她；但她从来不愿意萨维尼昂和他们一起来。包当丢埃太太听了儿子的话，想叫于絮尔跟他们同住，于絮尔没有接受。她和蒲奚伐两人日子过得很俭省：每个月全部开支不超过六十法郎。老奶妈不怕辛苦，洗衣服，烫衣服，样样都做。一星期只举火两次，留下饭菜吃冷的；因为于絮尔要每年省下七百法郎拨还屋价。这种谨严的操守、谦虚的态度，在享用奢豪、予取予求的生活之后，甘于过着清苦的日子，博得了某些人士的称赏。于絮尔受到大家的尊敬，没有一句闲言闲语牵涉到她。承继人们欲望满足了，也还她一个公道。萨维尼昂看到这么年轻的姑娘有这等刚强的性格，大为佩服。包当丢埃太太望过弥撒出来，不时和她说几句温存的话，请她吃了两次饭，亲自来接她。即使这还不能算幸福，至少日子过得很安静。篷葛朗拿出当年诉讼代理人的手段，把包当丢埃家的债务纠纷圆满解决了；这件事却触怒了米诺莱，使他对于絮尔的潜伏的怨恨，急转直下的爆发了。

等到遗产的事全部料清，治安法官却不过于絮尔的情，就来办理包当丢埃家的债务案子，答应于絮尔帮助包当丢埃母子渡过难关。但他因为老太太阻挠于絮尔的幸福，心里很气，到她家里去的时候，毫不隐瞒他这次帮忙完全是看在弥罗埃小姐面上。

他在枫丹白露挑了一个从前在自己手下当帮办的，做包当丢埃的诉讼代理人；撤销限期清偿的手续仍旧由他亲自主持。他要利用申请撤销与玛尚再度催告之间的一段时间，续订年租六千法郎的赁田契约，叫佃户拿出一笔小租，再预缴本期租约的最后一年田租。从此，韦斯脱牌局恢复了，地点是在包当丢埃家里，入局的除了法官，便是本堂神甫、萨维尼昂，和由篷葛朗与夏伯龙每晚接送的于絮尔。六月中，篷葛朗把玛尚控告包当丢埃的案子撤销了，立即签订新租约，年租六千法郎，期限十八年；又教佃户付了三万二千法郎小租。当天晚上，趁这件事还没透露风声，篷葛朗就去找才莉，知道她手头的现款没处存放，问她愿不愿意出二十二万法郎买下鲍第埃的产业。

米诺莱道："只要包当丢埃一家搬出纳摩，我立刻成交。"

"为什么？"法官问。

"我们希望镇上不要再有贵族。"

"我好像听老太太说过，一朝事情解决了，凭她剩下的一些钱，只能搬到布勒塔尼去住。她还说要出卖屋子呢。"

米诺莱道："就卖给我罢。"

才莉道："你的口气倒像是当家的。你要两所屋子干吗？"

法官接着说："倘若你们今天晚上对鲍第埃的事不作决定，我们的租约就会有人知道，三天以内又要受到控告，而我一心想办妥的这桩清算的事就不成功了。所以我马上要到墨仑去，我有几个相熟的庄稼人，闭着眼睛都会把鲍第埃买下来的。这样，你们在罗佛地区买进三厘利息田产的机会，可就错过了。"

才莉道："既然你有主顾，干吗来找我们呢？"

"因为你们有现款，不比我那些老主顾，要几天工夫才能张罗十二万九千法郎。我不愿意事情拖泥带水的。"

"叫她离开纳摩,我立刻拿出这笔钱来。"米诺莱又说了一遍。

"你知道我不能约束包当丢埃他们的意志,"篷葛朗回答,"可是我断定他们将来不会留在纳摩的。"

米诺莱听了这句肯定的话,又被才莉在臂弯上推了一下,便答应拿出现钱来,替包当丢埃家还清欠老医生的债。接着大家到第奥尼斯的事务所去立契,踌躇满志的法官又叫米诺莱接受新订的赁田契上的条件:那时米诺莱夫妇才发觉损失了最后一年租金,可是太晚了。六月底,篷葛朗把决算确认证书和余下的款子十二万九千法郎,交给包当丢埃太太,劝她买五厘公债,每年可以有六千法郎利息。萨维尼昂的一万法郎也买了同样的债券。老太太清算的结果,非但收入没有损失,反而多了两千法郎;母子两人也就在纳摩住下去了。

米诺莱以为受了骗,仿佛法官是知道于絮尔住在纳摩会使他受不了的;米诺莱气愤交加,越发把于絮尔恨如切齿。这就开始了那幕隐蔽的,但后果非常可怕的戏剧;这戏剧骨子里只是两种感情的斗争:一种感情驱使米诺莱把于絮尔逐出纳摩,另外一种感情使于絮尔鼓足勇气忍受迫害,迫害的原因在某一时期内简直无从猜测。这是一个离奇古怪的局面,以前多多少少的事都是往这个局面发展,替它作准备、作序幕的。

17

内地人的恶毒

米诺莱太太从丈夫那儿得了一笔礼物：一套银器和一套餐具，大约值到两万法郎。她每逢星期日必定大排筵席，因为那天当助理检察官的儿子总得带几个枫丹白露的朋友到家里来。为那些丰盛的酒席，才莉特意从巴黎定几样稀罕的菜，使公证人第奥尼斯也不得不学她的气派。古鄙直到七月底，前任车行老板过了一个月布尔乔亚生活之后，才受到邀请；在此以前，米诺莱一家都避之唯恐不及，认为他是无赖，有伤他们体面的。古鄙对于这种有心的遗忘已经不痛快了，还得对但羡来尊称为"您"。因为但羡来自从进了衙门，便是在家里也摆出俨然和傲慢的神气。

古鄙问助理检察官："那么您是把埃斯丹忘了，专心爱弥罗埃小姐了？"

检察官回答："先生，第一，埃斯丹已经死了。其次，我从来没想到什么于絮尔。"

"啊，啊！米诺莱老头，你以前跟我怎么说的？"古鄙很不客气的嚷着。

米诺莱扯的谎被这么一个可怕的人当面揭穿，差点儿惊惶失措；幸亏那天请古鄙吃饭是有计划的，因为想起古鄙以前的提议，说他能破坏于絮尔和萨维尼昂的婚事。米诺莱便一言不答，拉着古鄙走到园子的尽里头。

他说："朋友，你转眼就是二十八了，还没走上成家立业的路。我希望你好，因为你是我儿子的老朋友。听我说：倘使你能够教弥罗埃小姐嫁给你——她也有五万法郎财产呢——我可以起誓，帮你在奥莱昂盘进一个公证人的事务所。"

古鄙回答："奥莱昂不行，那边我不容易出头；还是蒙太奚……"

米诺莱抢着道："不要蒙太奚，桑斯倒还……"

"桑斯就桑斯！"那奇丑无比的帮办回答，"那儿有个总主教；热心宗教的地方，我不讨厌：只要拿出一副假仁假义的面孔，就容易有生路。何况那姑娘是个热心的教徒，到那边一定有发展。"

"当然，必须等我们表妹出嫁的时候，我才拿出十万法郎来；我要帮助她，表示我对老叔的敬意。"

"为什么不连带酬谢酬谢我呢？"古鄙的神气很阴险，他疑心米诺莱这件事必定别有用意，"你在罗佛古堡四周能买进两万四收入的一大块田产，方方正正，不跟别人的田交错，不是全靠我通风报信吗？既然洛昂运河对岸，你还有草原和磨坊，那块田还能增加一万六千收入。喂，老头儿，你可愿意跟我真心相见？"

"怎么不愿意！"

"告诉你，为了要你知道我的厉害，我正在替玛尚安排，准备把罗佛全部买下来：猎场、花园、森林、后备猎场，统统在内。"

"你敢?"才莉闯过来嚷着。

古鄙像毒蛇似的把她瞪了一眼,说:"哼!只要我高兴,明天玛尚花二十万就把那些都买下了。"

"你走开,我跟他谈得很好呢……"大个子米诺莱抓着才莉的胳膊,把她推走了,回过来对古鄙道:"我们这一晌事情太多,没想到你;可是我相信你的友谊一定会帮我们买进罗佛的。"

古鄙很狡猾的说:"不错,罗佛从前是侯爵的封邑;到你手里,一年就有五万法郎收入,产业本身值到二百万以上。"

"那时,咱们的助理检察官不是娶一个法兰西元帅的女儿,便是娶一个旧世家的独养女儿,能够帮他升调到巴黎去。"车行老板说着,打开他的大鼻烟壶,送到古鄙面前。

古鄙吸了烟,弹着手指,嚷道:"那么咱们是不是真心相见呢?"

米诺莱握着古鄙的手,回答:"君子一言为定!"

也算米诺莱运气,古鄙像一切机灵的人一样,以为米诺莱看见他捧出玛尚来跟他作对,才把于絮尔的亲事做借口,跟他讲和。

他心上想:"那句谎话不是他想出来的,分明是才莉教的。好吧!丢开玛尚。不出三年,我可以当选桑斯的议员了。"他看见篷葛朗到对门去打韦斯脱,便奔到街上,对他说:

"亲爱的篷葛朗先生,你对于絮尔·弥罗埃很热心,不会不关切她的前途。现在有一头亲事在这里:对方是个公证人,将来在一个首府的城里开业。三年之内,他保证当选为议员,立婚书的时候就能给妻子十万法郎。"

篷葛朗冷冷的答道:"于絮尔的前途比这个好多呢。包当丢埃太太自从家中出事以后,身体比以前差多了,从昨天起她又老了许多,这样郁郁闷闷下去是活不久的;萨维尼昂一年还有六千法郎收入,于絮尔有四万现款,我将来替他们用玛尚那种办法存放,可是规规矩矩的;要不了十年,他们也能有一份小小的家私了。"

"那么萨维尼昂真是胡闹了,放着好好的亲事不要!像罗佛小姐那样的独养女儿,叔父叔母给她留着两份丰厚的遗产,包管萨维尼昂一说就成。"

"拉·封丹说的好:有了爱情就忘了谨慎。"篷葛朗为了好奇,又追问一句:"可是你说的那公证人是谁呢?因为……"

"就是我呀。"古郿回答;法官听着打了一个寒噤。

"是你?……"篷葛朗说着,并不隐藏他要为之作呕的神气。

"不错!先生,就是小弟。"古郿眼中全是怨毒、憎恨和挑战的意味。

于絮尔在小客堂里坐在包当丢埃太太身旁,篷葛朗一进去就问她:"有个公证人向你求婚,预备拿出十万法郎,你可愿意吗?"

于絮尔和萨维尼昂都浑身一震,你望着我,我望着你:于絮尔带着笑容,萨维尼昂也不敢露出不安的神色。

"我不能自己做主的。"于絮尔回答,同时避着老太太的眼睛向萨维尼昂伸出手去。

"我问都没问你,就回绝了。"

包当丢埃太太道:"为什么?孩子,我觉得公证人这一行挺不错呢。"

于絮尔答道:"我宁可过着清寒的日子。跟可能的遭遇相比,我这生活已经很富足了。有老奶妈照料,我不用担什么心事;我喜欢眼前的生活,才不想拿这个生活去换一个渺茫的前途呢。"

第二天,邮局送出两封匿名信,在两个人心里下了两剂毒药:一封给包当丢埃太太,一封给于絮尔。老太太收到的信是这样的:

> 你爱你的儿子,要攀一头门第相当的亲事,可是你放任他迷着一个没有财产而野心很大的女孩子,让一个军乐师的女儿于絮尔在你家里出入!其实你很可以娶罗佛小姐做媳妇,她的两位长亲,龙葛洛侯爵和罗佛骑士,每人都有三万法郎进款,因为不愿意留给挥霍成性的老疯子罗佛先生,有心等侄女出嫁的时候送她一笔陪嫁。格莱芒蒂·杜·罗佛小姐的姑母是赛莱齐太太,她的独养儿子最近在阿尔及尔阵亡了,将来一定会过继内侄女的。写这封信的人无非为了你们的好,他知道罗佛家对萨维尼昂很有意思。

以下是于絮尔收到的信:

> 亲爱的于絮尔,纳摩镇上有一个崇拜你的青年,每次看到你在窗下工作,不能不感到一股热情,因此他知道自己的爱情是终身不变的。这青年有的是刚强的意志,百折不回的毅力:希望你接受他的爱情,因为他用意纯洁,很谦卑的向你求婚,目的是要你幸福。他目前

的财产已经很可观，但比着你做了他妻子以后的财产，还不过是个小数目。有朝一日，你能以部长夫人的身份出入宫廷，成为全国第一流的太太。他每天看到你，可是你看不到他；你只要把蒲奚伐种的石竹摆一盆在窗口上，他就会登门拜见。

于絮尔把信烧了，没有告诉萨维尼昂。两天以后，她又收到一封信：——

亲爱的于絮尔，一个爱你胜过爱自己生命的人写信给你，你不应当置之不理。你以为能嫁萨维尼昂，真是大错特错了。这桩婚姻不会成功的。包当丢埃太太不会再接见你了；她虽是有病，今天早上还是步行到罗佛去，为萨维尼昂向罗佛小姐求婚。萨维尼昂早晚要让步的。他有什么理由反对呢？罗佛小姐的两位长亲，决定在婚书上保证把财产送给她，总数有六万法郎一年的收入。

这封信使于絮尔尝到了嫉妒的滋味，那是她从来没受过的痛苦，为之心都碎了；而在一个性格这样复杂，这样易于感受的人身上，一朝有了妒忌的心，她的现在、未来，甚至于过去，都变成了灰色。她一收到这封不祥的信，就坐在老医生的大沙发上，眼睛望着空中，堕入痛苦的幻想。一刹那之间，她觉得美好和热烈的生气一变而为死亡的凉意。而且她的感觉比这个还要可怕；古怪的天才约翰·保尔，在他的杰作中描写一批死人，因为发觉没有上帝而惊醒过来[1]：于絮尔的情形就跟这个一样。蒲奚伐催她吃饭催了四次，只看见她把面包拿起来放下去，没有能送到嘴里。奶妈想说句埋怨的话，于絮尔却做了一个手势，把她喝阻了，素来很温和的口气居然变得很专横。蒲奚伐凑着门上的玻璃暗中觑视，只见她忽而满面通红，好像发着高热，忽而脸色发紫，仿佛热过一阵又打着寒噤。这情形到四点左右越发严重：她时时刻刻站起身子，看萨维尼昂是不是来了，而萨维尼昂竟是不来。嫉妒与怀疑使她忘了情人的羞怯。至此为止，于絮尔绝不肯流露出什么举动，让人猜到她的热情的；那时却戴了帽子，披了小围巾，冲到过道里预备上街去接萨维尼昂了；但是羞怯的心理并没完全消灭，她又回进小客厅，哭了。晚上神甫来的时候，可怜的奶妈在门口拦着他，说道：

"啊！神甫，不知道小姐是怎么回事，她……"

"我知道了。"神甫凄然回答，不让惊慌的奶妈再往下说。

于是夏伯龙把于絮尔不敢查问的事说了出来：包当丢埃太太上罗佛家吃饭去了。

"萨维尼昂呢？"

"也去了。"于絮尔浑身一震；夏伯龙神甫像触电一般也跟着打了个寒噤，心里很难过，久久不能消释。

"所以咱们今晚不到她家里去了，"神甫说，"并且，孩子，你最好不必再去。老太太以后接待你的态度，会伤害你的自尊心的。我们已经把她劝得动心了，肯提到你的婚事了；不知道哪儿来的一阵风，使她突然之间又变了主意。"

---

[1] 德国作家约翰·保尔·李赫忒（1763—1825）在《梦》中描写死人们从坟墓里出来，叫道："噢，基督！难道没有上帝吗？"基督回答："没有上帝。"

于絮尔声调很坚决的说:"我准备听天由命,把什么事都看作意料之内。遭到这种患难而知道自己并没有得罪上帝,就是大大的安慰了。"

"好孩子,你得逆来顺受,不要随便去猜测天意。"

"我不愿意疑心包当丢埃先生的人格,冤枉他……"

"干吗不叫他萨维尼昂了?"神甫觉得于絮尔的口吻有些气愤。

她哭着说:"对,我不愿意疑心我亲爱的萨维尼昂。"说到这里竟号啕大哭了。"好朋友,我心里还认为他的品格和出身一样高尚。他不但亲口说过只爱我一个人,并且还有事实证明,因为他对我非常体贴,甚至拿出牺牲精神来克制他的热情。最近篷葛朗先生和我说起有个公证人提亲,我伸出手去让他握着,这是我破题儿第一遭的举动,我可以向你发誓。固然,他开场是和我取笑,隔着街送了我一个飞吻;但从此以后,他的感情没有越出最严格的范围,那是你知道的。除了那个只有天使看得见的一角之外,你把我的心都看得明明白白,我可以告诉你:他的感情使我精神上得到许多好处,它使我甘于贫苦,减轻了我身遭大丧的悲痛,这丧事表现在我孝服上的,远过于我心中的。噢!那是不应该的。我心中的爱情的确超过我对干爹的感激,所以上帝给了我报应。有什么办法!我自命为萨维尼昂的妻子;我太得意了,也许上帝便是惩罚我的骄傲。你刚才说得好,我们的行动只应该把上帝作中心和归宿的。"

神甫看见她惨白的脸上淌着眼泪,不由得很感动。可怜的姑娘以前越是十拿九稳,这一下越是失望得厉害。

她接着说:"可是一旦回到了做孤儿的地位,我自然能恢复做孤儿的心情。我不能做我爱人的绊脚石！他待在这里有什么出息？我是什么人，敢对他存着奢望？何况我对他的友情那么深厚，尽可以把我的幸福和希望完全牺牲！……你知道，我常常责备自己把我的幸福建筑在别人的坟墓上面，明知道要等那位老太太死了，我的美梦才能实现。如果有个女子能够使萨维尼昂有钱、有福，我所有的一些财产正好作为我马上进修道院的捐献。天上没有两个主宰，女人的心中也不应当有两次爱情。修道的生活倒也很能吸引我。"

"他总不能让母亲一个人到罗佛去啊。"好心的神甫声气柔和的说着。

"咱们不谈了罢，神甫。今天晚上我要写信给他，还他自由，能够把这堂屋的窗关起来，我也很高兴。"

于是她把匿名信的事告诉神甫，声明她不愿意追究那个不相识的情人。

神甫叫道："哎！包当丢埃太太也收到了一封匿名信，才上罗佛去的。我看，准有些恶毒的人在阴损你。"

"为什么呢？我和萨维尼昂又没得罪过人，跟地方上的利害冲突也早完了。"

"不管它，孩子；既然一阵狂风把我们的聚会吹散了，趁此机会整理整理咱们老朋友的藏书也好。现在都堆在那儿，让我和篷葛朗两人理起来，我们还想在里头细细找一找呢。你应当信托上帝；同时也别忘了，我和法官始终是你忠实的朋友。"

"这已经了不起了。"她说着，把神甫直送到过道外边的门口，像窝里的鸟儿一样往外探了探头，还希望能看到萨维尼昂。

米诺雷和古鄙刚从草原上散步回家，走过这儿停下来；米诺莱对于絮尔说：

"怎么啦，表妹？——咱们终究是表亲，是不是？——你好像变了。"

古郿瞅着于絮尔，火辣辣的目光把她吓了一跳：她一言不答，回进去了。

"她脾气犟得很。"米诺莱对神甫说。

"弥罗埃小姐不站在大门口跟男人说话是不错的；她年纪还太轻……"

古郿道："哦！你不知道她情人倒不少呢。"

神甫马上行了礼，急急忙忙向布尔乔亚街走去。

古郿对米诺莱道："行啦，药性发作了，她已经面无人色；不到半个月，准会离开这儿。你等着瞧罢。"

古郿脸上的狞笑，和约瑟·勃里杜画的歌德的曼菲斯托番一样，有种恶魔式的表情；米诺莱看着害怕了，嚷道："的确，跟你做不得冤家，还是交朋友的好。"

"当然啰，她要不嫁给我，我就教她郁郁闷闷的不得好死。"

"好，小家伙，你干就是了；我给你一笔资本到巴黎去当公证人。那时你可以娶一个有钱的女人了……"

古郿听了很奇怪，问："可怜的姑娘！她什么地方得罪了你呢？"

米诺莱用了一个粗野的字儿，意思是说："我看见她就讨厌！"

"等下星期一，你看我怎么收拾她！"古郿说着，打量着车行老板的脸。

第二天，老婆子蒲奡伐上萨维尼昂家，送给他一封信，说道："不知道我那姑娘跟你说些什么；她今儿早上简直像死人一样。"

从这封写给萨维尼昂的信上,谁都想象得出于絮尔隔天夜里所受的痛苦。

亲爱的萨维尼昂,听说你母亲要你娶罗佛小姐,也许她这么办是对的。你面前摆着两条路:一方面是近乎贫苦的生活,一方面是富裕的生活;一方面是你自己选择的妻子,一方面是适合社会惯例的妻子;一方面是服从你的母亲,一方面是根据你自己的选择,因为我还自认为被你选中的。萨维尼昂,如果你要有所决定,我要你完全自由的决定,不受一点儿约束:我允许你收回过去的话,那是你对你自己说的,不是对我说的;你发那个心愿的时间,我永远忘不了,而且和那天以后的许多日子一样,在我记忆中是极纯洁的、甜蜜的,这个回忆就够我一辈子消受了。假使你一定要守约,从今以后就有一个可怕的、不祥的念头,破坏我的幸福。清苦的生活,今天你是欣然接受的,但你将来可能想到,倘若遵守了社会的惯例,你的处境会变成另外一个样子。你把这种念头说出来罢,等于把我宣告死刑;不说出来罢,只要你额上有一丝半丝皱痕,我就会多心。亲爱的萨维尼昂,我在世界上最爱的就是你。我可以那样爱你,因为干爹虽则有些忌妒,仍旧和我说:"孩子,你爱他罢!你们俩迟早会结合的。"上巴黎去的时候,我爱着你,可不存什么希望,单单那感情已经使我满足了。我不知道现在我是否能再回到那个境界,但我一定努力做去。

眼前我们之间是什么关系呢?还不是兄妹而已?好,咱们就至此为止罢。你尽管去娶那个有福的姑娘,她可以使你们的姓氏得到应有的光彩,而我是,照你母亲说来,要减少它的光彩的。你从此再也不会听到我的消息。社会的舆论一定赞成你。我,我永远不会责备你,我永远爱你。即此告别!

"你等一等!"萨维尼昂说着,做手势叫蒲奚伐坐下。他立刻写了一个字条:

亲爱的于絮尔,来信使我非常难过,因为你自己找了许多不必要的痛苦,而且破天荒第一次,我们俩的心居然不一致了。你没有嫁过来,只因为我不得母亲同意不能结婚。有了八千法郎进款,在洛昂河边找一所小屋子住下,难道这不是一份产业吗?我们早打算过,叫蒲奚伐当家,我们一年能积蓄五千法郎。当初在你姑丈的园子里,你有天晚上答应做我的未婚妻,所以我们中间共同的约束,你不能片面解除。昨天我清清楚楚告诉罗佛先生,即使我是自由之身,也不愿意从一个不认识的少女手里得一份家私!我母亲不愿再接待你了,我没福气看到你每晚光临了。可是靠着窗口和你立谈几分钟的快乐,请你不要加以剥夺……我今晚来看你。世界上无论什么都不能使我们分离。

"快走罢,老妈妈。不能让她多操一分钟的心……"

萨维尼昂为了要打于絮尔窗下过,每天都出去散步。当天下午四点,他散步回来,发觉情人经过了意外的风浪,脸色有点儿苍白。

她说:"至此为止,我似乎还没体会到和你相见的乐趣。"

萨维尼昂微笑着答道:"你曾经告诉我,因为你每句话我都记得;你说:'没有耐性,爱情就不会成功。我等着就是了!'好孩子,难道你现在把爱情和信心分开了吗?……好啦,咱们的误会消释了。你一向以为我爱你不及你爱我。我可曾疑心过你?"他说着,递给她一束野花,扎束的款式显出他的确是一片至诚。

"你没有理由可疑心我啊,"接着她声音很慌乱的补上一句,"并且你还有所不知。"

她已经通知邮局,一切信件都不收。但萨维尼昂走了,她目送他从布尔乔亚街拐进大街以后,过了一会,不知由于什么妖术,她竟在大沙发上看到一张字条,写着:"**小心点儿!受到轻慢的爱人比老虎还凶猛。**"萨维尼昂虽是一再央求,于絮尔为谨慎起见,仍不愿意把那个使她提心吊胆的秘密告诉萨维尼昂。于絮尔以为爱情破裂了而结果仍旧见到爱人,当然感到说不出的快乐;唯有这快乐才能使她把刚才为之毛骨悚然的恐怖暂时忘掉。等待一桩渺茫的灾难,谁都觉得是不堪忍受的毒刑。因为不知道灾难究竟是怎么样的,痛苦的范围似乎更大了;凡是不可知的事,我们心中都觉得它无穷无极。对于于絮尔,那简直是最大的痛苦。她听到一点儿声响,心就直跳;便是寂静无声,她也害怕,甚至疑心墙壁也在那里捉弄她。临了,她恬静的睡眠也受到打扰。古鄢不知道她身心像花一般的娇嫩,只凭着他作恶的本性,找到了一种把她摧残,致她死命的毒药。

下一天平静无事。于絮尔弹琴弹得很晚,上床的时候差不多放心了,同时也瞌睡得厉害。半夜光景,一支单簧管,一支双簧管,一支长笛,一只唧筒号,一只伸缩号,一支低音笛,一支银笛,一块三角铁,合奏齐鸣,把于絮尔惊醒了。所有的街坊都扑在窗口张望。可怜的孩子看到街上挤着一大堆人已经骇坏了,再听到一个男人用嘶嘎的声音嚷着:"于絮尔·弥罗埃!这是你情人送给你的!"更好像当胸挨了一棍。

第二天是星期日,镇上谣诼纷纷;于絮尔进教堂出教堂,都有大群的人在广场上争着注意她,用令人难堪的神气打量她。大家对那个半夜音乐会七嘴八舌,各人有各人的猜测。于絮尔半死不活的回到家里,从此不出门了;神甫劝她在自己屋里做晚祷。一进门,她在铺着地砖的过道中,看见门底下塞着一封信;她捡起来,为了想弄清底细,又把它念了。像下面那样可怕的字条,她看了有什么感觉,哪怕最麻木的人也不难猜想到。

> 你还是俯首帖耳,做我的妻子罢:既有钱财,又受疼爱。我非要你不可。即使你活着不为我所有,你死了还是我的。你的苦难都是你的拒绝招来的,并且苦难将来还不限于你一个人。
>
> 爱你而你必有一日归他所有的人上

事情真奇怪:正当这个温柔和顺的牺牲者,被人当作残花败叶一般作践的时节,玛尚、第奥尼斯、克莱弥埃家的几位小姐,反倒羡慕于絮尔的遭遇。

她们说:"她好福气。大家都在关心她,讨她喜欢,为了她你争我夺！听说那半夜音乐会好听得很！还有一个唧筒号呢！"

"什么叫作唧筒？"

"一种新时行的乐器。瞧，有这么大。"安日丽纳·克莱弥埃向巴眉拉·玛尚解释。

萨维尼昂一早就上枫丹白露去打听，是谁把当地军营里的音乐师请出来的；但每种乐器都有两个乐师，没法知道到纳摩去的到底是哪一个。上校下令，从今以后，乐师不得他许可不准为私人演奏。萨维尼昂跟于絮尔的法定监护人检察官谈了谈，说明这一类的捣乱对一个如此娇弱如此敏感的姑娘，影响如何严重，要求检察官运用职权，追究那次音乐会的主使人。三天以后，半夜时分又有三架小提琴，一支横笛，一架吉他，一支双簧管，来了一次音乐会。这一回，奏乐的人是往蒙太奚方面溜走的，那儿正好有个过路的戏班子驻扎。两个曲子之间，有一个人用着刺耳的、喝醉了酒的声音叫道：

"这是送给军乐师弥罗埃的女儿的！"

于絮尔父亲的职业，米诺莱老医生一向讳莫如深，瞒着人，这一下却在纳摩镇上变得家喻户晓了。

事后，萨维尼昂并不上蒙太奚去；当天他收到一封从巴黎寄来的匿名信，恐吓他说：

> 你决计娶不成于絮尔的。你要留她一条命，就得趁早退让；人家对她的爱情比你深得多；他为了讨她喜欢，已经改行做音乐师了；他宁可置于絮尔于死地，也不让于絮尔落在你手里。

这时，纳摩的医生一天要到于絮尔家出诊三次：她受了这些暗算，生命都有危险了。温柔的少女觉得自己被一双毒手推入泥洼，却取着殉难者的态度：一声不出，眼睛望着天，哭也不哭了，只等人家来打击；同时她做着热烈的祈祷，希望一死以求解脱。

篷葛朗先生和本堂神甫，尽量抽出时间来陪她。她和他们说："我不能下楼，倒觉得很高兴；要不然，他会到客厅里来的，而他平时祝福我的那种眼神，我已经不配领受了！你们想他会疑心我吗？"

篷葛朗道："萨维尼昂要是查不出主犯，预备请巴黎的警察局来侦缉。"

她回答："那些人也该知道已经伤了我的命，可以安静些了。"

神甫、篷葛朗、萨维尼昂，作着种种猜测和假定，搅糊涂了。萨维尼昂、蒂安纳德、蒲奚伐女人和两个忠于本堂神甫的人，一边刺探，一边戒备了一星期；可是古鄙绝对不露痕迹，所有的奸计都是他一个人策划的。在朋友中间，篷葛朗第一个以为那主犯看着自己的成绩害怕了。于絮尔苍白的脸色和衰弱的身体，已经跟害痨病的英国少女一样。大家的照顾松懈了。匿名信和半夜音乐会都不来了。萨维尼昂认为那些鬼蜮伎俩的中止，一定是检察官的暗中采访发生了作用；他把于絮尔、他母亲和他自己收到的信都呈了上去。可是休战的时期并不久。正当医生把于絮尔神经性的寒热止住，她重新打起精神的时候，七月中旬的某一天早上，于絮尔的窗外竟挂着一座软梯。据夜里赶班车的马夫说，他经过的当口，有个矮小的男人正从梯子上往下爬；马夫很想停下来；无奈于絮尔的屋子正在桥堍的转角上，而牲口一下桥又往前猛冲，直冲出镇外一大段路。

第奥尼斯的沙龙里传出一种意见，认为玩这些手段的是罗佛侯爵；他那时处境艰难到极点，有些约期票落在玛尚手中；倘若女儿马上嫁了萨维尼昂，罗佛古堡就不至于被债权人扣押。大家又说，凡是使于絮尔出丑和受辱的事，包当丢埃太太看了心里都高兴的。但事实上，老太太看到年纪轻轻地姑娘快死下来，反倒软心了。夏伯龙为了最后那个毒计，难过之极，病倒在床上，几天不能出门。可怜的于絮尔，受着这一下卑鄙的打击，复病了。她从邮局收到神甫一封信，因为邮局认得神甫的笔迹，把信送给了于絮尔：

孩子，你还是离开纳摩，免得再受那些不相识的敌人暗算。萨维尼昂的性命说不定也会有危险。这些事，等到我能来看你的时候再细谈。

下面的署名是：**你忠诚的夏伯龙。**

气得发疯一般的萨维尼昂赶去见神甫，可怜的神甫看到有人把他的笔迹和签字学得一模一样，骇坏了，把信念了又念；他根本没有写信，即使写了也不会交给邮局寄的。这个凶狠的手段加重了于絮尔的病，萨维尼昂不得不带着捏造的神甫的信，再去向检察官求救。

他对检察官说："这明明是件谋杀案，所用的手段是法律没有料到的，被害人却是一个由法律委托你保护的孤儿。"

检察官回答："如果你有什么制裁的办法，我一定采用；我可想不出！那个躲在幕后的恶棍，说的话倒是不错：还是把弥罗埃小姐送到这儿来，托圣体修院的女修士们照料。一方面我通知枫丹白露的警察局长，准你携带武器，保护自己。我亲自去过罗佛，罗佛先生对于外边猜疑他的话非常愤慨，那也难怪他。我的助理的父亲米诺莱，要买他的古堡，正在谈判。罗佛小姐决定嫁给一个有钱的波兰伯爵。我上罗佛去的那天，罗佛先生正要离开乡下，免得为了债务而受拘押。"

但羡来被上司询问之下，不敢把心中的意见说出来：他猜到那是古鄙干的。只有古鄙，做事才会在法网周围绕来绕去而不堕入法网。那时古鄙看到自己逍遥法外，事情做得又隐秘又成功，胆子愈来愈大了。这阴险的帮办唆使玛尚控告罗佛侯爵，玛尚不知是计，听了他的话；古鄙的目的却是要逼侯爵把剩下的田产卖给米诺莱。古鄙跟桑斯城内的一个公证人，对于受盘事务所的问题初步谈了一下；然后决定使出最后一着棋子，把于絮尔弄上手。他想学某些巴黎青年的榜样，用强抢的手段，人财两得。仗着他替米诺莱、玛尚、克莱弥埃都出过力，又有纳摩镇长第奥尼斯做后援，便是闹出事来也不难收拾。因此他决意拉下面具，以为于絮尔已经被他折磨得那么衰弱，绝对抵抗不了的了。

但是冒险做这个丑恶的把戏之前，他觉得应当趁着陪米诺莱签订合同以后初次上罗佛去的机会，先跟米诺莱谈一谈。那时米诺莱刚接到儿子的一封密书：他对于絮尔事件先要打听一些消息，再亲自陪检察官到纳摩来，把于絮尔送往修道院，免得再受侮辱。助理检察官说，万一迫害于絮尔的人是他们的朋友，希望父亲劝劝他；因为法院即使不能惩罚，至少能调查明白，把事情记在账上的。

米诺莱已经实现了一大愿望。罗佛是迦蒂南区域最美的古堡之一，从今以后他做定了罗佛的主人翁，还在猎场四周集中了几块良田美产，每年有四万多法郎收入。所以这大汉尽可把古鄙一脚踢开。他预备住到乡下去，那就不会再想到于絮尔而心里不舒服了。

他一边在罗佛的平台上踱来踱去，一边对古鄙说："喂，小家伙，别再跟我表妹为难了！"

"嗯？……"古鄙简直猜不透米诺莱这种古怪的行为；原来一个人的愚蠢也有莫测高深的地方。

"噢！我不是无情无义的人；这座六十万还盖不起来的古堡，你帮我花二十八万就买下了，还有附属的田庄、猎场、后备猎场、花园、森林……哦！这样罢……我给你一成佣金，两万法郎；你拿这笔钱可以在纳摩盘进一个书办的事务所。我再担保你跟克莱弥埃家攀亲，娶那个顶大的姑娘。"

"就是说唧筒的那个吗？"

米诺莱回答："不管这些，我表妹给她三万法郎陪嫁是真的。小家伙，你瞧，你是生来做书办的，好比我是生来做车行老板的：一个人总不能离开他的本行。"

古鄙一跤从云端里直跌下来，答道："好吧，这儿有的是契纸，你签一张两万法郎的约期票给我，我好拿了现款去谈判。"

米诺莱瞒着老婆的那部分公债，正好有半年的息金一万八千法郎可以收进；他以为这么一来，就把古鄙给打发了，便签了约期票。古鄙眼看布尔乔亚街上那个低能的大胖奸雄得意忘形，架子十足，便和他说了声再会，用那副只有暴发的糊涂蛋见了不会发抖的目光，把他瞪了一眼。他却是站在平台上，居高临下的眺望着园林，眺望着那座路易十三式宫堡的壮丽的屋顶。

他看见古鄙走回去了,嚷道:"怎么,你不等我啦?"

"你会碰到我的,老爹!"未来的书办回答;他心里又想报复,又想把大胖米诺莱变化多端、莫名其妙的行为,摸清底细。

18

两方面的报复

自从最恶毒的诬蔑毁坏了于絮尔的名节以后,于絮尔就害着一种无法解释的,从精神方面来的病,很快的到了九死一生的阶段。脸色白得像死人一般,难得又轻又慢的说几句话,睁着柔和而没有神采的眼睛,浑身上下,连脑门在内,都显出她心里转着一个悲痛的念头。每个时代的人都认为处女头上有一顶贞洁的花冠;于絮尔以为这个理想的冠冕掉下了。在静寂中,在空间,她仿佛听到不干不净的闲话,不怀好意的议论,街头巷尾嘻嘻哈哈的笑声。这个担子她是负不起的;她把清白两字也看得太重了,受了这种伤害是活不下去的。她不再怨叹,嘴角上堆着一副痛苦的笑容,眼睛常常望着天,好像是把人间的横暴告诉上帝。

古鄙回到纳摩那天,于絮尔由蒲奚伐和医生两人扶着,从卧房走到了楼下。那是为了一桩大事。包当丢埃太太要来看她,安慰她,因为知道她受的侮辱虽不及克拉利斯·哈罗那么残酷[1],也已经命在旦夕了。上一天夜里,萨维尼昂口口声声说要自杀,布

---

[1] 英国十八世纪理查逊的小说中,克拉利斯·哈罗,被浪子勒佛雷斯诱至失身,旋即后悔,终于贫病潦倒而死。

勒塔尼老太太也为之屈服了。同时她觉得以自己的身份而论，应当鼓励一个这样纯洁的姑娘，给她添些勇气；而她亲自去看于絮尔，还能把镇上的居民所造成的损害抵销一部分。她的意见，当然比众人的意见影响大得多，能叫人感觉到贵族的力量。于絮尔从夏伯龙神甫嘴里一知道这个消息，病况就突然好转，连绝望的纳摩医生也觉得有了希望，他原来已经说要请几位巴黎最有名的医师来会诊了。众人把于絮尔安顿在他干爹的大沙发上。像她那种性质的美貌，在丧服与痛苦之中倒反胜过平日快乐的时候。萨维尼昂搀着他母亲一进门，年轻的病人脸上立刻有了血色。

"孩子，你别站起来，"老太太带着命令的口吻说，"不管我自己病成怎样，虚弱到怎样，我还是要来，把我对最近这些事的感想告诉你：我认为你是迦蒂南地区最圣洁最可爱的姑娘，你的品德足以促成一个世家子弟的幸福。"

于絮尔先是答不出话来，只吻着萨维尼昂母亲的干枯的手，掉了几滴眼泪在上面。

"啊！太太，"她有气无力的说，"倘若没有早先的许愿给我鼓励，我绝不敢有那么大的胆子，妄想高攀；我没有什么家世门第，只有一片深情；可是人家竟毁坏我的名节，把我和我所爱的人永远拆散了……我不愿……"于絮尔说到这里，声调沉痛，使在座的人听了都很难过，"我不愿意声名受了污辱再嫁人，不管嫁的是谁。我的爱情太过分了……在我现在这情形之下可以老实说了：我爱一个男人差不多跟爱上帝一样。所以上帝……"

"得啦，得啦，孩子，别毁谤上帝！"老太太鼓足了勇气又道，"算了罢，我的儿，那些下流无耻的恶作剧，谁也不会信以为真，你何必这样夸张？我向你担保，你一定能活下去，而且会幸福的。"

"你会幸福的！"萨维尼昂跪在于絮尔面前，吻着她的手，"我母亲已经把你叫作我的儿了。"

医生过来按了按病人的脉搏，说道："好啦好啦，过分的快乐对她也是危险的。"

这时，古鄙看见过道的门半开着，便进来推开小客厅的门，伸出一张原来就丑恶，再加一路上想着报复的念头而格外紧张的脸。

"包当丢埃先生！"古鄙的声音好似一条在洞里受着威逼的毒蛇。

"什么事？"萨维尼昂站起来问。

"有句话跟你说。"

萨维尼昂走进过道，古鄙把他拉到小天井里。

"你爱于絮尔，你也看重贵族的荣誉；倘若你用于絮尔的生命和你的荣誉起誓，等会我告诉你的话，你只做没听见，那么我就可以把人家迫害于絮尔小姐的原因告诉你。"

"我能不能教那些迫害停止呢？"

"能。"

"我能报复吗？"

"对主使的人，行；对他的工具，不行。"

"为什么？"

"因为……那工具就是我……"

萨维尼昂脸色变了。

古鄙接着说："我刚才看见于絮尔……"

"什么于絮尔？"萨维尼昂把眼睛瞪着古鄙。

"哦，弥罗埃小姐，"古郫听着萨维尼昂的口气，不得不装作恭敬的样子，"我预备拼着命补赎我的罪过。我已经后悔不及……你即使杀了我，不管是用决斗或是用别的方式，你拿了我的血也不见得愿意喝，你要中毒的。"

萨维尼昂听着这家伙非常冷静地理由，心里又急于知道下文，也就把一腔怒火压住了；他目不转睛的瞪着古郫，那个不成形的驼子把头低了下去。

"谁指使你的？"萨维尼昂问。

"你能不能起誓啊？"

"你要人家把你轻轻放过吗？"

"我要你和弥罗埃小姐饶了我。"

"她会饶你，我可不行。"

"至少你可以忘记罢？"

根据利害关系的打算，力量可真大！这一对势不两立的仇人，只因为心里都想报仇，竟会一同站在天井里，面对面的谈着话。

"我可以饶你，可是忘不了。"

"那么咱们不谈了。"古郫冷冷的回答。

萨维尼昂忍不住了，一巴掌打过去，在院子里声音很响。古郫差点儿被打倒，萨维尼昂自己也身子晃了一晃。

"这是我自作自受，"古郫道，"我太傻了。我还以为你是个君子。谁知给了你一些便宜，你就滥用……现在你可落在我掌心里了！"古郫说着把萨维尼昂恶狠狠的瞅了一眼。

"你是个杀人的凶手！"

"也不见得比人家手里的刀子罪名更大。"古郫回答。

"请你原谅我吧。"萨维尼昂说。

"你的仇报过了吗？"古郫的口气挖苦得厉害，"是不是这样就算了？"

"咱们彼此都原谅了罢，忘了罢。"萨维尼昂回答。

"一言为定吗？"古郫伸出手来。

"一言为定，"萨维尼昂为了爱于絮尔，不能不忍着这口气，"可是你说呀，谁支持你的？"

古郫好像眼睛望着两个秤盘，一个盘里是萨维尼昂的巴掌，一个盘里是对米诺莱的仇恨。他沉吟了一会，然后听见一句话在耳朵里响着："我帮你当公证人！"便回答道：

"原谅了，忘记了，是不是？好，先生，咱们扯直了罢。"他握了握萨维尼昂的手。

"到底是谁迫害于絮尔的？"

"米诺莱！他恨不得要她的命……不知道为什么；可是咱们一定能打听出来。你千万别牵连我，他要对我起了疑心，我就没法帮忙了。以后我非但不再攻击于絮尔，还要保护她；非但不帮助米诺莱，还要尽量破坏他的计划。只要我活着，不使他倾家荡产，不教他死无葬身之地才怪！我要把他踩在脚下，踏在他的尸首上跳舞，拿他的骨头雕一副骨牌玩儿！明天，纳摩、枫丹白露、罗佛，到处墙上会有红铅笔写着：**米诺莱是贼**！嘿！该死的东西！我要教他粉骨碎身！现在我把秘密告诉了你，咱们是联盟了；哦，倘使你愿意，我可以去跪在弥罗埃小姐面前，对她说我恨我自己不该利令智昏，险些儿送了她的性命，求她原谅。她听了这话可以舒服些。法官和本堂神甫都在这儿，有这两位证人也够了；可是篷葛朗先生一定得答应我不妨害我的前程。因为我此刻也有一个前程啦。"

萨维尼昂听着这个内幕消息，呆住了；他说了"等一等"便走进客厅说道："于絮尔，我的孩子，使你受那么多苦难的人，看了他的成绩痛心疾首，懊悔了，愿意当着这几位先生的面向你道歉，条件是要大家绝口不提。"

"怎么！是古鄙？"神甫、法官、医生，一齐嚷着。

"替他保守秘密要紧。"于絮尔把手指放在嘴边。

古鄙听到于絮尔的话，看到她的手势，为之感动了。

他语气很坚决的说道："小姐，现在我愿意全镇的人都听见我向你承认，我为了利令智昏所犯的罪恶，是正人君子所不齿的。我在这里说的话，我会到处讲给人家听，我后悔做了那些混账事儿，但说不定也提早了你的幸福，"古鄙站起身子，带着俏皮的意味说，"因为我看见包当丢埃太太到这儿来了……"

神甫道："好极了，古鄙，小姐原谅你了；可是你得永远记着，你差点儿做了杀人犯。"

古鄙朝着法官说："篷葛朗先生，今晚我要跟勒葛先生商量盘进他事务所的问题，希望我这次赔了罪，你不至于瞧不起我；我将来把申请书送往检察署和司法部的时候，还得请你帮衬一下[1]。"

法官一边思索一边点头。古鄙出门找勒葛去了，那是纳摩两个书办事务所中比较肥的一个。余下的几位留在于絮尔身边，整个黄昏都在那里想法要使她的心绪和从前一样的安定，平静；而她自从古鄙赔罪以后，心绪已经不同了。

---

[1] 法国司法制度，凡一切经办法律事务的人，如公证人、诉讼代理人、律师、书办、执达吏等等的事务所，全国有一定的限额；具备各该职位资格之人，除出资盘进原有的事务所之外，仍须经各辖区的检察署及巴黎的司法部审核其资格、履历、人品，经批准后方得开业。

篷葛朗道：“这件事，镇上的人都会知道的。”

本堂神甫说：“孩子，你瞧，上帝并没跟你作对。”

米诺莱很晚才从罗佛回来，夜饭也吃得迟了。九点左右，日光将尽，他吃饱了饭在中国水阁里歇着，坐在老婆身边，和她筹划但羡来的前途。但羡来自从进了司法衙门，变得本分了，办事很努力，大有希望补枫丹白露检察官的缺，据说原任检察官要升调到墨仑去了。眼前得替他攀一门亲，挑一个清寒的老贵族的女儿，那么但羡来就能想法调往巴黎。也许他们还能够使他当选为枫丹白露的议员，因为才莉已经同意春夏两季住罗佛，冬天住枫丹白露。米诺莱暗中十分高兴，觉得样样都很顺利，也就把于絮尔忘了；殊不知他当初傻头傻脑发动的那出戏，正发展到惊心动魄的阶段。

加皮洛进来通报说：“包当丢埃先生要见你。”

"请他进来。"才莉回答。

黄昏的阴影，使才莉没有发觉米诺莱突然之间变了脸色；可是米诺莱一听见从前医生安放藏书的游廊里，响起萨维尼昂靴子的声音，就打着寒噤，全身的血流得很快，隐隐约约的觉得大祸临门了。萨维尼昂帽子也没脱，拿着手杖，双手抱在胸前，一动不动的站在这对夫妇前面。

"米诺莱先生，米诺莱太太，我来请问你们，你们为什么要用卑鄙手段跟一个姑娘捣乱？纳摩镇上个个人都知道这姑娘是我的未婚妻；你们为什么要破坏她的名誉？为什么要致她死命？为什么要让她受古鄙这种人的侮辱？……请你们回答我。"

才莉道："这倒奇了，萨维尼昂先生，那件事我们都莫名其妙，怎么来问我们？我从来没把絮尔放在心上。自从米诺莱叔叔死了以后,我早把她丢在九霄云外,也没向古鄙提过她一个字;像古鄙那样的坏蛋,我连小猫小狗的事也不会托他的。嗳!米诺莱,你怎么不回答呀?你竟听任人家羞辱,把这种不名誉的事套在你头上吗?一个人有了王府一般的古堡,周围还有四万八收入的田产,想不到会没出息到这个地步!站出来行不行?你真是个脓包!"

"我不懂先生的意思。"米诺莱终于尖着嗓子回答。他调门很高,所以更容易听出他声音发抖。

"我有什么理由去害那个小姑娘?或许我对古鄙说过,我讨厌她住在纳摩;但羡来把她看上了,我却不愿意儿子娶她;就是这么回事。"

"古鄙全告诉我了,米诺莱先生。"

大家静默了一会,虽然时间很短,但是非常紧张:三个人你打量着我,我打量着你。才莉看见高个子丈夫的大胖脸抽搐了一下。

萨维尼昂接着说:"尽管你们是些虫蚁,我还是要彰明昭著的报复的,而且我有我的办法。弥罗埃小姐所受的侮辱,我不跟你这个六十七岁的人算账,我找你的儿子算账。只要小米诺莱先生踏进纳摩镇,我就找他决斗;他非和我交手不可,他也不会退缩的!要不然他就丢尽脸面,到处见不得人!倘若他不到纳摩来,我会上枫丹白露去!他躲不了的。你想丧尽廉耻,把一个孤苦伶仃的女孩子损害了名誉,就此算了吗?"

米诺莱道:"古鄙的诬蔑可不……不是……"

"要不要我叫你们两个人对质?"萨维尼昂打断了他的话,"告诉你,别把事情张扬出去!只让你、我、古鄙三个人知道;还是这样的好,一切等上帝在我们决斗的时候解决。我向你儿子挑战，还抬高了他的身份呢。"

"没这么容易！"才莉叫道，"嘿！你以为我肯让但羡来跟你，跟一个当过水手，靠击剑打枪吃饭的人决斗吗？你要是和米诺莱过不去，米诺莱在这里，你找米诺莱决斗就是了！可是我的儿子，你也承认他是不相干的，怎么要他负责？……别忙，还有我呢，我要你先试试老娘的手段！嗨，米诺莱，你老是这样发呆吗？你明明在自己家里，倒让人家在你老婆面前连帽子也不脱！我的小少爷，你先替我开步走！区区烧炭匠，在家也是主人翁。我不懂你说了一大堆废话是什么意思；趁早替我走出去；要是敢碰一碰但羡来，我一定来找你，找你跟你那个傻丫头于絮尔。"

接着她一个劲儿打铃叫佣人。

萨维尼昂不在乎才莉的叫嚷，临走又重复一句："别忘了我告诉你们的话！"这句话好比在米诺莱夫妇的头顶上挂着一把剑。

"嗨！米诺莱，"才莉和她丈夫说，"你倒解释给我听听！一个年轻人，不会无事端端闯进一个布尔乔亚家里，唏哩哗啦的乱嚷，要跟人家的儿子拼命的。"

"那是混账的古鄙捣蛋；我许过他一个愿，他要是帮我廉价买进了罗佛，我就出钱帮他当公证人。事后我给他一成佣金，出了一张两万法郎的约期票，他准是嫌少了。"

"可是他有什么理由组织半夜音乐会，干许多下流事儿，侮辱于絮尔呢？"

"他要娶她做老婆。"

"他？娶一个不名一文的姑娘？算啦罢！哼，米诺莱，你跟我胡扯！凭你这么蠢，就没本领教人相信你的胡扯，小子！其中必有缘故，非要你说出来不可。"

"没有什么可说的。"

"没有什么？我可知道你是骗我；咱们走着瞧罢！"

"别跟我闹，好不好？"

"我教古鄙那个黑心鬼出场，你会沾了便宜才怪！"

"随你，你要怎办就怎办罢。"

"当然我要怎办就怎办！第一我不许人家碰但羡来；他要有什么三长两短，哼，我拼着上断头台，什么都做得出。啊！但羡来！……怎么，你还是这样不死不活吗？"

米诺莱和他女人这样的开始一吵架，自然精神上会有无数的烦恼。这一下，那笨贼才发觉自己内心的斗争和跟于絮尔的斗争，因为做错了事而规模扩大了；又添上一个可怕的敌人，把事情弄得更加复杂。下一天，他出去找古鄙想用金钱把他收买过来，看见各处墙上都写着：**米诺莱是贼**！遇到的人都向他表示同情，问他这匿名揭帖是谁写的；因为他一向没有头脑，所以众人听他支吾其词，倒也原谅他的。一般蠢汉依靠他们的弱点，总比聪明人依靠他们的才气沾到更多便宜。一个大人物和命运挣扎，大家是袖手旁观的；快要破产的杂货商却有人争着垫本。你道为什么？因为你庇护一个傻瓜，你会觉得自己了不起；只能和一个天才并肩，你就会不高兴。假定一个聪明人像米诺莱那样神色慌张，答非所问，那就完了。各处墙上那几个泄愤的字，虽然被才莉带着仆役抹掉了，但始终印在米诺莱的良心上。古鄙前天晚上已经和书办谈妥条件，临时却厚着脸推翻了。

"亲爱的勒葛，你瞧，我尽有力量盘下第奥尼斯的事务所，也有力量帮你把事务所让给别人。你那份契约作废了罢，至多不过损失两张官契。哪，我赔你七十生丁。"

勒葛怕古鄙怕得厉害，一句抱怨的话都不敢说。纳摩镇上不久都知道，米诺莱向第奥尼斯作了保，帮古鄙受盘事务所。未来的公证人写信给萨维尼昂，把自己所说的关于米诺莱的话否认了，又说公证人的职位不允许他和人决斗，最高法院有此规定，而他又是守法的人。同时他要对方从今以后待他客客气气，因为他踢蹴[1]的本领十分高强，萨维尼昂倘若胆敢挑战，他保证踢断萨维尼昂的腿。

纳摩墙上的红字不再出现了。但米诺莱夫妇之间的争吵并没停止。萨维尼昂沉着脸，一声不响。出了这些事以后十天，玛尚家的大小姐和未来公证人的亲事，已经在到处传扬了。女的相貌奇丑，有八万法郎陪嫁；男的身体畸形，有一个事务所；大概这门亲事会成功的，而且也是天生一对，地造一双。

有一次，古鄙半夜里从玛尚家出来，两个陌生人把他当街揪住，用棍子打了一顿，逃掉了。古鄙对这件事绝口不提；当时有个老婆子从窗洞里望了望，认得是古鄙，古鄙却始终否认。

治安法官把这些说大不大、说小不小的事推敲了一番，看出古鄙对米诺莱有着莫名其妙的势力，决意要找出它的原因来。

---

1 踢蹴系一种以脚互踢互蹴的搏斗。

19

托梦

尽管小镇上的舆论承认于絮尔的清白毫无问题，于絮尔的健康仍是恢复得很慢。在身体虚脱而心灵与智慧非常活跃的情形之下，好些怪事都在她身上出现；怪事的后果十分严重，它的性质也值得科学界研究，假如把这些事交给科学界的话。包当丢埃太太来过以后十天，于絮尔得了一个梦，梦的内容和经过情形，性质都跟阴魂出现一样。

于絮尔梦见她的干爹，故世的米诺莱医生，向她招手；她穿好了衣服，在黑暗中跟着走，一径走进布尔乔亚街的屋子，屋内一切都和干爹死的那天一样。老人身上的衣服也是他故世前一天穿的；脸色白白的，行动没有一点儿声响，可是他说的话，于絮尔完全能听到，虽则声音很轻，像远处传来的回声。老医生把干女儿直带到中国书房，叫她揭起蒲勒小木器上的白石面子，那是她在干爹死的那天揭过的；但干爹要她拿的信，这一回的确压在白石底下。她拆开信来念了，把那份给萨维尼昂的遗嘱也念了。

于絮尔事后和神甫说："上面写的字儿都是明晃晃的，笔画像太阳的光线一般，刺得我眼睛都痛了。"

她望着干爹表示感谢，看见干爹没血色的嘴唇边上挂着一副慈祥的笑容。接着，他用很轻可是很清楚的声音，叫于絮尔看米诺莱怎样在过道中偷听、怎样撬锁、怎样取那包文件。然后老人伸出右手抓着干女儿，拖她跟着米诺莱到车行去。于絮尔穿过市镇，走进车行从前才莉住的房间；到了那儿，老医生又教她看米诺莱拆开信来看了，烧了。

于絮尔说："米诺莱直用到第三根火绒才点着火，把文件烧了，用壁炉里的灰盖起来。然后，干爹把我带回家，看见米诺莱－勒佛罗先生溜进藏书室，在《法学总汇》第三册内拿了三张公债，每张利息一万二；还有平时用剩的钞票，他也拿了。干爹和我说：最近跟你捣乱，把你送到坟墓旁边的，就是他；可是上帝的意思要你幸福。你还不会死呢，一定会嫁给萨维尼昂的！倘若你爱我，爱萨维尼昂，你就应当向我侄子讨回你的财产。你得发誓，一定要这么办！"

于絮尔连气都透不过来，看见干爹的阴魂像救世主显容一样放着金光，精神上更受不住，所以干爹要求什么，她就答应什么，但求噩梦快快停止。她惊醒过来的时候，发觉自己站在卧室中央，面对着干爹的肖像，那是她害病以后拿到楼上来的。她重新上床，大大骚动了一阵，方始睡着；早上醒来，她完全记得这个古怪的梦境，可是不敢告诉人。凭她卓越的见识和狷介的性情，她觉得做了一个以经济利益为因果的梦，自己的品格未免有问题；认为那准是蒲奚伐在她睡觉以前常常和她讲的话引起的，说什么干爹对她必有赠予，她做奶妈的绝对相信这一点等等。但同样的梦又来了一次，情形更严重，使于絮尔觉得分外可怕。第二次梦里，干爹把冰冷的手放在她肩膀上，给她一种剧烈的痛苦，一种说不出的感觉，还说："死人的话非听不可！"声音像是从坟墓中出来的。

于絮尔又补上一句："他那双往上翻的凹进去的眼睛，还流着泪呢。"

第三次，阴魂拉着她的长辫子，教她看米诺莱和古鄙两人谈话，听见米诺莱答应送古鄙钱，只要他能把于絮尔带往桑斯。经过了这一下，于絮尔决意把三场梦都告诉夏伯龙神甫。

有天晚上她问："神甫，你可相信死人会显形吗？"

"孩子，教内教外的历史，近代的历史，关于这一点都屡次证明过；但教会从来不把这个作为信条；至于科学界，法国的科学界，是加以非笑的。"

"你的意思怎么样？"

"孩子，上帝是全能的。"

"干爹可曾和你谈过这一类的事？"

"常常谈的。对于这些问题，他后来意见完全改变了。他和我讲过不知多少次，巴黎有一个女的，听见你在纳摩为干爹祈祷，看见你在历本上把圣·萨维尼昂的本名节做了一个红点作标记，你干爹的皈依宗教就是从那天起的。"

于絮尔尖着嗓子叫起来，把神甫吓了一跳；她想起干爹回到纳摩，看出她的心事，把历本拿走的情形。

她道："既然这样，我的梦境大概也是真的了。干爹在我面前显形，像耶稣对门徒显形一样。他身体裹在一层金光里头，还讲话呢！我想请你做一台弥撒使他灵魂安息，还得求上帝帮助，让他停止托梦，免得我难受。"

于是她详详细细的说出三场梦，肯定梦中的情形都千真万确，自己的动作也很自由，的确是游魂出去，在姑丈的指挥之下行动非常方便。神甫素来知道于絮尔诚实不欺，他觉得特别奇怪的是，于絮尔把才莉从前在车行里的卧室说得一点不错，那是于絮尔非但没去过，也从来没听人讲过的。

于絮尔问："这些奇怪的梦怎么会来的？我干爹的见解又是怎么样的？"

"孩子，你干爹是根据假定出发的。他先认为可能有一个心灵的世界，一个思想的世界。假如思想是人类独有的创造，假如思想并不消灭而有它们独特的生命，那么它们也必有形体；但那种形体是我们身体上的知觉接触不到的，只有我们内在的知觉在某种情形之下才能体验到。因此你可能被干爹的思想包裹了，也可能是你把他的面貌加在他的思想之上。另一方面，倘若米诺莱真做了那些事，那些事就会蜕变为思想；因为一切行动都是许多思想的结果。倘若思想果真在一个心灵世界中活动的话，一朝你的精神进了心灵世界，就可能看见那些思想。这一类的现象，并不比记忆更奇怪，而记忆的现象就和植物的香味同样的出奇，同样的不可解；也许植物的香味就是植物的思想。"

"天哪！你把世界扩大了。可是怎么能听见一个死了的人说话，看见他走路、活动呢？……"

夏伯龙神甫回答："瑞典的斯威登堡，曾经确实证明他和死人有过来往。来，跟我到藏书室去，念一念在都鲁士斩首的、赫赫有名的特·蒙莫朗西公爵的传记。他当然不是一个捏造事实的人；他的传记里头有一件事很像你的遭遇，并且也是一百年前的加唐经历过的。"

于絮尔和神甫走到楼上，神甫找出一册小小的十二开本的书,一六六六年在巴黎印的《亨利·特·蒙莫朗西传》,作者是当时认识公爵的一个教士。

神甫把书翻到一七五页和一七六页,交给于絮尔:"你念罢。这一段是你干爹常看的;哦,书里还有他的鼻烟屑子呢。"

"啊!这就叫作人亡物在!"于絮尔说着,接过书来念了:

泼里华之围是很出名的战役,因为损失了几员司令:阵亡的两位大将,一个是在城下受伤的特·于克塞尔侯爵,一个是头部中弹的特·包德侯爵。他阵亡那天,正要升为法兰西元帅。特·蒙莫朗西公爵睡在营帐里,听见一个很像侯爵的声音和他告别,把他惊醒了。他和侯爵既是近亲,感情又极密,便以为这幻觉是心里太关切侯爵的缘故;公爵素来宿在营内,深夜办公的辛苦使他一翻身又睡着了,根本不以为意。不料刚一睡去,同样的声音又来打扰他,梦中见到的阴魂使他又醒过来,同时还清清楚楚听到阴魂没隐灭以前说的几个字。于是公爵回想起来:有一天,他和侯爵一同听哲学家比太讲到灵魂和肉体分离的事,当时两人约定,谁要先死而可能的话,就来向另外一个人告别。想到这一点,他不禁担心梦兆或许竟是事实,立刻打发人到离开很远的侯爵的营部去。去的人还没回来,王上已经派着几个能安慰他的人来报告凶讯了。

这件事,我听见特·蒙莫朗西公爵讲过好几次,情节的奇妙与真实性,我认为是值得公之于世的;至于原因,只能由学者去讨论了。

"那么，我该怎办呢？"于絮尔问。

神甫回答："孩子，事情重大，而且与你利益攸关，应当严守秘密。现在你把托梦的事告诉了我，大概不会再做这种梦了。你身体已经相当壮健，能够上教堂了，明儿你先去谢谢上帝，再求他使你干爹灵魂安息。你放心，你的秘密交在一个最谨慎的人手里。"

"你可不知道我临睡的时候多么恐怖！干爹瞅着我的眼神才可怕呢！最近一次梦里，他还扯着我的衣衫，把我瞧得特别长久。我醒来，脸上都是眼泪。"

"放心，他不会再来了。"

神甫立刻上米诺莱家，要他在中国书房里和他单独谈话。

"这儿不会有人听见吗？"神甫问米诺莱。

"不会的。"

于是神甫目光很温和，可是很留神的望着米诺莱的脸，说道："先生，你应该知道我的为人；我要和你谈些严重的、非同小可的、只和你一人有关的事；请你相信，我是绝对保守秘密的，但我不能不来告诉你。你老叔在世的时候，这儿，"神甫指着安放那家具的地位，"曾经摆着一口白石面子的蒲勒小酒柜（米诺莱脸色发白了），桌面底下，你老叔放着一封给他干女儿的信……"

神甫把米诺莱的行事讲给米诺莱自己听，一点细节都不删掉。退休的车行老板听到两根火绒没点着，觉得头发根都在头皮底下乱抽。

教士叙述完了，米诺莱声音哽塞着说："这种笑话，谁编出来的？"

"死人亲口说的！"

这句回答使米诺莱微微打了个寒噤，原来他也梦见了医生。

"啊，神甫，上帝为我显出这些奇迹，真是抬举我了。"米诺莱因为感觉到危险，居然说出平生仅有的一句风趣话。

"上帝的所作所为都是很自然的。"神甫回答。

米诺莱定了定神，说道："你那见神见鬼的玩意儿，吓不倒我。"

"亲爱的先生，我不是来吓你的；因为我对谁也不会提到这件事。真相只有你一个人知道。那是你和上帝的交涉。"

"神甫，你相信我会做出这种可怕的欺诈的事吗？"

"我只相信人家向我承认而表示忏悔的罪恶。"教士的口气像使徒一般。

"罪恶？……"米诺莱嚷道。

"后果极可怕的罪恶。"

"为什么？"

"因为它逃过了人间的法网。凡是不在现世补赎的罪恶，都得在他世界补赎。无辜的人吃的亏，都由上帝亲自报复的。"

"你相信上帝会管这些小事吗？"

"假如上帝不能把大千世界一览无余，像你看一个地方的风景似的，他就不成其为上帝了。"

"神甫，你能保证这许多细节只是从我老叔那儿知道的吗？"

"你的老叔向于絮尔托了三次梦，一遍又一遍的告诉她。她被这些噩梦打扰得受不住了，才私下讲给我听，她还觉得荒唐透顶，绝对不愿意告诉人。因此你在这方面尽可安心。"

"可是，夏伯龙先生，我本来很安心啊。"

"但愿如此，"老教士回答，"我也觉得这些梦中的暗示很荒唐，但琐碎的情节太奇怪了，所以我认为还是应当通知你。你是一个规矩人，家私都是清清白白挣来的，想必不愿意加上一些贼赃。你头脑简单，良心上一有疙瘩，你是受不住的。不管是最文明的人还是最野蛮的人，大家都有一个公道的观念；凡是不照社会成规得来的财产，我们不可能心安理得的享受；因为组织完美的社会，原是根据上帝给世界规定的格式建立起来的。在这一点上，可以说社会发源于神明。人不能自己得到什么思想，或是发明什么范型，他只是模仿天地之间到处存在，永远存在的种种关系。由此推演的结果，你可知道吗？没有一个重罪囚徒上断头台之前，不受着一股神秘的力量压迫而坦白招供的，因为他不能把罪恶的秘密隐藏到死。所以，亲爱的米诺莱先生，只要你心里平安，我现在回去也很高兴了。"

米诺莱待在那儿，连送客都忘了。等到他以为四下无人的时候，便像多血质的人一样暴跳如雷，说了许多诅咒上帝的话，用最肮脏的字眼骂于絮尔。

他的老婆送了神甫，提着脚尖回进来，问："嗳！她触犯了你什么呀？"

米诺莱盛怒之下，又被老婆问个不休，破天荒第一次把她打了，直到她横在地下，米诺莱才把女人抱起，好不羞愧的放上床去。接着，他害了一场小病：医生替他放了两次血。病后，每个人都发觉米诺莱变了。他常常一个人散步，走在街上心事重重。像他那样脑子里从来装不下两个念头的人，居然听人说话的时候会显得心不在焉。有天晚上，法官因为包当丢埃家又有了经常的牌局，正要接于絮尔同去，在大街上被米诺莱拦住了。

"篷葛朗先生，我有些要紧事儿跟我表妹谈，"米诺莱抓着法官的手臂说；"我很高兴你能参加，帮她出点儿主意。"

两人进去，于絮尔正在用功，一看见米诺莱，便很威严很冷淡的站起身子。

法官道："孩子，米诺莱先生有事和你商量。我还顺便提一句：别忘了把你的公债票给我；我要上巴黎，可以替你和蒲奚伐领这一期的利息。"

米诺莱道："表妹，我叔叔一向给你过惯舒服日子，不像现在这么清苦。"

于絮尔回答："一个人钱不多，也可以把日子过得很快乐的。"

"我相信金钱能促成你的幸福，"米诺莱接着说，"我特意来送你一笔财产，纪念我叔叔。"

"要纪念他，你早先有的是办法，"于絮尔口气很严厉，"你尽可把屋子原封不动的卖给我；而你把屋价抬得那么高，无非希望在里头找到藏金……"

米诺莱显而易见心中受着压迫，说道："噢，倘若一年有一万二的收入，你攀亲的条件就好得多啦。"

"我没有这样的收入。"

"我送给你好不好？条件只要你把这笔款子在布勒塔尼，包当丢埃太太的家乡，买一块田产；那么包当丢埃太太一定赞成你和她儿子结婚了……"

于絮尔回答："米诺莱先生，我没有权利得这样大的一份财产,而且也不能受你的。我跟你谈不上亲戚,更谈不上友谊。我受的毁谤已经够了,不想再教人说我坏话。我凭什么得这笔财产呢?你又凭什么送我这样一份礼呢?我有权向你提出这些问题,别人可以有各式各样答案:有人会觉得是赔偿什么损失,我可不愿意接受赔偿。你叔叔给我的教育,从来没培养我卑鄙的心思。人与人的授受,只能限于朋友之间;我不能对你有什么感情,将来我不会感激你的,可是我也不愿意做一个忘恩负义的人。"

"你拒绝吗?"米诺莱从来没想到有人会推掉一笔财产。

"是的,我拒绝。"于絮尔重复了一遍。

诉讼代理人出身的法官把眼睛盯着米诺莱,问:"可是你干吗要送这样一笔钱给小姐呢?你心里总有个主意罢,是不是有个主意呢?"

"我的意思是要打发她离开纳摩,免得我儿子再跟我烦;他爱上了她,想娶她。"

"那么,好!咱们再谈,"法官抬了抬眼镜,"让我们考虑一下。"

他把米诺莱送到家里,一路上说他关心但羡来的前途很有理由,又把于絮尔的一口回绝略微批评了几句,答应慢慢地劝她。米诺莱回进了屋子,篷葛朗立刻上车行借了老板的车马,赶到枫丹白露找助理检察官。人家说但羡来在县长府上有应酬,篷葛朗听了十分高兴,就转往那儿。但羡来正陪着检察官太太、县长太太,和军营里的上校打韦斯脱。

篷葛朗对但羡来说道:"我来报告你一个好消息:你爱你的表姑母于絮尔·弥罗埃,现在你父亲不反对你和她结婚了。"

但羡来笑着嚷道:"我爱于絮尔·弥罗埃?哪里来的话?这

姑娘，我在先叔祖米诺莱医生家见过几回，的确长得很漂亮，可是对宗教太热心了。再说，即使我跟大家一样赞她好看，可从来没有为这个毫无刺激性的、淡黄头发的姑娘动过心。"但羡来说着，向县长太太微微一笑；县长太太是一个，照上一世纪的说法，火辣辣的棕发女子。"亲爱的篷葛朗先生，你这话真是从何而来？大家知道，我父亲在罗佛古堡四周的田产每年有四万八收入，他是个拥有封邑的郡主了；大家也知道我有四万八千个不可动摇的理由，不会爱上一个由检察署监护的女孩子。我娶了一个不登大雅的姑娘，不要被这些太太们笑死吗？"

"你从来没有为了于絮尔跟你父亲找麻烦吗？"

"从来没有。"

检察官在旁听着；篷葛朗把他拉到一个窗洞底下，说道："检察官，你听到了罢？"接着又和他谈了一会话。

一小时以后，篷葛朗回到纳摩于絮尔家里，打发蒲奚伐女人去请米诺莱马上过来。

米诺莱一进门，篷葛朗就说："小姐……"

"接受了？……"米诺莱抢着问。

"噢，还没有呢，"法官回答，摸了摸眼镜，"小姐为了你儿子的事，心上有些顾虑；这一类的痴情，给她吃过很大的亏；要花多少代价才能求得一个太平无事，她知道得太清楚了。你敢担保你的儿子的确害了相思病，你除了免得咱们的于絮尔再受什么麻烦，并无别的用意，你能这样发誓吗？"

"噢！我马上发誓。"

"得了罢，米诺莱老头！"法官把手从裤袋里伸出来，往米诺莱肩上一拍，把他吓了一跳。

"别这么随随便便,赌这种口是心非的咒啊。"

"怎么口是心非?"

"要不是你口是心非,便是你儿子口是心非:一会儿以前,他在枫丹白露县长家里,当着检察官和另外四个人的面,发誓说他从来没想到他的表姑母于絮尔·弥罗埃。可见你送她这么一笔大款子是别有理由了?我看出你是信口开河,所以亲自上枫丹白露走了一遭。"

米诺莱看到自己弄巧成拙,不由得呆住了。

"可是,篷葛朗先生,送一笔钱给一个亲戚,成全她的美满姻缘,找些理由来免得她谦让,也没有什么不对啊。"

米诺莱急中生智,居然想出了一个还说得过去的理由。但他说完了,满头大汗,赶紧抹了抹脑门。

于絮尔回答:"我为什么拒绝,你已经知道;请你不必再来了。包当丢埃先生并没和我说明理由,只是对你抱着轻蔑的心理,甚至还恨你,所以我不便接见你。幸福就是我的财产,我可以老实说,用不着脸红;因此我绝对不愿意幸福受到损害,包当丢埃先生只等我成年了就和我结婚。"

"俗话说钱可通神,原来这句话是靠不住的。"大汉米诺莱望着法官说。他被法官那副冷眼旁观的目光瞧着,觉得很窘。

他站起身来,出去了;但外边的空气和小客厅里的一样使他透不过气来。

"无论如何,总得有个了局才好。"他一路回家一路自言自语。

"孩子,你的公债呢?"法官问。他看见于絮尔遇到这样一件古怪的事而态度仍旧很镇静,觉得很惊奇。

于絮尔把自己的和蒲奚伐的公债券拿来的时候,法官迈着大步在室内走来走去。

他问:"那蠢汉存的什么心,你可想得出吗?"

于絮尔回答:"简直说不上来。"

篷葛朗好不诧异的望了她一眼。

他说:"那么咱们都是一样想法了。哦,两份公债的号码,应该记下来,也许我会丢失:凡事不可不防。"

篷葛朗亲自把两张公债的号码写在一张卡纸上。

"再会,孩子;我要出门两天;第三天是我开庭的日子,一定回来。"

当天晚上,于絮尔又得了一个梦,经过情形怪极了。她的床似乎摆在纳摩的公墓上,姑丈的墓穴就在她床脚下。白石的墓盖——上面刻的字看得很清楚——像纪念册的封面一般掀起来,把她照耀得眼睛都花了。于絮尔吓得尖声大叫,墓穴里的医生却是慢慢地抬起身子。她先看见黄黄的脑袋、闪闪发光的白发,四周有一圈光轮围着。光秃的脑门底下,一双眼睛好比两道阳光;医生抬起身子的那个动作,仿佛有一股很大的力量把他拉着。于絮尔心惊肉跳,不住的发抖,身体像一件火烧的衣服,而且,据她事后说,似乎另外有一个她在身体里头骚动。

她说:"干爹,求求你罢!"

干爹回答:"还想求吗?太晚了。(可怜的孩子把这个梦告诉神甫的时候,说那声音就是一种死人的声音。)他受了警告,置之不理。他儿子的命马上要完了。倘若他不在几天之内全部招认,把赃款全部退回,他儿子就要死于非命。你把这个去告诉他罢!"

幽灵指着一行在围墙上发亮的数字,好像是用火写的,说道:"这便是他的判决书!"

老人重新躺进墓穴的时候,于絮尔听见石盖落下去的声音,接着又听见远远里有一阵奇怪的声音,好像是人马杂沓的喧闹。

第二天,于絮尔筋疲力尽,没法起床。她叫奶妈立刻去请夏伯龙神甫,陪他到家里来。神甫做完弥撒就来了,听着于絮尔说的梦境,不以为奇:他已经肯定盗窃遗产是千真万确的事,不再研究为什么小幻想家有这些古怪的梦兆。夏伯龙急急忙忙从于絮尔家出来,赶到米诺莱家。

"哎哟,神甫,"才莉对他说,"我丈夫脾气坏透了,不知道是怎么回事。他一向跟孩子一样无忧无虑;最近两个月却教人认不得了。你看我性情这么和顺,他居然会大发脾气打我,那不是完全变了个人吗?你要找他,就得到山岩底下去找。他整天待在那儿,不知道干什么!"

那是一八三六年九月,神甫冒着暑气过了运河,望见米诺莱坐在一块岩石下面,便抄一条小路过去。

教士走到罪人前面,说道:"米诺莱先生,你烦恼得很。你既然很痛苦,我就有照顾你的责任。可惜我这次来又要加增你的恐怖了。于絮尔昨天夜里得了一个可怕的梦。你的叔叔掀起墓盖,预言府上要遭到不幸。当然我不是来恐吓你的,但你该知道他的话是否……"

"真的,神甫,我到处不得安宁,便是坐在这些岩石下面也不行……我不想知道另外一个世界上的事。"

"好吧,先生,我去了;我这么大热天赶来不是为了好玩。"教士一边说一边抹着额上的汗。

"他说些什么呢,那老头儿?"米诺莱问。

"说你的儿子有性命之忧。倘若他说的关于过去的事只有你心里明白,那么你我都没法知道的事,叫人听了简直要发抖。你还是退还罢,别为了一点儿黄金断送你的灵魂。"

"退还什么呢?"

"退还老医生留给于絮尔的家私。我现在知道了,你拿了三张公债。你先跟可怜的姑娘捣乱,临了又想送她一份财产;你一再扯谎,把自己搅昏了,路越走越错。你手段笨拙,吃了同党古鄙的亏,被他耻笑。你赶快罢。有些聪明的,眼光敏锐的人,于絮尔的朋友们,暗中在注意你。你还是退赃罢!你儿子也许还没受到危险;并且即使救不了儿子,至少能救你的灵魂,救你的名誉。像咱们这样的社会,像这样的一个小镇上,大家你盯着我,我盯着你,没人知道的事,也能被猜到的;你以为能够把不义之财瞒着人吗?得了罢,朋友,一个清白的人不会让我说这么多话的。"

米诺莱嚷道:"见鬼!我不懂为什么你们都跟我过不去。还是这些岩石好,它们不跟我烦。"

"再见了,先生,反正我通知过你了,于絮尔和我,都没告诉过一个人。可是小心点儿,另外有一个人盯着你呢。但愿上帝可怜你!"神甫走了几步,回头把米诺莱瞧了一下,看见他两只手捧着脑袋,因为他觉得脑袋沉甸甸的累赘得很。米诺莱神志有些糊涂了。他先留着三份公债,不知道怎办:既不敢去收利息,怕人注意;又不愿意卖掉;只想找个办法过户。他这样一个笨伯,居然像做什么金融小说一般,假想许多情节,关键总脱离不了那几张该死的公债过户的事。在这个可怕的局面中,他想对妻子和盘托出,向她要个主意。当家的本领那么高强的才莉,一定能替他解决这个难题的。三厘公债的市价已经到八十法郎，要退还的话，包括医生临死用剩下来的款子，总数将近一百万！没有一点儿证据落在人家手里而要退还一百万！……那可不是件小事。因此从九月到十月初，米诺莱始终受着良心责备而始终迟疑不决。镇上的人都很奇怪他怎么瘦下去了。

20

决 斗

那时又出了一件可怕的事，使米诺莱不得不赶快向才莉吐实：挂在他们头顶上的那把无形的剑，开始动作了。十月中旬，米诺莱夫妇收到儿子但羨来的一封信：

亲爱的母亲，暑假以后我没有回家，第一是因为检察官不在这儿，我不能离职；其次我知道包当丢埃先生等在纳摩，预备向我挑衅。大概他报仇的计划老是这样拖延下去，觉得不耐烦了，便亲自到枫丹白露来，还约了他一个巴黎朋友，和驻在此地的骑兵营营长，特·苏朗日子爵。他由这两位陪着，客客气气的来看我，说我父亲确实是侮辱他未婚妻弥罗埃的主使人；他向我提出的证据是古鄙当着几个证人的招认以及我父亲的行事：我父亲先是翻悔前言，答应古鄙干那些下流事儿的酬报不肯照给；然后给了古鄙盘进书办事务所的本钱，又害怕起来，再在第奥尼斯面前替古鄙作保，终于拿出钱来让古鄙当了公证人。包当丢埃子爵既不能跟一个六十七岁的老人决斗，又非代于絮尔报仇不可，便正式要我赔偿名誉。这个主意是经过他郑重考虑，不能动摇的。倘若我拒绝决斗，他就要在交际场中，当着几个与我前程最有关系的人，把我大大羞辱一顿，逼我非决斗不可，否则我的前程就完了。没骨气的人在法国是没人瞧得起的。何况他要我赔偿名誉的理由，自有一般有声望的人替他解释。他说他并不愿意走这种极端的路。据陪他同来的证人们的意见，我最聪明的办法莫如按照体面人物的习惯来应付这决斗，免得把于絮尔·弥罗埃牵在里头。其次，为了不要在国内张扬，我们可以带着证人到最近的边境上去。要解决这件事，这才是上策。子爵说他的姓氏比我的财产宝贵十倍，他将来的幸福，使他在那场性命出入的决斗中比我冒着更大的危险。他要我挑选证人商量这些问题。双方的证人昨天已经见过面，他们一致认为我应当赔偿他的名誉。所以不出八天，我要同两个朋友到日内瓦去了。包当丢埃先生带着特·苏朗日和特·脱拉伊先生也上那儿。我们决定用手枪做武器，决斗其余的条件也已谈妥；双方各发三枪，然后，不论结果如何，事情就算完了。为了免得这件丑事传出去——因为我没法替父亲的行为辩护——我直到最后一刻才写信给你。我不愿意来看你，怕你意气用事，失了体统。我既然想在社会上露头角，就得依照社会的惯例行事，一个子爵的儿子有十个理由要决斗，一个车行老板的儿子就有一百个理由接受。动身那天，我夜里经过纳摩，再来和你们告别。

看完这封信，才莉和米诺莱大吵一场，结果是米诺莱承认了偷盗，说出当时的情形和近来到处盯着他的怪现象，便是睡梦之中也逃避不了。但一百万巨款对于才莉的诱惑力，不下于对当初的米诺莱。

才莉一句都不埋怨丈夫胡闹，只对他说："放心，一切都在我身上。咱们不用拿出钱去，但羡来也不用去决斗。"

才莉裹上披肩，戴上帽子，拿着儿子的信奔去见于絮尔；时间快到中午，只有于絮尔一个人在屋里。

才莉·米诺莱虽然非常镇定，被于絮尔冷冷的瞅了一眼也不禁为之一震；但她埋怨自己不该这样心虚，便装着随便的口吻说道："喂，弥罗埃小姐，可不可以请你念念这封信，把你的意见告诉我？"她说完把代理检察官的信递给于絮尔。

于絮尔念着信，感觉到无数相反的情绪；她看出萨维尼昂多么爱她，把未婚妻的荣誉看得多重；但她的宗教观念和慈悲心都很强，即使是最狠毒的敌人，她也不愿意让他受苦或是送命。

"太太，你放心，我一定阻止这场决斗；可是请你把信留在这儿。"

"嗳，我的小天使，咱们还有更好的办法。你听我说。我们陆续在罗佛四周买的田产，有四万八千收入，罗佛本身又是一所行宫。我们再给但羡来利息两万四的公债，他一年的收入就有七万二。你得承认，这样有钱的丈夫是不多的。你很有野心，那也是应该的，"才莉看见于絮尔作了一个否认的手势，急忙补上一句，"现在我为但羡来向你求婚；那么你可以保留你干爹的姓，表示纪念他。但羡来是个漂亮哥儿，你亲眼看见的；他在枫丹白露很走红，不久就要升作检察官。加上你的应酬工夫，他一定能调往巴黎。到了巴黎，我们给你一所漂亮屋子，你可以大出风头，成为一个角色；凭着七万两千收入，薪水在外，你和但羡来准是上流社会中顶儿尖儿的人物。你跟朋友们商量一下，看他们怎么说。"

"我只消问我自己的心就得了。"

"哎唷唷！你的意思是指萨维尼昂那个小白脸吗？哼！他那个姓，那些翘在空中像两只钩子般的须，那一头黑头发，要你花多少代价啊！他真有出息！拿七千法郎收入来开销一个家，跟一个两年之内在巴黎欠债欠到十万法郎的男人，你日子才好过呢。你还不懂呢，孩子，天底下的男人都差不多；不是我夸口，我的但羡来就抵得上王太子。"

"太太，你把令郎此时此刻所冒的危险都给忘了；只因为包当丢埃先生不愿拂逆我的意思，这件事才能挽回。要是他知道你对我提出这种可耻的条件，令郎的危险还能避免吗？告诉你，太太，我凭着像你所说的区区薄产，将来我的日子比你向我炫耀的荣华富贵快乐得多。米诺莱先生为了现在还没揭晓，而早晚会水落石出的理由，用下流无耻的手段迫害我，同时把我和包当丢埃先生之间的感情揭穿了，那我也不怕人家知道，因为他母亲将来一定会同意的。所以我应当告诉你，这名正言顺，各方面都认可的感情，便是我整个的生命。不管怎样光华灿烂、登峰造极的前程，都不能动摇我的心。我的爱情是绝对不翻悔、不改变的。一心想着萨维尼昂而再去嫁一个别的男人，那在我是犯了不可饶恕的罪孽。太太，你既然逼着我，我还可以进一步告诉你：即使我不爱包当丢埃先生，也不能和令郎同甘共苦。萨维尼昂固然欠过债，你也替但羡来先生还过不少。要两个人能心无芥蒂的相处，全靠彼此的性情脾气有某些相同的地方和某些不同的地方：这一点我们都谈不到。我对他不会有妻子对丈夫应有的容忍，他不久也会觉得我是个累赘。你不必再多想这头亲事了，我非但高攀不上你们，而且拒绝了也不会伤你们的心；你们有了那许多优越的条件，还怕找不到比我长得更俏、门第更高、更有钱的姑娘吗？"

才莉道："那么，孩子，你能赌咒不让两个青年出门，不让他们去决斗吗？"

"我可以预料，那是包当丢埃先生为我作的最大的牺牲了；但我作新娘的花冠不能由一双血污的手来除下。"

"那么多谢你了，表妹，祝福你将来幸福。"

于絮尔答道："太太，我祝贺你替令郎安排的远大的前程，能够实现。"

这句回答直刺到做母亲的心里：于絮尔最近一次梦中听到的预言，突然回到才莉的脑子里来。她站在那儿，把小眼睛直盯着于絮尔的脸，盯着那么白皙、那么纯洁，穿着孝服显得那么俊美的脸；因为于絮尔已经站起身子，预备把那位自称为表嫂的送走。

才莉问："难道你相信梦兆吗？"

"我做梦的时候太痛苦了，不能不信。"

才莉说："那么……"

于絮尔听见本堂神甫的脚步，便向米诺莱太太行着礼，说道："再见，太太。"

神甫发现米诺莱太太在于絮尔家里，大为惊奇。退休的车行老板娘又瘦又打皱的脸上，露出一副忧急的表情；神甫不由得瞧瞧这个,瞧瞧那个,把两人打量了一番。

才莉问神甫:"你相信阴魂会出现吗?"

神甫微笑着回答:"你相信本金会生利吗?"

才莉心上想:"这些人坏透了,故意卖弄玄虚,吓唬我们。老教士,老法官,还有萨维尼昂那小子,都是串通了的。压根儿就没有什么梦,好比我掌心里没有长什么头发一样。"

她冷冷的行了两个礼,走了。

"萨维尼昂为什么到枫丹白露去,我知道了。"于絮尔和神甫说着,把决斗的事告诉了他;还请神甫帮着劝阻萨维尼昂。

"米诺莱太太可是为她儿子向你求婚?"

"是的。"

"米诺莱大概把犯罪的事讲给老婆听了。"神甫补上一句。

这时法官来了。他一向知道才莉恨于絮尔,听到才莉刚才那种行动和建议,便望着神甫,意思之间是说:"咱们出去一会,我有话跟你谈,别让于絮尔听见。"

法官对于絮尔说道:"你拒绝八万法郎进款和纳摩第一个公子哥儿的亲事,萨维尼昂会知道的。"

于絮尔回答:"难道这算得上牺牲吗?一个人真爱的时候谈得上牺牲两字吗?拒绝一个咱们都瞧不起的男人的儿子,有什么可称赞的?别人尽可把心中的嫌恶当作德行,可是由姚第先生、夏伯龙神甫、米诺莱医生教育出来的姑娘,不能存这个心!"她说着望了望医生的肖像。

篷葛朗拿着于絮尔的手亲了一下。

篷葛朗和神甫走到街上,问神甫:"米诺莱太太刚才的来意,你知道没有?"

"什么来意？"教士望着篷葛朗，假装不懂。

"她想借此退还赃款。"

"难道你以为？……"神甫问。

"我不是以为，而是肯定的；嗨，你瞧！"

法官说着，指着米诺莱：米诺莱正向他们这边过来，预备回家；两位老朋友却从于絮尔那儿走出，朝着大街的上手方面踱过去。

"以前出庭重罪法庭的时节，我自然有机会看到许多人受着良心责备的例子，但从来没见过这样的情形！一个无忧无虑的人，精壮结实，脸孔紧绷绷的像鼓一般，怎么会变得毫无血色，腮帮上的皮肉那么软绵绵的？眼睛四周的黑圈是怎么来的？像乡下人那样健旺的精神怎么会不见的？你可曾想到这个人脑门上会有皱褶吗？这大汉会担心事吗？唉！他终于良心出现了！受良心责备的现象，我是熟悉的，正如你神甫熟悉一个人忏悔的现象。我过去所看到的都是等待受刑，或者就要去受刑，以便跟社会清账的人：他们不是听天由命，便是存着报复的心；可是眼前这个例子，是罪孽没有补赎的内疚，纯粹的内疚，只管抓着罪人的心一片片的扯。"

法官拦住了米诺莱，说道："弥罗埃小姐回绝了令郎的亲事，你还不知道罢？"

神甫接着说："可是你放心，令郎和包当丢埃先生的决斗，弥罗埃小姐会阻止的。"

"啊！那么我女人办的交涉成功了，"米诺莱道，"我很高兴；要不然我就没有命啦。"

"的确，你改变得真厉害，叫人认不得了。"法官说。

米诺莱瞧瞧篷葛朗，瞧瞧神甫，疑心神甫泄露了秘密；但夏伯龙面不改色，安详之中带些凄凉的神气，叫犯罪的米诺莱放下心。

法官接着又说："我觉得更奇怪的是，照理你该心满意足了。你做了罗佛古堡的主人翁，又把鲍第埃和你所有的农庄、磨坊、草原，跟罗佛并在一起。加上公债，你每年一共有十万法郎收入了。"

"公债我是没有的。"米诺莱抢着说。

"嘿！"法官叫了一声，"这也跟令郎对于絮尔的爱情一样，一会儿瞧她不起，一会儿向她求婚。你先恨不得送她性命，然后又想娶她做媳妇，亲爱的先生，你准是心中有事……"

米诺莱想回答，支吾了一会，只说了句："法官先生，你真好笑。再见了，两位。"他慢吞吞的走进布尔乔亚街。

"他明明偷了咱们于絮尔的财产！可是哪里去找证据呢？"

神甫说："但愿上帝……"

法官接着道："上帝使我们心里有种感觉，这感觉已经清清楚楚表现在这个家伙身上；可是大家把这个叫作猜测，而人间的法律是不答应我们单凭猜测的。"

夏伯龙神甫不愧为教士，听了这话竟一声不出。

21

最容易偷的东西原来是最难偷的

在这个情形之下，夏伯龙神甫常常不由自主的想到两件事：第一是那桩差不多已经由米诺莱招认的窃案，第二是因为于絮尔的清贫而耽搁下来的婚事。老太太暗中早已向忏悔师承认，不应该在医生活着的时候不同意儿子的亲事。第二天，他做了弥撒，走下神坛，忽然心中有个念头闪过，清楚有力，像一句说话一般。他示意于絮尔，教她等一会；然后他早饭也没吃，就到了于絮尔家里。

神甫说："你梦里听见干爹说的，当初夹公债和钞票的两本书，我想看一看。"

于絮尔和神甫到楼上藏书室里，把《法学总汇》第三卷找了出来。老人一打开就很惊异的发觉，那些不像封面那样硬朗的书页上，还留着夹过公债票的印子。在另外一册的两页对开纸中间，又看到长时期夹过一包文件的痕迹，书也不大合得拢了。

蒲奚伐女人看见法官在街上过，便嚷道："篷葛朗先生，你上来罢！"

篷葛朗上楼的时候，因为于絮尔在黏在外封反面的彩色衬页上，看见有米诺莱医生亲笔写的三个号码，神甫正戴上眼镜预备细看。

神甫说："怎么回事？咱们的医生是爱惜版本的，怎么肯把衬页随便涂抹！呦！原来是三个数目字，前面还有个数目，开头写着一个M，后面一个数目，开头写着一个U。"

篷葛朗嚷道："你说什么？让我瞧瞧。看到这样天理昭彰的事，那般无神论者还不睁开眼来吗？我相信，人间的法律是从天地间无所不在的，神明的旨意发展出来的。"

他搂着于絮尔，吻了吻她的前额：

"噢！孩子，你从此可以快乐了，有钱了，而且是经我的手！"

"你怎么啦？"神甫问。

蒲冀伐女人抓着法官的蓝外套，嚷道："噢，亲爱的先生！你这么说，我真要拥抱你啦。"

神甫道："你得把话讲明，别让我们空欢喜。"

于絮尔猜到要告人家刑事官司了，便说："倘若我的财富要拿别人的痛苦去换，那我……"

法官打断了她的话，说道："你可想想，你要使咱们的萨维尼昂多么快活啊。"

"你这是疯了！"神甫道。

"才不疯呢，亲爱的神甫，你听我说：公债票以一个字母为一组，二十六个字母就有二十六组，每个号码之前必有它本组的字母；但是不记名的债券既没有抬头人，自然也没有字母；因此你们看到的号码，证明他老人家把款子存进国库的那天，把一张利息一万五而有M打头的债券，三张只有号码没有字母的不记名债券，和于絮尔·弥罗埃的债券，都记了号码。于絮尔那张的号码是二三五三四，你们瞧，那和利息一万五那张是连号。这两张既是连号，可见书上写的数字便是同一天上买的五张债券的号码，老人家为了防遗失而记下来的。我曾经劝他把于絮尔的财产买不记名债券，结果他在同一天上把资金分作三份：一份买了他自己名下的，一份买了预备给于絮尔的，一份买了于絮尔本人名下的。我要上第奥尼斯那儿查查遗产清册；假定他自己名下的债券是M二三五三三，那我们就可肯定，他同一天上托同一个经纪人作了三笔交易：第一是一张本人名下的；第二是把历年的积蓄买了三张不记名的，只有号码，并无字母；第三是他干女儿原有的资金。经纪人的过户册子将来便是铁证。啊！米诺莱，你再狡猾也逃不出我手掌了。诸位，这才痛快呢！"

法官走了；神甫、蒲奚伐和于絮尔，看到上帝安排这种路由把清白无辜的人带上胜利的路，都大为叹服。

夏伯龙神甫叫道："这里头就有上帝的神力。"

"他会不会吃苦呀？"于絮尔问。

蒲奚伐女人嚷道："啊！小姐，我恨不得送根绳子去，教人把他吊死呢。"

古鄙已经被第奥尼斯指定为继任人；法官装着不大在意的神气走进事务所，说道："我要在米诺莱的遗产案卷里找些材料。"

"什么呢？"古鄙问。

"老头儿可曾留下一张或是几张三厘公债？"

"他有一张三厘公债，票面利息一万五，这个项目当时还是我亲自记下的。"

法官道："你查查清册罢。"

古郎拿起一个文件夹，翻了一会，找出正本来查到了，念道："又一件：公债票一纸……对啦，你瞧，……M二三五三三。

"一小时以内，请你把清册上这一节给我抄下来，我等着用。"

"做什么用呢？"古郎问。法官沉着脸，瞪着第奥尼斯的后任，说："你要不要做公证人？"

"还用说吗？"古郎嚷道，"我受了那么多气，才能叫人尊我一声大师傅[1]。法官先生，你可以相信我：一个叫作古郎的可怜巴巴的首席帮办，跟纳摩的公证人、玛尚小姐的丈夫、约翰-赛白斯蒂安·古郎大师傅，绝不能相提并论。他们俩根本不相干，干脆是两个人！你不瞧瞧我吗？"

篷葛朗这才注意到古郎的装束：戴着白领带，穿一件白得耀眼的衬衫，缀着红宝石纽扣；一件红丝绒背心，上身的黑呢外套和下身的黑呢裤，都是在巴黎定做的。脚下套着一双漂亮皮靴。梳得整整齐齐，压得四平八稳的头发，还散出香味来。总而言之，他是脱胎换骨了。

"你的确变了一个人。"篷葛朗道。

"品格和外表都变了，先生！有了事务所，人就安分啦；再说，清洁也是跟着财产来的……"

"哦！品格和外表都变了！"法官抬了抬眼镜，说。

"先生，你想一个有三十万进款的人会做民主党吗？从今以后，你得把我看作正人君子，周到、谨慎，"他看见自己老婆

---

[1] 法国习惯，凡艺术家、作家、律师、诉讼代理人、公证人，一律被人尊称为Maitre；但公证人与诉讼代理人在中文内不能冠以大字表示尊重，如大律师之例，亦不能如艺术家可尊为大师，故暂译为大师傅。

进来，便补上一句，"又是个挺爱妻子的丈夫。你看我变得多厉害，甚至觉得我的表嫂克莱弥埃很有风趣了，我还栽培她呢；她的女儿也不再说什么唧筒了。昨天她还用错字儿，可是我绝不宣传，虽则那笑话很有意思；我当场还指点她来着。所以我真的变了一个人，以后绝不让主顾们干什么缺德事儿。"

篷葛朗催他说："快点儿。我一个钟点之内等你的抄件，这样，古鄙公证人也能把首席帮办作的坏事补救一部分。"

法官向纳摩的医生借了车马，带着于絮尔的公债票，两本可作物证的书和遗产清册的抄件，径奔枫丹白露去找检察官。篷葛朗毫不费事的指出，三张公债票被某个承继人偷了去，接着又指出偷的人就是米诺莱。

检察官说："怪不得他有那种行动。"

为谨慎起见，检察官马上做了一个公事给国库，要求把三份公债停止过户；又派治安法官去调查公债的金额，调查是否已经转让。

篷葛朗上巴黎办事去了。检察官写了一封客客气气的信，请米诺莱太太到检察署来。才莉担忧儿子决斗的事，接到信便穿起衣衫，吩咐套马，盛装艳服的上枫丹白露。检察官的办法非常简单，可是厉害得很。他把夫妻俩隔离以后，尽可以利用一般人对法院的畏惧，探明真相。才莉在办公室里看到检察官，听到下面一番露骨的话，吓坏了。

"太太，米诺莱医生遗产中的盗窃案，本署已经找到线索；我相信你并非同谋；但倘使把你所知道的情形完全说出来，你可以免得丈夫上重罪法庭。事情的可怕不仅仅在于你丈夫将来要判罪，还有你儿子的撤职和性命出入的危险都应当避免。再过几分钟就来不及了，宪兵已经套好牲口，逮捕状马上要发到纳摩去了。"

才莉当场晕倒。一醒过来，她全部招认了。接着，检察官轻而易举的解释给她听，说她已经有了通同的罪名；但为了保全她的丈夫和儿子，他做检察官的决意小心行事。

他说："我现在不是用法官的身份对你。受害人不曾提起控诉，盗窃的事也没张扬出去；可是太太，你丈夫犯的罪非常严重，遇到一个不像我这么好说话的法官，事情就大了。在目前的情形之下，你不能不受拘留……"他看见才莉快晕过去了，便道："噢！拘留在我家里，行动相当自由。别忘了我要严格执行的话，就得签发拘票，开始侦查；可是此刻我站在弥罗埃小姐的监护人地位上办事，为了保障她的利益，不得不作些让步。"

才莉叫了声："啊！"

"你给丈夫写封信去……"检察官教才莉就在他的办公桌前照他的话写下来：

朋友，我彼浦（被捕）了，把事清（情）全说了。我们叔叔在波（被）你消灰（毁）的遗竹（嘱）上，送给卜打多哀（包当丢埃）先生的那些公贵（债）票，你快快拿出来，因为见斥（检察）官以今（已经）通知国厍（库），定（停）止过户。

检察官看到别字连篇，微微笑着，说道："这样，你可以免得他狡赖；他赖了就糟了。咱们必须把退赃的事办得稳妥。你住在我家里，内人一定尽量减少你的难堪；我还劝你：一句话也别说，也别露出难过的样子。"

助理检察官的母亲招认了，被软禁了以后，检察官把但羡来找来，把他父亲偷盗公债，暗中损害于絮尔而又显然损害共同承继人的情由，一层一节和他说了，把他母亲写的信也给他看了。但羡来立刻要求亲自上纳摩去教父亲退赃。

检察官道："情形很严重。因为遗嘱已经毁掉，事情一张扬，玛尚和克莱弥埃两个承继人，你那些亲戚，就会出来干涉。我已经有充分的证据对付你父亲。你母亲经过这一番，也该明白她的责任了，我把她交给你。在她面前，我要装作是因为你讨情才释放的。你陪她一同上纳摩，把那些棘手的事好好解决。你对谁都不用害怕。篷葛朗先生那样的关心弥罗埃小姐，绝不会泄露秘密的。"

才莉和但羡来马上动身回纳摩。三小时以后，检察官收到下面一封信；其中的别字都由作者改正了，免得一个遭难的人再受大家耻笑。

致　枫丹白露法院检察官

先生，上帝对我们不像您那么宽容，我们遭了无可补救的祸事。车子到纳摩的大桥边上，脱了缰绳。内人坐在车厢后部，身边没有仆役相陪：牲口急于回马房，小儿怕它们乱冲，不让马夫离座，自己下车扣好了缰绳。他正要回身上车，两匹马突然发起性来。小儿没来得及把身子紧靠桥栏，车子的踏脚已经勾着他的腿：他倒在地下，身子被后轮辗过了。现在我派专差上巴黎去请最好的外科医生，顺便送上这封信，那是小儿在痛苦之中要我写的，声明使他回家的那件事，我们完全遵照您的意思去办。

您的措施，我到死都感激不尽，并且我绝不辜负您的信任。

法郎梭阿·米诺莱

这桩惨事使纳摩镇上的居民大吃一惊，好些人拥在米诺莱家的铁门前面；萨维尼昂这才知道，他的冤仇已经由一双比他更有威力的手报复了。他立刻赶往于絮尔家里。神甫和于絮尔两人都是惊骇甚于诧异。第二天，但羡来经过初步包扎以后，巴黎的内外科医生一致认为两条腿都需要割掉。米诺莱垂头丧气，面无人色，由神甫陪着到于絮尔家里来；篷葛朗和萨维尼昂两个正好在座。

米诺莱对于絮尔说："我对你真是罪孽深重；但我的过失即使不能全部挽救，也有一部分可以补赎。我们夫妇决定把罗佛的田产全部赠送给你，不管我们儿子的命能不能保全。"

这句话说到后半段，米诺莱眼泪簌落落的直淌下来。

神甫说："亲爱的于絮尔，相信我的话，这笔赠予，你可以而且应该接受一部分。"

"你肯不肯原谅我们？"那大汉诚惶诚恐的说着，跪在不胜惊异的于絮尔前面。"几个钟点以内，就要由救主医院的外科主任动手术了；可是我不相信人间的医学，只相信全能的上帝了！倘若你原谅我们，恳求上帝留我们儿子一条命，他就有勇气忍受这个痛苦，并且我相信一定能保住他的性命。"

"咱们大家一起上教堂去！"于絮尔站起来说。

不料她刚站起身子，忽然大叫一声，倒在椅上发晕了。醒来的时候，她看见所有的朋友，除了忙着去请医生的米诺莱之外，都在那里等她一句话。而这句话，众人听了都心惊胆战。

她说："我才看见干爹站在门口对我做手势，表示没希望了。"

动过手术的下一天，但羡来果真死了，他受不了高热度和开刀以后的反应。除了母爱别无感情的米诺莱太太，在儿子下葬以后发了疯；丈夫把她送往勃朗希医生的疗养院，到一八四一年才死。

过了三个月，一八三七年正月，在包当丢埃太太同意之下，于絮尔和萨维尼昂结了婚。米诺莱在婚书上声明，把罗佛的田产和利息两万四的公债，送给弥罗埃小姐做陪嫁；他自己只留着叔叔的屋子和六千法郎收入。他变成纳摩最慈悲最热心宗教的人，当了本区教会的财务董事，到处救济穷人。

"穷人代替了我的孩子。"他说。

有些地方的习惯，橡树是用人工修剪的；所以路旁往往有些颜色变白，似乎受过雷劈的老橡树，还在那里发出嫩芽，树身空了一半，只等人家把它一斧砍下来；你要见过这种树，你就对那个开过车行的老头儿有个观念了：他满头白发，背也驼了，人也瘦了，当地的老乡邻休想再找出本书开场的时节，他等着儿子的那种痴怡而快活的神气。他吸鼻烟的手势也不同了；除了肉体，他身上好像多了些什么。他处处使人感觉到，上帝给了他很深的烙印，把他作为一个可怕的榜样。这老人从前是痛恨叔叔的干女儿的，如今却像米诺莱医生一样，所有的感情都集中在于絮尔身上，甚至他自告奋勇，替于絮尔经管罗佛的产业。

包当丢埃夫妇在巴黎圣·日耳曼区买了一所华丽的屋子，

每年在那儿住五个月。包当丢埃老太太把纳摩的屋子捐给慈善会的女修士办义务小学，自己搬到罗佛去了。蒲奚伐女人当了门房领班。以前赶杜格莱班车的加皮洛，年纪已经六十岁，娶了蒲奚伐。蒲奚伐除了丰厚的工资，一年还有一千两百法郎利息。加皮洛的儿子做了包当丢埃先生的马夫。

你们在天野大道上可以看到一辆车身很低，轻巧玲珑，叫作蜗牛的小马车，车厢内部糊的是蓝镶边的灰色绸；里头坐着一个淡黄头发，年轻俊俏的女子，无数的头发卷儿像树叶般裹着她的脸，露出一双无限温柔的眼睛，像雁来红似的通明雪亮；她把身子微微靠在一个美貌的青年身上。假如你们看了艳羡，可别忘了这一对受上帝宠爱的漂亮夫妻，是预先付了苦难的代价的。这两个情侣一般的男女，大概就是包当丢埃子爵和他的太太；除了他们，巴黎再也找不出同样的一对。

特·莱斯多拉特伯爵夫人最近提到他们，说："我眼里看到的，这是最圆满的幸福了。"

所以，你们对这两个快乐的孩子不应该妒羡而应该祝福；你们都不妨去找一个于絮尔·弥罗埃，找一个由三位老人和世界上最好的母亲，患难，教育出来的姑娘。

古鄙对人非常热心，肯帮忙，名副其实的被认为纳摩最有风趣的人物，在本地极受敬重；但他的报应是在孩子身上，他们个个都长得奇丑，又是佝偻病，又是脑水肿。他的前任第奥尼斯，在议院里老当益壮，可以说是替国会增光的人物，极受王上赏识；宫中每次举行跳舞会，王上都看见有第奥尼斯太太在场。她把蒂勒黎盛会的特色和宫廷中伟大的场面，讲给纳摩的居民听。王上既然很得人心，第奥尼斯太太也就高踞着纳摩的宝座。

篷葛朗升了墨仑法院院长；他的儿子快要升做检察官了，做人也很正派。

　　克莱弥埃太太老是说些天下无双的妙语；没有G字结尾的字，她总得加个G，据说那是她笔尖不好，常常把墨水掉下来的缘故。她女儿出嫁的前夜，她做母亲的来了一篇训话，结束的时候说："做个主妇应当整天忙乱（忙碌），对每样事情都得像猫头鹰般睁着眼睛。"古郫把表嫂那些七颠八倒的话搜集起来，编成一部**克莱弥埃**语录。

　　去年冬天，包当丢埃子爵夫人服侍了病中的神甫，说道："夏伯龙神甫故世了，我们真是不胜悲痛。下葬的时候，一乡的人都来送丧。纳摩人算是有福气的，这位圣徒的后任是圣·朗日地方的本堂神甫，也是一个德高望重的教士。"

一八四一年七月　巴黎

一九五五年四月　译

都尔的本堂神甫

一八二六年初秋，我们这故事的主人翁皮罗多神甫[1]晚上从一份人家玩儿回来，突然遇到一场阵雨。他急急忙忙穿过小广场，不管一身肥肉多么累赘，他尽量的加快脚步。那荒凉的小广场坐落在都尔的圣·迦西安大堂的凸堂[2]背后，叫作游廊场。

矮小的皮罗多神甫本是容易得中风的体质，年纪六十上下，已经发过好几次痛风症。在人生所有的小灾小难中，那好脾气的教士最恨大银搭扣的鞋子里突然灌水，弄得鞋底湿透。教会中人都会保养身体，皮罗多脚上终年裹着法兰绒套袜，但鞋子浸过水还是免不了受些潮气，第二天痛风症又得复发，提醒他老毛病始终没断根。可是游廊场的路面经常干燥，皮罗多又在特·李斯多曼太太家玩韦斯脱赢了三法郎五十生丁，所以尽管穿过主教官邸广场的时候已经雨势猛烈，他也满不在乎。那个时候，他正对着

---

[1] 皮罗多神甫名叫法朗梭阿，就是在巴黎开香粉铺的赛查·皮罗多的哥哥，见巴尔扎克另外一部小说《赛查·皮罗多盛衰记》。
[2] 旧教教堂最后一部分供圣像，作祭坛用的地方作半圆形，凸出在整个教堂之后，称为凸堂。

自己的美梦出神：那是心里存了十二年的一个欲望，教士的欲望！天天晚上在暗中酝酿的欲望看来快实现了！他仿佛已经披着教区委员[1]袖子镶皮的法衣，好不舒服，再也感觉不到天气的恶劣。圣·迦西安教区委员会最近有一个空额，经常在特·李斯多曼太太家聚会的人差不多向皮罗多保证一定能补上去，说候补人员中就数他一个人最有资格，他的权利虽然长时期不受重视，却是一致公认的。倘若打牌输了钱，倘若和他竞争委员的波阿兰神甫到手了职位，老好人准会觉得倾盆大雨冷不可当，说不定还会怨生活太苦呢。但他正处在人生难得的场合，心中的得意使他忘了一切，加快脚步只是一种不知不觉的动作。描写人情的故事最要紧说出真相，当时皮罗多既没想到阵雨，也没想到痛风症。

　　游廊场靠大街那边从前有好几幢屋子，外面砌着围墙，本是大教堂的产业，给教区委员会的一些要人住的。自从教会产业归公[2]以后，市政府把屋子中间的过道改成一条马路，从游廊场通往大街，叫作唱诗班街。这名字就说明当初是唱诗班和唱诗学校的旧址，也是靠唱诗班吃饭的人居住的区域。街的左手只有一所屋子，圣·迦西安大堂的飞扶壁[3]穿过屋子的围墙，直立在又小又窄的园子里，叫你看了想不透到底是先有大堂呢，还是先有那年深月久，变成暗黄色的屋子。可是考古家把屋子的外表，门上的环洞，窗的形状和装饰花纹细看之下，就会发觉屋子和巍峨宏伟的大堂不但相连，当初原是一体。在法国，都尔是文学气息最薄弱的一个城市，倘若当地也有一个考古学者的话，在走进游廊

1　教区委员等于主教的顾问，在旧教会中是相当高级的职位。
2　大革命时期教会财产一律被政府充公，大部分拍卖给私人。
3　哥德式教堂的大墙之外另有较矮的墙，用悬空支架的支柱撑扶正墙。矮墙名叫飞扶壁。

场的口子上还能看出一些连环拱廊的遗迹，那是以前教士住宅的门面，同教堂的整个风格完全调和。大教堂经过悠长的岁月，颜色苍黑，布满裂痕，又是冷又是潮湿，长着青苔和高高的野草。屋子坐落在大堂北面，经常罩在大堂的阴影之下，从早到晚静到极点，只有钟声，从教堂里透出来的做日课的声音，或是栖宿在钟楼顶上的红脚乌鸦的聒噪声，偶尔冲破四周的岑寂。那儿竟是一片荒凉的石头世界，冷落的环境另有一番情调，只有一无所用的脓包或者性格特别刚强的人才住得下去。我们说的那屋子一向住着神甫，房东是个老姑娘，叫作迦玛小姐。产业虽是迦玛小姐的父亲在恐怖时代向政府买来的，但二十年来老姑娘始终招留教士，所以到王政复辟时代也没有人觉得一个虔诚的妇女保留一所公产有什么不好：热心宗教的人或许以为迦玛小姐存心在身后把屋子捐给教会；至于上流社会，他们根本不觉得屋子的用途有什么改变。

　　皮罗多神甫向那所屋子走去，他在那儿已经住了两年了。他的一套房间和教区委员的职位同样是十二年来眼热的对象，是"我所欲也"的目标。当教区委员和寄宿在迦玛小姐家里，算是皮罗多一生之中两件大事，大概把一个教士的雄心包括尽了。出家人认为人生不过是走向天国的旅行，在尘世为了满足肉体的需要只求睡得舒服，吃得称心，衣服收拾得干干净净，有几双银搭扣的鞋子，此外还想弄一个教区委员的职位满足一下自尊心。据说这个解释不清的心情便是我们到了上帝身边也消灭不了，因为圣徒之间还有等级之分。皮罗多神甫没有住进房间之前觊觎那房间的心，在时髦人物看来固然不值一提，对皮罗多却是一股强烈的欲望，不但阻难重重，而且和作恶的欲望一样充满着希望，快乐和内疚。

迦玛小姐限于屋子的大小和内部的分配，没法招两个以上的房客。在皮罗多搬进去以前，大约有十二年光景，脱罗倍神甫和夏波罗神甫由迦玛小姐照料得又快活又健康。脱罗倍神甫还活着。夏波罗神甫死了，皮罗多马上补了他的缺。

夏波罗神甫生前是圣·迦西安的教区委员，和皮罗多是好朋友。副堂长每次去拜访教区委员，对他那套住房、家具和书柜，总是不胜羡慕。这个羡慕的心后来变了想取而有之的心。皮罗多的欲望实在无法抑制；而一想到只有最知己的朋友死了，他暗中那个越来越强烈的欲望才能满足，心里就觉得说不出的痛苦。夏波罗和皮罗多都没有钱。两人全是农家子弟，除了教士的薄俸，别无收入；少数积蓄早在艰苦的大革命时期花完了。拿破仑恢复迦特力教的时候，夏波罗神甫当上圣·迦西安的教区委员，皮罗多当了大堂的副堂长。夏波罗这才寄宿在迦玛小姐家里。皮罗多到委员的新居去看他，觉得房间分配很好，别的什么也没注意。他那份觊觎家具的心思很像有些年轻人的爱情，开场不过对一个女人冷眼欣赏，没想到后来竟爱了她一辈子。

那套房间坐落在一幢朝南的偏屋里，打一座石扶梯进出。正屋临街，底层住着脱罗倍神甫，楼上住着迦玛小姐。夏波罗搬进去的当口，每间屋子都空无所有，天花板被煤烟熏得乌黑。石头砌的壁炉架框子，雕工很马虎，从来没上过漆。穷委员先搬进一张床、一张桌子、几把椅子，还有寥寥几本书。整套房间仿佛一个衣衫褴褛的美女。过了两三年，有位老太太留下两千法郎遗产送给夏波罗，夏波罗用来买进一口橡木书柜，是黑帮[1]拆毁了一所古堡卖出来的，出色的是柜子的雕工，便是艺术家见了也会赞赏。神甫买下来主要还不是贪图价钱便宜，而是因为书柜的大小和游廊完全相配。那时夏波罗正好有笔积蓄，把素来不用的寒碜的游廊全部刷新，地板细细擦过，天花板刷白，护壁板重新油漆，显出橡木的花纹和原来的色调。旧的壁炉架拆了，用云石重新砌过。教区委员趣味不俗，特意物色了几把胡桃木雕花的旧靠椅。随后又放进一张紫檀长桌，两件蒲勒制造的木器，把游廊布置得颇有风格。两年之内，靠着几位慷慨的太太和虔诚的信女的捐献和遗赠，虽然数目有限，书柜里空荡荡的格子也摆满了。临了，夏波罗的一个叔叔，奥拉托利会[2]会员，过世了，夏波罗得到的遗赠有一部对开本的《初期基督教宗师文选》和另外几部大书，对教士说来都是珍贵的书籍。四壁皆空的游廊逐渐改变面目，皮罗多看着愈来愈诧异，情不自禁的眼热起来。那间书房跟教士们严肃的生活太调和了，皮罗多心里就想取而有之。这个欲望一天天的加强。副堂长原先只觉得各个房间分配得好，后来在那儿整天做过工作，便进一步欣赏环境的安静。以后几年，卧室经过夏波罗的收拾，竟像一个小圣堂，门下一般虔诚的妇女还帮他装饰得更美。一位太太送他一套卧房用的木器，上面钉的花绸，那太太当着老好人的面绣了很久，老好人根本没料到是送给他的。所以卧室和游廊一样叫副堂长看得眼花缭乱。夏波罗过世

---

[1] 王政复辟时代有一般投机商买下古堡拆毁，将地基与花园分块出售，屋内家具则零星出卖。当时浪漫派诗人如雨果等痛恨此辈，斥为"黑帮"。黑帮原是法国史上称呼德国雇佣兵的名称。

[2] 基督旧教的宗派之一，十六世纪时创立于罗马，十七世纪时传至法国。

前三年又装修了客厅，那就没有一个房间不舒服了。虽然家具上钉的面子不过是红丝绒，皮罗多已经为之心神陶醉。自从教区委员的客厅粉刷一新，挂起红绉纱窗帘，摆着桃花心木家具，铺着奥皮松织造的地毯，夏波罗的寓所就成为副堂长暗中垂涎的目标。能够住这样一套房间，睡在夏波罗睡的那张挂大绸帐子的床上，像夏波罗一般舒服的享受应有尽有，在皮罗多心中便是全福；他再也看不到更远的地方。普通人对于世俗的东西的艳羡和野心，在皮罗多都集中在一个隐藏的根深蒂固的念头上，巴望有一个住处和夏波罗布置的一样。有时朋友病了，皮罗多去探望，那当然是出于一片至诚；但知道教区委员身体违和的时候，或者和他在一起的时候，皮罗多心坎里总不由得万念俱集，归纳起来永远是这么一个挺简单的意思：

"要是夏波罗死了，我就能住他的屋子。"

可是皮罗多心地极好，头脑狭窄，人又不大聪明，绝不至于出计划策叫朋友把书柜和家具在身后送给他。

夏波罗为人自私，可是和气，宽大。朋友暗中觊觎的心本来容易猜着，他当然猜着了，也原谅了，那在一个教士也并非难事。副堂长对他的友谊始终如一，天天陪他在都尔的公园里散步，二十年来从未间断，散步的时间也不曾打过折扣。皮罗多认为自己那个不由自主的欲望是桩罪过，为了补赎，恨不得为夏波罗赤胆忠心出一番力才好。夏波罗对于这样诚恳的友情不能不报答，临死前几天，正当副堂长念《日报》给他听的时候，对副堂长说：

"这一回我的房间归你啦。我觉得我真的完了。"

果然，夏波罗神甫在遗嘱上写明把书柜和家具送给皮罗多。多么渴望的东西到了手，寄宿在迦玛小姐家的愿望马上要实现了，皮罗多失掉朋友的悲痛也就减淡许多：他大概不会让朋友复活，但着实伤感了一番。几天之内，皮罗多的心情活像迦刚多阿：老婆巴倍克在生邦太葛吕埃的时候死了，迦刚多阿不知道还是为得子而高兴好，还是为丧妻而悲伤好，结果他弄错了，对老婆的死亡大为得意，对儿子的出生遗憾不置[1]。皮罗多哀悼亡友的头几天，忙着查点他的藏书，把他的家具一样样的动用起来，察看一番，嘴里念念有词的说着："可怜的夏波罗！"那种声音语调可惜没有用音符记录下来。总之，快乐和悲痛占据了他全部心思，来不及再想到旁的事情；连夏波罗遗下的委员缺份被别人补了去，也不觉得难过；夏波罗原是希望皮罗多能接他后任的。

迦玛小姐很乐意让副堂长在她家里包膳宿。过世的教区委员素来向副堂长夸耀他的物质生活多么舒服，这生活从此轮到副堂长来享受了。好处简直数不清！根据夏波罗生前的说法，迦玛小姐对两个房客体贴周到，无微不至，都尔城里所有的教士，连总主教在内，都得不到那样的照应。教区委员在公园中散步的时节，跟朋友谈话的开场白差不多老是离不开他刚吃过的丰盛的饭菜；而在一星期七次的散步中间，夏波罗至少要把下面那样的话对皮罗多说上十四遍：

"那再好没有的姑娘替教会服务竟是她一生的志愿。你想吧，前后十二年工夫，雪白干净的内衣、披风、祭衣、领巾，永远端整得好好的。每样东西放在老地方，尽够你轮流更换，还带着菖蒲香呢。家具老是抹得干干净净，我久已不知道什么叫作灰土了。你可曾发现我屋里有过一星半点的灰土？从来没有！烧

---

[1] 见拉伯雷小说《邦太葛吕埃》第三章。

壁炉用的柴挑的是上等木材，每样小东西都精致非凡。总而言之，仿佛迦玛小姐的眼睛从来不离开我的房间。什么事都不用你费心，我记不起十年之中可曾打过两回铃。嘿！这才叫生活！样样东西一拿就着，拖鞋也不会有一只没一只。屋子里老是暖暖和和，饭菜老是精美可口。有一回，生炉子的吹风卡着嗓子，叫人发急；我只开一次口，第二天迦玛小姐马上换了一个挺好看的吹风，还给我一把火箝，就是你看见我拿着夹木柴的。"

皮罗多听着只说了声："还带着菖蒲香！"

带着菖蒲香这几个字老是引起皮罗多注意。在可怜的副堂长耳朵里，教区委员的话简直在形容一种不可思议的幸福。副堂长自己经常为了领巾祭衣弄得头昏脑涨：因为他生活毫无规律，往往连叫人开饭都会忘记的。所以每逢募化或者做弥撒，在圣·迦西安堂里一看见迦玛小姐，皮罗多总得又温和又慈祥的望她一眼，就像圣女丹兰士望着天空一样。

人人贪图而皮罗多向往不已的享受固然到手了，但无论是谁，哪怕教士吧，心中没有一点儿梦想是活不下去的；十八个月以来，皮罗多神甫把升级的愿望代替了已经满足的两个欲望。他对教区委员的头衔，变得像平民出身的部长对贵族院议员的头衔一样重视。升级的可能性，特·李斯多曼太太家一帮人给他的希望，使他快活得飘飘然，回到家门才想起他的雨伞忘在主人家里。每星期三晚上，他总在特·李斯多曼老太太家玩儿；那边的一般常客关于他的升级说了许多话，让他颠来倒去地想着，越想越得意，要没有倾盆大雨，也许根本就想不起什么雨伞。副堂长当下拉着门铃，那股劲儿仿佛告诉女佣人不能多等。接着他把身子缩在门洞里，想少淋一些雨；不料屋顶上流下的水恰好冲着他的鞋尖。一阵阵的狂风又卷着雨水直扫过来,赛过淋雨浴。皮罗多把女佣人走出厨房,拉门闩上的绳子,一共需要多少时间计算了一下,又拉起铃来,那阵叮叮当当的响声可是意义很清楚的了。

他听见门内毫无动静,心上想:"他们是不会出去的啊。"

他拉了第三次铃,刺耳的声音不但在屋内闹成一片,还有大教堂的各个部分传来的回声,屋内的人受到这样的惊扰不会不醒的了。果然,不多一会,皮罗多半着恼半高兴的听见女佣人的木靴在石子路上格吱格吱响起来。担心痛风症的老头儿以为受罪马上受完了,事实上却没有这么快。玛丽阿纳跑来不是拉绳子,而是拿大钥匙开锁,拔掉上下的门闩。

他对玛丽阿纳说:"这样大的雨,怎么让我拉铃拉了三次?"

"先生,你看大门不是上了锁吗?我们睡了很久啦。已经十点过三刻了。小姐当是你没出去呢。"

"你明明看着我出门的,你!小姐也明知道我每星期三都上李斯多曼太太家。"

玛丽阿纳一边关门一边回答:"哎,先生,小姐吩咐我怎办我就怎办。"

皮罗多神甫正因为刚才的好梦做得太快活了,听了这两句愈加不舒服。他一声不出,跟着玛丽阿纳上厨房去拿烛台,满以为烛台摆在那儿。谁知玛丽阿纳不上灶屋,直接带神甫走向他的卧房。当初教区委员在红客厅外面的楼梯台上装了一扇大玻璃门,隔成一个小穿堂。皮罗多看见烛台放在小穿堂的桌子上,奇怪得说不出话来。他急急忙忙进房,发觉壁炉里没有火;玛丽阿纳来不及下楼就被神甫喊住了。

他说:"喂,你没有生火么?"

玛丽阿纳回答说:"对不起,神甫。生过的,大概又熄了。"

皮罗多重新看了看壁炉肚子,明明是早上熄的火。

他道:"我要烘脚,替我生炉子。"

玛丽阿纳懒洋洋的动作表示她只想睡觉。皮罗多的拖鞋也不像从前一样放在床前脚毯的正中央,他一边找一边觉得玛丽阿纳的穿扮并不像她说的才从床上起来;这才想起他受用了一年半的一切小小的照顾,近半个月都给取消了。头脑狭窄的人天生能领会细节,皮罗多忽然把当晚的四桩事情大大推敲了一番。要是别人,根本不会觉察那些琐碎事儿,在皮罗多眼中却变成四桩天大的祸事。玛丽阿纳关于壁炉的谎话,拖鞋忘了摆好,烛台一反常规移到穿堂的桌子上,故意让他淋着雨在大门口呆等:事情很清楚,这样下去,他的全部幸福都要保不住了。

壁炉里的火焰亮起来了,床前的陪夜灯点上了,玛丽阿纳也出去了,临走可不像往常那样问一声:"先生还有别的事没有?"过世的朋友留下一张漂亮宽敞的大靠椅,皮罗多轻悠悠的往靠椅上坐下,可是坐下去的动作颇有悲哀的意味。老头儿充满了大祸将临的预感,不由得垂头丧气;一双眼睛把美丽的挂钟、五斗柜、椅子、窗帘、地毯、圆顶的大床、圣水缸、十字架、华朗丹的《圣母像》,勒勃仑的《基督像》,把房内所有的杂物一样样瞧过来;脸上那副痛苦的表情好比一个男人恋恋不舍的和生平第一个情妇诀别,或者一个老年人和他最后种的几株树木分手。迦玛小姐暗中折磨他已经有三个月光景,副堂长到现在方始发觉,老实说是晚了一些;房东的不怀好意,换了一个聪明人早就看出了。所有的老姑娘都有一套本领,能够把出于仇恨的话和行动特别点明。她们会像猫一样抓人。而且不但伤人,伤了人还觉得开心,还要叫受害的人看出她们在伤害他。一个老练的人绝不让人家抓第二回,忠厚的皮罗多要脸上被抓了好几把才相信对方真有恶意。

教士专门指导人的信仰,坐在忏悔室里挖掘一些莫须有的罪过,养成一种盘三问四的聪明;皮罗多就凭这点儿聪明,想把下面的意见当作宗教辩论的大题目一般加以证实:

"就算迦玛小姐想不起我上李斯多曼太太家,就算玛丽阿纳忘了生火,就算她们当我早已回来;但既然我早上亲自端下烛台——对,**是我亲自端下去的!!!**——那么迦玛小姐看见我的烛台在她客厅里,绝不可能当我已经睡觉。**由此可见**,迦玛小姐的确故意让我在门外淋雨;而且把烛台端到我屋里来,要我知道——"想到这里,事情越发严重,急得皮罗多叫出声来:"要我知道什么呢?"他站起身子脱掉湿衣服,换上睡衣,戴上睡帽。

然后他从床边走向壁炉架,指手画脚,用各种不同的声调说了一大堆话,每句结尾都逼尖着嗓子,仿佛代表惊叹号。他说:

"我什么地方得罪了她呢?干吗她要恨我呢?玛丽阿纳不会忘记替我生火的!是迦玛小姐叫她不要生的!她对我说话的口气和态度明明是我倒了霉,惹恼了她,除非小孩儿才看不出来!夏波罗从来没碰到这样的事!要受这样的罪怎么活得下去呢?……何况到了我这个年纪!……"

他上床的时候希望第二天能弄明白为什么迦玛小姐要恨他,要把他向往了那么久而享受了两年的幸福一笔勾销。可是迦玛小姐跟他过不去的内情,他是永远不会知道的;并非事情奥妙得猜不出来,而是因为老好人缺少那种坦白的精神,不像大人物或者大混蛋那样会老老实实地对待自己、批评自己。世界上只有天才或阴谋家才会对自己说："我错了。"只有利害关系和出众的才干帮你出起主意来才认真细到，眼光透彻。皮罗多神甫可是忠厚到近于糊涂，所有的一些知识是靠死用功硬装进去的，人情世故一窍不通，所谓生活不过是做弥撒，听忏悔，替本地几家女子私塾和几个赏识他的好心的太太当忏悔师，花的心思仅仅是代人解决一些无足重轻的良心问题。所以皮罗多竟是一个大孩子，社会上的习惯大半不知道，只有人类天生的自私，加上教士特有的自私以及内地狭窄的生活养成的自私，在他身上暗暗发展而他自己并不知道。

谁要有兴致挖掘一下副堂长的心理，指出他在极琐碎的生活细节方面，在私生活的极微小的义务方面，他所欠缺的主要就是他自以为具备的牺牲精神；皮罗多经过这样的点拨，一定会责罚自己，会真心实意用苦行来补赎。但是被我们伤害的人，即使我们是不知不觉伤害的，也不大肯考虑到我们出于无心，他们要报复，而且自有办法报复。因此皮罗多尽管软弱无能，也不能不受报应：大公无私的天道执行赏罚的时候往往假手于人，一般糊涂虫只晓得把这种情形叫作**人生的不幸**。

过世的夏波罗和副堂长的差别，只在于一个是圆滑机灵的自私自利者，一个是率直笨拙的自私自利者。夏波罗寄宿到迦玛小姐家，对女主人的性格看得明明白白。当忏悔师的经验使他知道，老姑娘因为踏不进社会，心中老是怨气冲天；所以他在迦玛小姐家的行事都经过周密的考虑。那时女主人不过三十八岁，还有相当的野心，而在一切胸有城府的人身上，野心后来都变做自命不凡。教区委员懂得要同迦玛小姐和睦相处，对她的殷勤与关切必须始终如一，行事要比教皇更正确。为了做到这一点，夏波罗尽量少跟女主人接触，只限于礼貌上应有的交际，和住在一所屋里的人避免不了的应酬。他虽然跟脱罗倍神甫一样一天吃三顿，但他不和大家一同吃早饭，而是定下例规，让迦玛小姐叫人把咖啡牛奶一直端到他床前。其次，他要避免同桌吃晚饭的麻烦，经常在他消磨黄昏的人家用茶点。这么一来，除了吃中饭，别的时候就难得看见迦玛小姐；至于吃中饭，他总比规定的时间早到一会儿。

饭前那一段时间成为一种表示礼貌的拜访，房客问的老是那几句，房东回答的也老是那几句，十二年如一日。这种定期谈话的内容无非是迦玛小姐隔夜的睡眠、当天的早饭、家常的琐事、脸上的气色、身体的保养、天气的好坏、做日课花了多少时间、做弥撒时有些什么小事情，以及这个那个神甫的健康等等。吃饭的当口，夏波罗总来一套间接的恭维，从鱼的新鲜、作料的味道、沙司的质地说起，一直到迦玛小姐的品德、当家的本领为止。夏波罗心中有数，称赞迦玛小姐做糖酱、干果、小黄瓜、肉饼子，以及其他美味可口的东西的技术，一定能满足老姑娘各方面的虚荣心。最后，狡猾的委员离开女主人的黄客厅以前，从来不忘记提一句，刚才尝到的那种好咖啡，都尔城里无论哪一家都喝不到。

由于夏波罗彻底了解迦玛小姐的性格，也由于夏波罗十二年中老于世故的应付，两人之间从来不曾为了生活习惯有过一言半语的争论。老姑娘的棱角、生硬的脾气、毛糙的地方，夏波罗一开场先摸得清清楚楚，凡是和她避免不了的接触点都调节好了，使迦玛小姐自愿在某些地方对他让步，让他日子过得又舒服又安宁。迦玛小姐总说夏波罗神甫非常和气，容易相与，人又风趣到极点。关于脱罗倍神甫，迦玛小姐简直一字不提。脱罗倍在她的生活圈子里亦步亦趋，好比卫星走在行星的轨道上。脱罗倍对于她仿佛是介于人与狗之间的一种动物，在她心中的地位比她的朋友们和她心疼的一只害气喘病的大哈巴狗更重要一些。脱罗倍完全听她调度，两人的利益完全打成一片，许多和迦玛小姐来往的人看了，认为脱罗倍有心图谋老姑娘的财产，一直耐着性子在那里做工夫，使迦玛小姐不知不觉的被他收服，受他操纵，因为他面上顺着迦玛，绝不露出有一点儿支配迦玛的意思，所以实际上更能支配迦玛。

夏波罗神甫死了，老姑娘存心招一个性情和善的房客，念头自然而然转到副堂长身上。夏波罗的遗嘱还没宣布，迦玛小姐已经打算把夏波罗的房间给亲爱的脱罗倍神甫，觉得他住在底层太不舒服了。可是皮罗多垂涎已久，这一下也不怕流露出他欲望的强烈，他和老姑娘谈判寄宿合同的时候，老姑娘看他对夏波罗的房间喜欢得不得了，竟不敢开口要他调到楼下去，只能顾着利益，牺牲感情。迦玛小姐为了安慰心爱的教区委员[1]，把他住的老房间的大白方砖拆了，铺上斜纹条子的地板，常常冒烟的壁炉也重新砌过。

皮罗多和他的朋友夏波罗来往十二年，从来没想到研究一下为什么夏波罗对迦玛小姐小心谨慎到极点。皮罗多住到那圣女家去的时候，心境仿佛一个如愿以偿的情人。即使他不是天资迟钝，毫无眼光，当时的快乐也蒙住了他的眼睛，不可能估量迦玛小姐的品性，考虑到和她日常周旋的分寸。副堂长远远的看来，

---

[1] 脱罗倍和夏波罗同样是教区委员。

而且一心想着住在她家里的享受，看的时候还戴着有色眼镜，只觉得迦玛小姐是个完人，是个地道的基督徒，心地慈悲的人，《福音书》上的女子，端庄的处女，浑身都是平凡而朴素的美德，俗世的生命已经有着天国的气息。皮罗多就像一个人望眼欲穿的东西到手以后那样的兴奋，像小孩儿那样的天真，像毫无阅历的老年人那样糊涂，好比苍蝇投入蜘蛛网一般闯到迦玛小姐的生活中去。他在老姑娘家寄宿的第一天就留在女主人的客厅里脱不了身，一则有心和她交攀，二则他是那种胆小的人，会莫名其妙的发窘，生怕失礼，不好意思打断话头起身告辞。结果他坐了一黄昏。

当晚来了另外一个老姑娘，皮罗多的朋友，叫作沙罗蒙·德特·维勒诺阿小姐。迦玛小姐居然能凑成一局波斯顿，好不得意。副堂长上床的时节觉得一个夜晚过得很愉快。他跟迦玛小姐和脱罗倍神甫并不相熟，对他们的性格只看见一个浮面。本来很少人会一开始就暴露自己的缺点，总尽量装出一副动人的外表来。皮罗多兴冲冲的私下盘算，从此晚上可以陪迦玛小姐消遣，不必出门子。

女主人几年来有个欲望在心中一天天的滋长。那是老年人和漂亮太太都会有的，在迦玛小姐身上却变成一股强烈的痴情，和皮罗多过去垂涎夏波罗的住屋差不多，再加上流社会的人天生的骄傲、自私、妒羡和虚荣，更使老姑娘摆脱不开那欲望。老实说，我讲的这个故事每个时代都有，不过我们的人物活动的舞台狭小一些罢了；只消把范围扩大一下，便是最高阶层发生的事故也不难解释清楚。

迦玛小姐平时在七八家人家消磨黄昏。或许因为不得不移樽就教而心中不快，自以为活到这个年纪也有资格叫别人回敬一下了；或许觉得没有常客来往，面上难看；或许女朋友们受的奉承，占的优势，她的虚荣心也极感需要，所以她雄心勃勃，只想使自己的客厅成为一个聚会的中心，每天和晚上都有一帮客人**高高兴兴的跑来赴约**。等到皮罗多和沙罗蒙小姐在迦玛小姐屋子里玩了几晚以后，当然还有那忠实而耐性的脱罗倍神甫奉陪，有天下午迦玛小姐从圣·迦西安大堂出来，遇到一些要好的女朋友，向来都是她觉得非迁就不可的，那时却告诉她们，说谁要愿意看看她，不妨每星期上她家去玩儿一次，她招集的朋友足够凑一局波斯顿了；她说她不能让新房客皮罗多神甫太寂寞；沙罗蒙小姐没有一晚不参加她的晚会；她特意定了日子招待客人；而且……还有……诸如此类，说了一大堆。

她的话谦虚之中带着骄傲，故意甜嘴蜜舌，装得很客气，因为沙罗蒙·特·维勒诺阿小姐属于都尔的第一流贵族。这位小姐只是为了对副堂长的友谊才来的，但主人看到贵客光临，非常得意，觉得靠着皮罗多神甫的力量，她的雄心马上就能实现，可以凑起一个集团来，宾客之多，人物之风雅，不亚于特·李斯多曼太太，曼冷·特·拉·布洛蒂埃小姐，以及别的几位虔诚的太太招待善男信女的集会。不料事与愿违，迦玛小姐的希望被皮罗多在半路上破坏了。

要是期待已久的幸福，你一生之中曾经到手过一次，你就能了解副堂长睡在夏波罗床上的快乐，而对于迦玛小姐热爱的计划归于泡影的恼恨，你也应当能体会。皮罗多耐着性子陪迦玛小姐消遣了六个月之后，往外溜了，沙罗蒙小姐也跟着一去不返。迦玛小姐野心不死，费着天大的劲勉强拉拢了五六个客人，还不一定每次必到；而要凑一局波斯顿，至少要有四位从不缺席的常客。临了她只得认输了事，仍旧回到她从前的一般朋友家去。因为凡是老姑娘，一个人待在家里就要心情恶劣，不得不在外边走动，寻一些虚幻的娱乐。

皮罗多拆场子的原因不难想象。虽然照《福音书》上的说法，**浑浑噩噩的人是有福气的**[1]，副堂长将来准有资格进天堂，但他像许多糊涂虫一样，总觉得别的糊涂虫讨厌透顶，没法忍受。没有脑子的人好比败草，专门拣好地方生长，而且正因为百无聊赖，更需要有些消遣。他们既闷得发慌，又时时刻刻怕面对自己，便产生一种无事忙的需要，只想在外鬼混，忘掉自己。这种心情可以说是他们的特点；凡是没有感情的人、失意的人，或者自作自受的倒霉鬼，大都如此。可怜的皮罗多不曾把迦玛小姐的空虚与无聊摸清底细，也没有了解她思想的狭窄，而是活该倒霉，很晚才发觉迦玛小姐和一般老姑娘共有的缺点以及她个人特有的缺点。大概别人身上的坏处和好处对照之下总是特别分明，在没有伤害我们之前已经很触目了。在某些情形之下，这种心理现象可以说明我们多多少少喜欢议论人短处的倾向不无道理。拿人与人的关系来说，嘲笑别人的缺点是极自然的事，所以遇到挖苦的人我们应当原谅，因为我们自有可笑之处给他取笑；值得骇怪的乃是无中生有的毁谤。但是忠厚的副堂长从来没有那副眼光，不能像交际场中的人那样很快的看出邻居的弱点而不去触犯；他只要一切生物所共有的本能给了他警告，就是说吃了苦头，方始认出女主人的毛病。

---

1 见《马太福音》第五章。"浑浑噩噩的人是有福气的"一句之下，第二句是："因为天国是他们的。"

老姑娘和结过婚的妇女不同,性格和生活不曾迁就过别人的性格和生活,多半要周围的一切都顺从她。这个怪癖在迦玛小姐身上日渐恶化,变成霸道;但她的霸道只能在小事情上使出来,在很多例子中我们只说一桩,比如玩波斯顿,她把皮罗多神甫的筹码篮摆定在一处,神甫偏偏移动,惹得她大生其气,这情形几乎每天晚上都发生。为一些无聊的小事动怒的蠢脾气从哪儿来的呢?有什么目的呢?谁也说不上来,迦玛小姐自己也不知道。新房客尽管生性像绵羊,但也和绵羊一样不喜欢棍子挨得太多,何况棍子上还有刺呢。皮罗多不明白为什么脱罗倍神甫肯那样忍耐,他自己只想脱身,对迦玛小姐自作主张替他安排的享受敬谢不敏;迦玛小姐看待生活的乐趣原来和看待她的糖果酱一样。不幸老头儿太天真,事情处理得太笨拙。散伙之前少不得有许多摩擦和零零星星的促狭事儿,皮罗多竭力装作不在乎。

　　副堂长在迦玛小姐家住到一年,恢复了老习惯,每星期到特·李斯多曼太太家玩两晚,沙罗蒙小姐家玩三晚,其余两晚在曼冷·特·拉·布洛蒂埃小姐府上。她们在都尔的社交界中都是贵族派,迦玛小姐没有资格踏进她们的圈子,便认为皮罗多的拆台简直是大大的侮辱,等于说她不登大雅。本来么,一有选择,落选的方面总觉得是受了轻视。

　　迦玛小姐家的晚会不得不结束的时候,脱罗倍神甫对迦玛小姐的朋友们说:"皮罗多先生觉得我们不够风趣。他有才气,讲究饮食,需要交接漂亮人物,奢华的享用,精彩的谈话,听外边说长道短的议论。"

　　迦玛小姐听着总得借此机会表白自己的品性完美,阴损一下皮罗多。

她说:"哼!他谈得上什么才气!要没有夏波罗神甫,他一辈子休想踏进特·李斯多曼太太的大门。噢!夏波罗神甫死了,对我是很大的损失。他人多厚道,多随和!十二年工夫,我从来不曾同他有过一点儿争论,也没有什么不痛快的事。"

皮罗多的嘴脸被迦玛小姐描写得不大体面,在暗中与贵族作对的布尔乔亚圈子里,无辜的房客成为一个脾气难缠、事事挑剔的家伙。一连几星期,迦玛小姐的朋友们向她表示同情,一遍又一遍的随口说着:"怎么,你这样和顺,这样忠厚,怎么会招人厌恶呢?……"或者说:"亲爱的迦玛小姐,你放心,你的人品大家知道太清楚了,绝不至于……"诸如此类的话叫迦玛小姐听着好不受用。

其实,游廊场是都尔城内最冷落、最凄凉、离市中心最远的地段;说话的妇女们从此免得一星期一次到那儿去赴晚会,高兴得很,私下还感激副堂长呢。

爱与恨,在不断见面的人心中必然是不断加强的,他们时时刻刻会找到借口越来越爱,或者越来越恨。因此皮罗多神甫变了迦玛小姐的眼中钉。寄宿到十八个月,老好人把不声不响的仇恨当作相安无事,自以为把老姑娘像他所说的**笼络得很好**,还为之暗暗庆幸呢。不料就在那个时候,人家拿他作为暗算的目标,定好计划向他报复。锁上大门、忘记拖鞋、不生壁炉、烛台移到房内,出了这四件大事,皮罗多才发觉人家的敌意;而敌人还留着最后几手,要等他大势已去,无可挽回的时节才使出来。

忠厚的副堂长入睡之前,搜索枯肠寻思了一番,为什么迦玛小姐行事如此无礼,令人诧惊;不用说那是白想的,他一下子就觉得脑子里空空如也。他过去既听从自私的规律行事,自然想象不出他得罪女主人的地方。世界上的大事往往简单明了，不难说明，人生的琐碎事儿却需要许多细节才能解释。这幕戏正式开始以前的事故，就需要以上一大段开场白；其中枝枝节节的发展，要一个认真的历史家加以省略是不容易的。要知道这幕戏虽然猥琐，引起的情欲却和争夺重大利益的情欲同样猛烈。

第二天早上，皮罗多一醒过来就想着教区委员的职位出神，把隔夜认为不祥之兆，暗示将来多灾多难的四桩事情，完全给忘了。他一向屋子里不生火起不来床，便打铃通知玛丽阿纳，表示他醒了，要她上楼。接着照例迷迷蒙蒙躺在床上胡思乱想，等女佣人来一边生火，一边跟他闲扯，用说话的嗡嗡声和走路的响动，他爱听的两种音乐，催他从最后一阵困倦中懒洋洋的醒过来。半小时过去了，还不见玛丽阿纳上楼。副堂长仿佛已经做了半个委员，正预备打第二次铃，忽然听见楼梯上有个男人的脚声，便放下绳子。果然，脱罗倍神甫轻轻敲了敲门，听见皮罗多说了一声请就进来了。两个神甫经常每个月互相访问一次，副堂长因此也不觉得这次拜访有什么奇怪。教区委员一进门，发觉快要和他在教区委员会共事的神甫屋里还没生炉子，表示诧异。他打开窗子，粗着嗓子唤玛丽阿纳到皮罗多屋里来；又转身对皮罗多说：

"迦玛小姐要是知道你没有火，准会埋怨玛丽阿纳。"

说了这两句，他问皮罗多身体怎样；又用柔和的口气打听他关于升任教区委员的事可有什么新消息，有没有希望。副堂长告诉他活动的经过，天真的说出特·李斯多曼太太代他请托了哪几个人，殊不知已经两次提名为副主教的脱罗倍就恨那位太太不招待他。

两个神甫的长相截然不同，那样极端相反的两张脸简直是难于碰到的。脱罗倍又高又瘦，皮色发黄；副堂长却是俗语所谓一身是肉。皮罗多那张通红的大圆脸，一看就知道他忠厚老实，胸无城府；不像脱罗倍的瘦长脸，一道道的皱裥刻得很深，有时会流露出挖苦或者轻蔑的表情，但要留心观察才能发现。教区委员平时镇静得很，差不多经常垂着眼皮，盖住那双橘黄眼睛，可是目光随时会变得亮晶晶的，锋芒毕露。一肚皮的正经事儿使他脸上老挂着一层幕，愈加显得阴沉，头上还搭配了一窝子茶红头发。起先很多人以为他深谋远虑，野心很大；但自命为对他认识最清楚的人慢慢推翻了这个意见，说他被迦玛小姐的霸道磨得近于痴呆了，再不然是守斋的日子太长，身体亏了。他难得说话，从来不笑；遇到快意的事，脸上皱裥之间只浮起一丝淡淡的笑意。相反，皮罗多心直口快，坦白豪爽，喜欢吃好东西，动不动乐不可支，那种单纯活现出他心中既无怨恨，也无恶意。

脱罗倍神甫叫人一看就不由自主的害怕，不像副堂长谁见了都会报以微笑。在圣·迦西安大堂的拱廊底下或是正堂里，高个子的教区委员踏着尊严的步子，微微低着脑袋，眼神那么威严，令人肃然起敬：略微带些伛背的身体同大堂顶上颜色发黄的弧形穹窿非常调和，袍子的褶裥气派不小，大可给雕塑家做模型。忠厚的副堂长在堂里走起路来可一点不庄严，他急匆匆的奔来奔去，两只脚搬个不停，好像身子在打转。虽然如此，两个教士仍旧有一个地方相像。脱罗倍雄心勃勃的神气叫人忌惮，说不定就是吃了这个亏，始终无声无臭的当着一名空头的教区委员；同样，皮罗多的性格和长相似乎永远只能当大堂的副堂长。

上级一向看脱罗倍相貌阴险，又疑心他有才具，处处防他一著。可是脱罗倍到五十岁上，靠着谨慎的行事，毫无野心的表现，道行高超的生活，把上级对他的猜忌完全消除了。最近一年他身体衰退得厉害，很可能升为总主教区的副主教。便是和他竞争的教士也巴望他上台，因为他害着慢性病，已经为日无多，大家正好在他的任内多做一番工夫，准备补他的缺。和皮罗多竞争教区委员的神甫们却看不见这种希望，皮罗多的三叠下巴证明他身体康健，而他的痛风症照老话说来又是长寿的预兆。

夏波罗为人通达，极有风趣，所有的上流社会和大教区的领袖们都喜欢和他来往。他始终在暗里阻挠脱罗倍的升级，而且方法很高明。他甚至用着巧妙的手段，凡是有都尔的优秀人士来往的交际场所，都不让脱罗倍出入。夏波罗在世的时期，脱罗倍一直对他毕恭毕敬，表示十二分尊重；但尽管脱罗倍屈服到底，夏波罗仍旧不改变意见，生前最后一次散步的时候还告诉皮罗多：

"当心那个瘦长子脱罗倍！他是西克施德五世[1]的化身，不过气魄小一些，只有主教的格局。"

迦玛小姐的朋友兼房客便是这样一个人物。迦玛小姐向可怜的皮罗多宣战的第二天，那个人物便去拜访皮罗多表示好感。

他看见玛丽阿纳进来，便说："我看也不能怪她，大概她先到我那里去了。我的屋子潮湿得很，我整夜咳嗽咳得很凶——"他望着墙角上的嵌线又说，"你这儿倒很卫生。"

皮罗多笑着回答："噢！我住在这儿很像教区委员了。"

谦虚的脱罗倍说："我倒只有副堂长的身份。"

"不过你马上要住到总主教官邸去了。"好心的皮罗多但愿

---

[1] 西克施德五世是个雄才大略的教皇，在位期间是一五八五至一五九〇年。

个个人称心如意。

"要不然就是上公墓。不管怎样,我听上帝安排就是了!"

脱罗倍抬起头来朝上望了一眼,表示听天由命。接着又道:

"我来向你告借《全国教区产业总目》。都尔只有你一个人有这部书。"

皮罗多道:"请你到书房里去拿吧。"他听着教区委员最后一句话,又想起他生活方面的各种享受。

高个子的委员走进书房,在副堂长穿衣的时间一直留在那儿。不一会吃早饭的铃响了,害痛风症的老人觉得要不是脱罗倍上门,今儿起床房间里就不会有火。他心上想:"唔,他是个好人!"

两个教士双双下楼,各人挟着一册厚厚的对开本,走进饭厅放在一张半圆桌上。

"什么东西?"迦玛小姐尖着嗓子问皮罗多。

"希望你不要把书堆在我饭厅里。"

脱罗倍道:"这是我要用到的书,承副堂长好意借给我的。"

迦玛小姐满脸瞧不起的笑了笑,答道:"你不说我也该猜到。皮罗多先生不大看这样大部头的书。"

皮罗多声气柔和的问道:"小姐,你身体怎么样?"

"嗯,不大好呢,"她口气很生硬,"昨天晚上才睡着就被你吵醒了,整夜没睡好。"

迦玛小姐一边坐下一边补上一句:"先生们,牛奶快凉了。"

可怜的副堂长满以为房东会向他道歉,谁知反而给他碰了一个钉子,觉得好不奇怪,但他胆子小,最怕争论,尤其是牵涉到自己的争论,便悄没声儿的坐下。接着发觉迦玛小姐一脸不高兴的表情，皮罗多心里更矛盾得厉害：理性叫他不能一味委曲求全，听凭女主人无礼，他的脾气却要他息事宁人，避免吵架。

皮罗多憋着一肚子苦闷，对着塔夫绸桌布上绿漆的大块阴影一本正经的细瞧。桌布用过不知多少年了，四边已经破烂，面上到处开裂，迦玛小姐却满不在乎，吃早饭的时候照样铺着。两个房客围着大方桌，面对面坐着一把藤面子的靠椅，中间坐着房东，位置特别高，椅子底下装着踏脚，身后放着靠垫，背对饭厅的火炉。这个吃饭间和公用的客厅都在偏屋的底层，楼上便是皮罗多的卧房和客室。

副堂长从迦玛小姐手里接过一杯放好糖的咖啡；平时很热闹的早饭要这样闷声不响的吃下去，副堂长想着就害怕。他既不敢望脱罗倍的冰冷的脸，也不敢望老姑娘的恶狠狠的脸；只能转过身去逗弄那条又胖又大的哈巴狗，免得发僵。它躺在火炉近边的一个靠垫上，从不走动，左边摆着一个小盘，装满了好吃的东西，右边放一碗满满的清水。

皮罗多对哈巴狗说："唔，小家伙，你也等着你的咖啡吧？"

那条狗算是家里最重要的角色之一，可是已经不会叫了，只让女主人一个人说话，所以并不讨厌。它把陷在肉裥中的小眼睛抬起来望了望皮罗多，又假痴假呆闭上了。要了解副堂长的苦闷，必须知道他生性多嘴，喜欢敞开洪亮的嗓子说上一连串废话，像个皮球在地下乱跳，空响一阵。他认为讲话能帮助消化，却说不出半点医学上的道理。迦玛小姐也相信这个养生之道，过去虽然与皮罗多不和，饭桌上仍旧和他交谈；可是最近几天，副堂长花尽心思逗迦玛小姐说话，迦玛小姐也不开口了。

脱罗倍平日听他们俩谈天，几乎老是抿着嘴冷笑。我们的故事范围不大,这种对白只能举出个把例子,但已经足以把内地人的鄙陋生活描出一幅完整的图画了。皮罗多神甫和迦玛小姐对政治、宗教、文学的见解稀奇古怪,风雅的读者或许也高兴领教一下。

他们俩在一八二六年上还正式怀疑拿破仑是不是真的死了;相信路易十七躲在一根大木头的窟窿里逃出性命,至今活着[1];他们在这两件事上提出的论证,所作的猜测,说出来着实滑稽。两人也有一套独特的理由,断定全部税收都由国王一人支配,议会开会是为了要消灭教会,大革命时期有一百三十万人死在断头台上。诸如此类的议论谁听了不要笑呢?他们既不知日报有多少种,更不知这个现代的利器是怎么回事,偏偏大谈其报纸。

据迦玛小姐说,每天早上吃一个鸡子,满了一年非死不可,而且真有其事;光吃小白面包,不要同时喝水,吃上几天就能治好坐骨神经痛;拆毁圣·马丁修院的工人六个月之内统统死了;拿破仑时代有个州长千方百计想毁掉圣·迦西安的钟楼;还有许许多多别的无稽之谈,只要迦玛小姐说出来,皮罗多无不留神细听。

可是那天皮罗多觉得舌头发僵,只能一声不出的吃早饭。一会儿又觉得这样闷吃对他的胃太危险了,便大着胆子说:

"咖啡多好啊!"

可惜这股勇气完全白费。圣·迦西安大堂两堵黑黝黝的飞扶壁在园子上空留出一小方空隙,副堂长从空隙里望了望天色,鼓起勇气又说:

"今天天气大概比昨天更好……"

迦玛小姐听了这一句,用她最和善的眼风对脱罗倍神甫瞟了

---

[1] 拿破仑死于一八二一年。路易十七于一七九五年死于狱中,只是一个十岁的儿童。

一眼，回过来恶狠狠的瞪着皮罗多，皮罗多幸亏低着头没看见。

女人中间要算索菲·迦玛小姐最能表现老姑娘的凄凉的心情。她的性格使这幕戏里琐琐碎碎的情节和各个角色早先的生活格外关系重大；但要好好描写这个人物，最好先把一般老姑娘的表现总括为两句话，叫作心灵反映生活，面貌反映心灵。

假如在社会上和自然界中一样，一切都应当有一个目的，那么确实有些人的目的和用处是不可解的。无论道德观点或经济观点，都排斥只消费而不生产的人，都不允许有人在世界上占着一个位置而既不为善也不作恶，因为恶也是一种善，只是后果不立刻显露罢了。只要是老姑娘，难得不自居于这一类不生产的人物之列。一个活跃的人觉得自己在工作，就有一种满足的感觉帮助他活下去；倘若感到自己不上不下，甚至一无所用，精神上便产生相反的效果，不但引起别人的轻视，连自己也会瞧不起自己。社会上对无用的人责备很严，便是促成老姑娘们心情抑郁，面带愁容的原因之一，不过她们自己不知道而已。

世界上到处有一种不无根据的成见，尤其在法国，老是使一个没有人愿意与之同甘共苦的女性受到很大的歧视。姑娘们到了某个年纪，大家有理也罢，无理也罢，总因为她们吃着无人请教的亏，把她们视同化外。面貌丑陋的，要性格特别善良才能补救天生的缺陷；长得漂亮的，必有严重的原因促成她们的不幸。这两种女子，不知哪一种更应当受人嫌弃。要是她们的独身是经过考虑，有心要保持独立的话，无论男人或是做了母亲的女人都不肯加以原谅，觉得她们违背了女性的牺牲精神，不愿意受苦受难，因为女性之所以特别感动人就在于这一点。逃避了分内的痛苦，就谈不到痛苦所有的可歌可泣的诗意，也丧失了母性的特权——得不到那种甜蜜的安慰。何况女性的特出的优点、慷慨的天性,只有在不断的实践中才能发挥;终身不嫁的女人却变得毫无意义:她们自私,冷酷,只能叫人厌恶。

不幸这个铁面无情的判决太确当了,做老姑娘的不会不知道判决所根据的理由。别人如何看待她们的念头在她们心中自然而然的发展,正如她们凄凉的生活在眉宇之间自然而然的反映出来。于是她们一天天的憔悴;一般的妇女随时随刻感情洋溢,心中的快乐使她们面带笑容,动作温柔;老姑娘可从来没有那种洋溢的感情,没有那种快乐。接下来她们变得性情暴烈,抑郁不堪,因为虚度一世的人绝不会快活;先是心中痛苦,而痛苦就会叫人变得恶毒。老处女开头总不承认自己的孤独是咎由自取,而是长时期的怪怨社会。从怪怨一变而为心存报复,真是太容易了。还有一点,老姑娘浑身上下的讨厌样子又是独身生活不可避免的后果。既然从来不觉得需要讨人喜欢,就不知道什么叫作风度,什么叫作高雅。她们只用自己的眼光看自己。这个心理使她们不知不觉的只挑对自己方便的东西,而不要那些叫别人感到愉快的东西。她们弄不明白为什么自己跟旁的女人不同,但后来也发觉这一点不同而为之懊恼。嫉妒是女人心中永远消灭不了的情感。在女人所有激烈的情感里头,唯有嫉妒一项是男人肯原谅的,因为女人的嫉妒正好满足男人的虚荣;但老姑娘的嫉妒是无的放矢,只能受到嫉妒的害处。

老姑娘因为样样愿望受着阻抑而苦恼,天性又不得发展,心里便老是感到一种压迫,无法忍受。女性本来只会在别人心中引起愉快的感觉,倘若一辈子看见人家脸上有厌恶她的表情,当然是不好受了。因此老姑娘看人总乜斜着眼儿,倒不是怕难为情,而是由于羞愧和畏缩的缘故。这种人绝不原谅社会让她处于不尴不尬的地位,她们还为此恨自己呢。而永远和社会作对或者和人生有矛盾的人,是不会让别人太平,不妒忌别人的幸福的。

这一大堆念头整个儿表现在迦玛小姐黯淡的灰眼睛里,眼睛四周的大黑圈显出她在孤独的生活中作着长期的斗争。脸上条条皱痕都笔直。脑袋、脑门和腮帮的骨骼都长得僵硬、干枯。下巴上有好几颗痣,迦玛小姐满不在乎的让痣上长着毛,早先那些毛是棕色的。牙齿倒还洁白,可是太长,薄薄的嘴唇皮差点儿包不住。原来的黑头发因为闹着剧烈的偏头痛变得花白,只能用假头发做前刘海,但是她不会遮掉痕迹,帽子边和扣假头发的黑带之间往往露出一小块空隙,刘海的圈圈儿也做得不大高明。穿的衣衫夏天是塔夫绸的,冬天是曼里诺呢[1]的,一律浅棕色,裹在难看的腰身和瘦削的胳膊上明明太窄了一些。领子不住的往下扯,露出一段红红的脖子,脖子上的筋筋缕缕像阳光中的橡树叶,颇有艺术意味。

迦玛小姐的出身很可说明她体格方面的缺陷。父亲生前做木柴生意,是个暴发的农民。迦玛小姐十八岁时大概还娇嫩丰满;她自称当年皮肤很白,血色很好,现在可是一点影踪都没有了。皮色白得发呆,那是在假虔诚的妇女身上常见的。五官中最能表现她思想专横的是那个鹰爪鼻,正如最能表现她头脑狭窄的是那个扁平脑门。每个举动都显得突如其来,古怪得厉害,没有一点儿风度;只消看她从手提包里掏出手帕来大声擤鼻子的模样,就能猜到她的性格和生活习惯。她身材相当高,站得笔直,正好证

---

[1] 西班牙有一种羊叫作曼里诺,那种羊毛织的呢就叫曼里诺呢。

实某博物学家从生理上分析老处女走路姿态的一句话,说她们的关节都是焊在一块的。迦玛小姐走起路来并不全身都有动作,不像一般的女性那样一波三折,妩媚动人。她身体硬邦邦的向前,可以说每走一步都是从不知哪儿突然跳出来的,赛过《唐·璜》里头那座将军的石像[1]。她遇到心情高兴的时候,也会和所有的老姑娘一样暗示她当年有过结婚的机会,但那个情人不怀好意,幸亏她发觉得早;原来她是不知不觉的为计较利益而牺牲了感情。

饭厅里恶俗的糊壁纸印着土耳其风景,给那**老处女类型**中的代表人物做背景再好没有。迦玛小姐平日都在这儿起坐,屋内摆着两张半圆桌,挂着一个晴雨表。两个神甫的座位上各有一个挑绣的小靠垫,颜色已经褪了。招待客人的公用客厅和主人一个派头。客厅不久出了名,大家称之为**黄客厅**:窗帘门帘是黄的,桌椅是黄的,糊壁纸是黄的;壁炉架上面的大玻璃镜配的是金漆框子;水晶烛台和座钟亮晶晶的光彩十分刺目。至于迦玛小姐的寝室,可从来不许人进去,我们只能猜想房内准是堆满破衣服、旧家具、碎布,以及老处女们喜欢搁在身边,当作宝贝一般的东西。

对皮罗多的晚年生活影响最大的就是这么一个人物。

迦玛小姐既不能发挥女子的天性,从事女性的活动,而精力又不能不有条出路,便玩一些无聊的小手段,搬弄那种内地的闲言闲语,想出些自私自利的鬼花样;所有的老处女到后来只会把心思花在这方面。在一切情感中,索菲·迦玛小姐这可怜虫只晓得有恨;

---

[1] 相传登徒子唐·璜诱拐了一个将军的女儿,杀了将军,结果唐·璜被芳济会教士处死,对外只说是唐·璜侮辱将军的石像,被石像抓去,拖入地狱。后世文学家多采用此传说。莫利哀编的《唐·璜》一剧,最后将军的石像突然闯入唐·璜家中,邀唐·璜去吃饭。

而皮罗多活该倒霉,偏偏助长她的恨。老姑娘所过的内地生活,天地格外狭小,再加这种生活安静单调,她的仇恨心一向只处于潜伏状态,但一朝在小圈子内小事情上发作起来,势头只有更强烈。像皮罗多那等人注定是样样委屈都要受过来的;因为什么都看不见,要躲也无从躲起,所以什么事都会临到他们头上。

过了一会,脱罗倍说道:"对,今天天气一定好。"他仿佛如梦初醒,想表示一下礼貌了。

皮罗多闷声不响的吃早饭还是生平第一次,而一问一答隔着那么多时间,使他愈加着慌;他走出饭厅,一颗心好似夹在螺丝盘里。他觉得咖啡停在胃里不下去,便垂头丧气的往园子里去散步。园子里种着一堆黄杨,形状像一颗星,四周是很窄的走道。皮罗多绕了一转,回头瞧见迦玛小姐和脱罗倍神甫悄没声儿站在客厅门口:神甫抱着手臂一动不动,赛过坟墓上的石像;房东把身子靠在落地的百叶窗上。两人似乎一边望着他一边数着他的步子。生来胆小的人最怕被人细细打量,而对方用了仇恨的目光,他就更像熬受毒刑一般痛苦。一会儿皮罗多以为妨碍了迦玛小姐和脱罗倍神甫散步。这个一半由于害怕一半出于好心的念头,使他愈来愈紧张,终于离开了园子。临到出门,脑子里只想着老姑娘的凶横霸道,再也想不起教区委员的职位了。还算侥幸,那天教堂里公事不少,葬礼有好几起,婚礼有一起,洗礼有两起;他忙上一阵,忘了心中的悲苦。肚子提醒他需要吃饭的当口,他掏出表来,已经四点过几分,不由得吓了一跳。他知道迦玛小姐素来准时,便急急忙忙赶回家。

他发觉厨房里已经撤下第一道菜。一进饭厅,老姑娘和他说话的声音既表示尖刻的埋怨,也流露出找到了房客的错儿很高兴。她说：

"已经四点半了，皮罗多先生。你知道咱们是谁也不等谁的。"

副堂长一看饭厅里的挂钟，蒙在外面防灰土的薄纱移动过了，可见房东早晨上过发条，故意拨快时间，比圣·迦西安大堂的大钟快了半个小时。可是这件事万万揭破不得。副堂长倘若说出他的疑心，对方一定认为侮辱，要振振有词的大闹一阵；迦玛小姐和她那个等级的人一样，发起火来就是滔滔不竭，最会说话。

在日常生活中女佣人折磨东家和老婆折磨丈夫的层出不穷的本领，都被迦玛小姐揣摩到了，拿来对付她的房客。跟可怜的神甫捣鬼，使他不得安宁的促狭手段，显出迦玛小姐赋有作恶的天才，阴险得了不得。她有办法做了坏事不给人拿住把柄。

这个故事开场以后八天，皮罗多在迦玛家的生活，和迦玛小姐的接触，提醒皮罗多摆布他的阴谋已经布置了半年之久。只要老姑娘仅仅是暗中作对，只要副堂长能够糊涂下去，不信人家有什么坏心肠，他精神上受的伤还不至于扩大。可是从烛台搬到房里，钟点拨快以后，皮罗多不能不承认有股怨毒之气罩在他头上，有一双恶狠狠的眼睛老盯着他。从此他很快的走上苦恼绝望的路，时时刻刻发觉迦玛小姐钩子般的细长爪子会戳到他心里去。

仇恨最容易激动人心，引起各种情绪：老姑娘能靠仇恨过活高兴极了，她像老鹰捉到田鼠不马上吞下去一样，先在副堂长身边虎视眈眈，打着盘旋。她久已想好一个计划，吓昏了的神甫当然猜不着，计划付诸实行的时候，完全显出迦玛小姐在小事情上所能施展的天才，因为像她那样生活孤独，胸襟狭小，不可能体会真正修行的伟大，只会吃斋念经，在小地方表示虔诚的人，就有这副本领。而皮罗多也就苦上加苦，越发受不住；他是容易流露感情的人，需要有人同情，有人安慰；偏偏他的痛苦的性质不容许他向朋友们说出来松散一下。从胆小上来的笨拙，使他怕人笑话把那样琐碎的事放在心上。不幸他所看重的生活，忙得很无聊，无聊得很忙的生活，就建筑在那些琐碎的小事情上。在他暗淡无光的岁月中，太强烈的情绪便是灾难，精神上毫无刺激才算幸福。因此，可怜的神甫的天堂突然变了地狱。临了，他的痛苦简直无法忍受。想到早晚要同迦玛小姐有番口舌，心里一天比一天恐怖；有口难言的隐痛打击了他晚年的生活，影响他的健康。有天早晨穿上蓝花袜子的当口，发觉腿肚子瘦了一公分八。对着这个千真万确、令人痛心的诊断，皮罗多愣住了，决意去请脱罗倍神甫帮忙，在他和房东之间做一个中间人，调解一下。

　　脱罗倍的堆满纸张的书房，谁都没进去过，他一刻不停的在那里工作。那天他急急忙忙走出书房，在毫无陈设的卧室中接见客人。副堂长对着威严的教区委员不免暗暗惭愧，觉得人家忙着正经，不应该和他谈迦玛小姐的那些捣乱事儿。但是皮罗多像胆小的，打不定主意的或者懦弱的人一样，遇到无关紧要的事儿也得心里七上八下，急个半天；他尝过了这些苦闷，决意向脱罗倍说明处境，尽管心志忐乱跳也顾不得了。教区委员沉着脸一本正经听着，他虽然压着自己，仍不免露出一些笑意，说不定在聪明人看来竟是暗暗得意的表示。皮罗多形容他随时随刻受到的折磨，动了真情，说的话自然娓娓动听；脱罗倍眼皮底下似乎漏出一道光来，但他用一个思想家们常有的动作把手按在脑门上，保持经常那副尊严的样子。

　　副堂长的话说完了，脱罗倍脸上东一块西一块的斑点比平日的黄皮色更黄了；皮罗多即使想在那张脸上找出一点儿痕迹，看看神秘的教士听了他的话引起什么一种心情，也不大容易。脱罗倍先静默了一会，接着他回答的话每一句都经过长久的考虑，掂过斤两；后来给某些细心的人知道了，觉得脱罗倍心计极深，聪明得了不得。他先给皮罗多碰一个钉子，说这些事情使他奇怪极了，要是皮罗多不说，他永远不会发觉；他认为这种迟钝大概是由于一心想着心事，忙于工作，某些崇高的思想占据了全部精神，顾不到再留意生活的细节。说话之间他表示并无意思批评皮罗多的行事，以年龄和学识而论，皮罗多是值得他尊重的；他只是提到"古代的隐士们住在渺无人烟的旷野，只晓得沉浸在毫无俗虑的默想中间，难得想到什么饮食和居住的问题；在我们这个时代，做教士的无论住在哪儿，思想上都可以当作荒僻的隐居。"

接着谈到皮罗多的本身问题，说他"万万想不到有这些争执。迦玛小姐和年高德劭的夏波罗神甫相处了十二年，从来不曾发生过这样的事"，至于他脱罗倍，当然能做副堂长和房东之间的中间人，因为他对迦玛小姐的友谊绝不超出教会规定的范围；但为了公道，他也得听听迦玛小姐怎么说法。脱罗倍认为房东一点没有改变，迦玛小姐一向是这样的；即使有些使性的地方，他也乐于迁就，因为知道那位可敬的小姐心肠好得不得了，性情和顺得不得了。她脾气略微有些异样是由于她害着肺病，有许多痛苦，而她还表现出真正基督徒的克制工夫，忍着不说……最后他告诉副堂长："只要多住几年，就会知道迦玛小姐的价值，看出她品性高尚的许多好处来。"

皮罗多告辞出来，心里老大不好意思。他既然没法同别人商量，就用看待自己的眼光去判断迦玛小姐。老好人以为出门几天，老姑娘对他的仇恨没有了养料，就会平下去的。暮秋时节，都兰[1]地区多半天气晴和，特·李斯多曼太太照例要在乡下住一个时期；皮罗多决定像从前一样去逗留几天。可怜的家伙！这一下他的死冤家真是求之不得了；殊不知要破掉迦玛小姐的诡计，只有拿出修道士一般的耐性才行。皮罗多既不能预料以后的发展，也弄不清他遭到的究竟是怎么回事，只能像羔羊似的听凭屠夫一槌子打死。

特·李斯多曼太太的产业坐落在一条堤岸上，介乎都尔城和圣·乔治山陵之间，屋子朝南，四周全是岩石，兼有乡居的野趣和都市的娱乐。因为从都尔大桥走往那所叫作云雀的别庄要不了十分钟：这一点在人人懒得动弹，便是为了寻欢作乐也不愿多劳驾的地方，特别可取。皮罗多神甫在云雀别墅住到十天光景，有天正在吃早饭，门房通报说有位卡隆先生要见他。卡隆先生是个律师，一向经办迦玛小姐的事务。皮罗多一时记不起来，只觉得自己跟谁都没有纠纷，离开饭桌去见律师的时候，心里十分焦急。他看见律师不拿架子，随便坐在阳台的栏杆上等着，见了他就说：

"既然先生不想在迦玛小姐家住下去的意思表示得很清楚……"

皮罗多神甫打断了他的话，叫道："喂，先生，我从来没想到要离开她的屋子啊。"

律师回答说："可是先生一定在这个问题上对小姐有所表示，

---

[1] 法国古行省名称，首府便是都尔。

因为她托我来问你是否在乡下久住。长时期的出门,你合同上并没提到,自然可以引起敝当事人的异议。现在迦玛小姐认为你的寄宿……"

皮罗多诧异之下又截住了律师的话,说道:"先生,那也不必用近乎法律手续的办法来和我……"

卡隆说:"迦玛小姐为了免得将来多纠纷,托我来和你谈判。"

皮罗多回答说:"那么请你明天再劳驾一次,我这方面也得商量商量。"

"好吧。"卡隆说着,起身告辞。

办公事的家伙走了。可怜的副堂长发觉迦玛小姐死不放松的紧盯着他,慌得要命,回进特·李斯多曼太太家的饭厅面无人色。大家一看他的形景,争着问:

"皮罗多先生,出了什么事啊?"

神甫垂头丧气的坐下,一句话都答不上来,脑子里模模糊糊的全是倒霉的景象。吃过早饭,客厅里生着很旺的火,皮罗多的好几个朋友团团坐下,他一五一十把失意事儿很天真的说出来了。那些听众在乡下已经住得有些腻味,对这桩十足内地式的纠葛大感兴趣。个个人站在神甫一边,派老姑娘的不是。

特·李斯多曼太太对他说:"脱罗倍神甫想抢你的房间,难道你看不出吗?"

写到这里,我这个记载历史的人[1]大可形容一番特·李斯多曼太太的相貌;但是转念一想,即使有些读者不知道斯悌恩关于姓

---

[1] 巴尔扎克有心把《人间喜剧》作为一个时代一个民族的风俗史,故小说中常以历史家自命。

名和性格的说数[1]，单是嘴上念一念**特·李斯多曼**太太这几个字，也想象得出她是一个高贵尊严的女子，热心宗教而并不古板，因为她还保存君主时代和古典时代的生活习惯，颇有那种老派的风度；举止高雅；心肠很好，只是有些固执；说话略微带些鼻音；还敢念《新哀络绮思》[2]，看喜剧，单单梳头而不戴帽子。

"皮罗多先生不应该向那个刁钻促狭的老东西让步，"特·李斯多曼先生说。他是海军少校，正在叔母家过假期。"只消副堂长有胆气，肯听我的话，保证他不久就能过太平日子。"

接着每个人都拿出内地人特有的聪明来分析迦玛小姐的行为。我们不能不承认，不管你行事的动机多么隐秘，内地人自有本领赤裸裸的揭露出来。

一个熟悉当地情形的老年地主说道："哎，你们都不懂。这件事骨子里很严重，究竟怎么样我一时还弄不明白。脱罗倍神甫心思很深，不会让你们一猜就中的。亲爱的皮罗多眼前吃的亏才不过是开头呢。第一，即使把房间让给了脱罗倍，能不能从此太平安乐呢？我看不见得。"他转身朝着发愣的神甫说："既然卡隆跑来说你想离开迦玛小姐的屋子，毫无疑问是迦玛小姐有心赶你出门……你愿意也罢，不愿意也罢，非离开不可。她们那种人从来不做一桩冒险的事，没有把握绝不动手。"

那老乡绅叫作特·波旁纳先生。他所代表的外内地思想，和伏尔泰代表的十八世纪精神一样完全。老头儿又瘦又干瘪，衣着

---

[1] 十八世纪的英国作家斯特恩在所著小说《项狄传》中说，人的姓名与性格大有关系；巴尔扎克很相信这个理论。
[2] 卢梭的《新哀络绮思》是有名的爱情小说。严格的教徒往往不看这一类的小说，也不看喜剧。

非常随便，这一点最能说明他田产的数目受到一州的重视。他的脸被都兰的太阳晒得紫堂堂的，相貌与其说是富于机智，不如说是精明。平时说话都掂过斤两，做事都用过心思，表面上装作忠厚，遮盖他的细心谨慎。便是你粗枝大叶打量一下，也能发现他和诺曼底的农民一样，跟人打起交道来没有一回不占便宜。都兰人最喜欢研究酿酒学，特·波旁纳先生便是这方面的专家。他有一处产业，大块的草原缺一只角，他侵占了洛阿河中的沙洲补完全了，公家竟没法和他打官司。人家看他有此手腕，认为他是个能干家伙。要是你对特·波旁纳先生的谈吐听出味道来，想从都兰人口中打听他的历史，所有妒忌他的人会异口同声的回答你：

"噢！**他是只老狐狸！**"而说这种话的人着实不少。在都兰正如大多数的内地一样，语言的精华就建筑在嫉妒上面。

大家听着特·波旁纳先生的意见一时不出声了，小集团的人好像都在仔细考虑。那时佣人通报沙罗蒙·特·维勒诺阿小姐来了。她想帮助皮罗多，特意从都尔赶到，而她带来的消息完全改变了事情的面目。她未到之前，除了那地主之外，个个人劝皮罗多靠着当地的贵族撑腰，跟脱罗倍和迦玛见个高下。

沙罗蒙小姐说："掌管人事的副主教最近病了，总主教发表脱罗倍神甫做代理。因此任命教区委员的权现在完全操在他手中。可是昨天波阿兰神甫在特·拉·布洛蒂埃小姐家提到，皮罗多神甫给迦玛小姐许多麻烦，口气好像咱们这位忠厚的神甫活该倒霉。他说：'皮罗多神甫必须有夏波罗神甫指点才行；自从那位道行高卓的教区委员过世之后，事实证明……'接下去便是一大堆捏造和中伤的话，不必细说了。"

特·波旁纳先生郑重其事的说道："脱罗倍一定当上副主教

了。"

特·李斯多曼太太望着皮罗多道:"你说你挑哪一样,当教区委员呢还是在迦玛小姐家住下去?"

"当然是挑教区委员啰!"大家众口一词的代皮罗多回答。

"既然如此,"特·李斯多曼太太接着说,"就得向脱罗倍神甫和迦玛小姐认输。他们打发卡隆来看你,不等于间接表示你要肯让出屋子,就给你当委员么?这就叫作有来有往!"

个个人称赞特·李斯多曼太太想得细到,看得透彻。唯有她的侄儿特·李斯多曼男爵用滑稽的口气对特·波旁纳先生说:

"我倒想叫皮罗多和迦玛打一仗呢。"

可是对副堂长说来非常不幸,在上流社会和有脱罗倍撑腰的老姑娘之间,并不势均力敌。不久斗争就要变得形势分明,范围扩大到意想不到的程度。按照特·李斯多曼太太和她大多数朋友的主意,派了一名当差去请卡隆。那般人过着空虚的内地生活,这场风波正好让他们提提精神,兴奋一下。办公事的家伙来得极快,对这一点只有特·波旁纳先生暗暗吃惊。

那个无名的腓俾阿斯[1]用心想了想,觉得都兰的名利场中颇有些阴谋诡计。他说:"事情没弄清楚以前,还是不要作决定的好。"

他想点拨皮罗多,要他知道处境危险。但当时大家动了感情,老狐狸的智慧不起作用,他的话不曾引起多大注意。律师和皮罗多谈判的时间并不长久。皮罗多慌慌张张回进来说:

"他要我写一张声明**撤回**的字据。"

---

[1] 纪元前三世纪时罗马的独裁者,以足智多谋见称于史。

海军少校问："这个吓人的字怎么解释？"

特·李斯多曼太太也叫起来："什么意思呢？"

特·波旁纳先生吸着鼻烟回答："意思很简单，就是要神甫声明自愿从迦玛小姐家搬走。"

特·李斯多曼太太望着皮罗多说："仅仅是这样吗？那你签字就是了！倘若你当真决定搬出来，表明你的意志有什么害处？"

说到**皮罗多的意志**，那真是天晓得了！

"话是不错，"特·波旁纳先生说着，使劲关上鼻烟壶，那手势包括的意义太多了，简直没法说明，"不过笔迹落在外面总是危险的，"他补上一句，随手把鼻烟壶搁在壁炉架上，脸上的表情叫副堂长大吃一惊。

皮罗多心乱如麻；自己毫无防备，事情却接二连三的发生；对他的孤独生活关系最重大的事，他的朋友们打发得如此轻易：这种种情形使皮罗多心神恍惚，待着不动，好似掉在云端里，一无思想。在座的人你一句我一句，话说得又多又快，皮罗多一边听一边想弄清他们的意思。他拿着卡隆先生的文件看起来，仿佛全副精神都在律师的稿子上，其实他是心不在焉。他在文件上签了字，承认他自愿搬出迦玛小姐家，也不再按照原来的协议在她家寄饭。

副堂长签过字，卡隆收起文件，问他的东西送往哪儿。皮罗多给了特·李斯多曼太太家的地址。那位太太已经点过头，表示同意把神甫招留几天，满以为他不久就能升任教区委员。特·波旁纳先生要求看看那份放弃居住权的文书，卡隆递给了他。

特·波旁纳先生念过了，问副堂长："原来你和迦玛小姐订过合同，合同在哪儿呢？有些什么条件呢？"

副堂长回答说:"合同在我家里。"

特·波旁纳先生问律师:"你知道不知道内容?"

"不知道,先生。"卡隆说着,伸出手来要回那该死的笔据。

特·波旁纳先生心上想:"哼!律师先生,合同的条款你全知道,只是你用不着告诉我们罢了。"

他随手把弃权的字据交还律师。

"唉!我所有的家具放到哪儿去呢?"皮罗多嚷道,"还有我的书,我的漂亮书柜,我的美丽的图画,我红客厅里的东西,还有一切动用家私?"

可怜虫好像被连根拔起了一样,灰心绝望的神态那么天真,活活表现出他生活单纯,对人事一窍不通;特·李斯多曼太太和沙罗蒙小姐尽量安慰他,口气像母亲哄孩子,答应给他一样玩具似的:

"不要为这些小事发急好不好?我们总能替你找到一所屋子,不像迦玛小姐家那么冷那么黑。万一碰不到你合意的地方,我们之中无论哪一个都能招待你,代理膳宿。得啦得啦,来玩一局脱里脱拉[1]吧。明儿你去拜访脱罗倍神甫,请他在教区委员这件事情上帮帮忙,他一定对你另眼相看,你等着瞧吧。"

懦弱无用的人最容易惊慌,也最容易安心。可怜的皮罗多想着住到特·李斯多曼太太家去的远景,心里飘飘然,竟忘了渴望多年而舒舒服服享受过来的福气从此烟消云散,一去不返了。可是晚上没睡熟以前又大大烦恼起来,先是搬家的麻烦,改变习惯的麻烦,对于他那种人简直是世界到了末日;他憋着这些苦闷千思百想,不

---

[1] 这是一种用棋子、骰子和有格的木盘玩的游戏。

知哪儿再能找到一个放书柜的地方，跟从前的游廊一样合适。图书狼藉，家具碰坏，生活变得乱七八糟的景象就在眼前：他不由得翻来覆去的私忖，为什么住在迦玛小姐家的第一年那样温暖，第二年这样苦不堪言。他的倒霉事儿始终是一口无底的井，叫他的思想陷在里头摸不着边际。他认为遭了这许多灾难，教区委员的职位已经不足以补偿，觉得自己的生活像只袜子，破了一个洞，所有的网眼就一齐散光。固然他还有个沙罗蒙小姐；但多年的美梦破灭之后，可怜的神甫也不敢再信托新朋友了。

在心情痛苦的老处女群中，尤其在法国，许多人拿出英勇的精神把生命贡献给高尚的感情。有的为早死的情人坚贞守节，为爱情牺牲，做到不嫁也等于嫁了一样。有的一心一意为门户增光，不管时下家庭观念如何一天天的淡薄，令人痛心，她们照样替兄弟管理产业，或者抚育父母双亡的子侄；她们虽是处女，跟做母亲的并无分别。这一类的老姑娘把妇女特有的感情全拿去救渡人间的苦难，可以说是最壮烈的女性。她们放弃了应得的报酬，只接受分内的痛苦，使女性的面目达到理想的境界。在那种情形之下，她们的生活由于舍身忘我而显得光辉灿烂，男人对着她们憔悴的面容不能不肃然起敬。特·松布滦伊小姐[1]既非少女，亦非妇人，过去和将来永远是一首不朽的诗篇。

沙罗蒙小姐便是这一等英勇的女子。她受尽日常的苦楚而得不到一点光荣，所以她的牺牲特别伟大，近于殉教性质。她年轻貌美，和一个男人相爱，不料这未婚夫发了疯。五年工夫，她凭着爱情的力量服侍情人，照管可怜虫的生活起居，对疯狂的心

---

[1] 玛丽·特·松布滦伊十八岁时，在一七九二年九月的大屠杀中奋不顾身，救出父亲性命。

理体会极深，甚至于不觉得情人失去理性[1]。她举止朴素，说话爽直，苍白的脸虽然长得端整，也不无特色。她从来不提以往的事。不过有时听到骇人的或凄惨的故事会突然发抖，显出她受过极大的苦难，心肠特别软。未婚夫死后，她住到都尔来，可是没有人赏识她真正的价值，大家只说她是个**好人**。她做许多善事，天生爱亲近弱者。就因为此，她非常关切可怜的副堂长。

沙罗蒙·特·维勒诺阿小姐第二天一早进城，带着皮罗多同去，让他在大堂河滨道下车，走往游廊场。皮罗多急于赶到那儿，想至少抢救他教区委员的职位，同时监督家具的搬运。那所屋子他进出了十四年，住也住过了，本想学他朋友夏波罗的样太太平平老死在那儿，谁知被放逐出来，永远回不进去。他在门上拉铃的时候，不由得心跳得厉害。玛丽阿纳见了副堂长表示诧异。副堂长说来拜访脱罗倍神甫，径自往教区委员住的底层走去；不料玛丽阿纳把他喊住了，说道：

"副堂长，脱罗倍神甫不在那儿了，他住在你的老房间里。"

副堂长听着浑身发冷。他这才了解脱罗倍的本性，看出长期策划的仇恨多么深；因为他发现脱罗倍占据着夏波罗的书房，坐着夏波罗的精致的哥德式靠椅，不用说也睡了夏波罗的床，动用夏波罗的家具，盘踞在夏波罗的心坎里，取消了夏波罗的遗嘱，把夏波罗的朋友所得的遗产一手抢去。为什么呢？因为夏波罗把他脱罗倍封锁在迦玛小姐家，都尔的高门大族一家都不让进去，使他一步不得高升。

---

1 这个故事见巴尔扎克另外一部小说《路易·朗倍》。

眼前这个突如其来的变化是什么魔术变出来的呢?难道这一切东西已经不属于皮罗多了吗?一看脱罗倍瞧着书柜冷笑的神气,可怜的皮罗多觉得未来的副主教十拿九稳能把敌人的遗物永久霸占下去了。脱罗倍恨死了夏波罗,因为夏波罗是他的敌人;也恨死了皮罗多,因为在皮罗多身上仍旧看到夏波罗。可怜虫对着当前的景象冒起无数的念头,迷迷糊糊赛过做梦。他站在那儿一动不动,被脱罗倍目不转睛的望着,仿佛把他的魂都勾去了。

"先生,"皮罗多终于开出口来。"我想你总不至于没收我的东西吧?迦玛小姐即使性急,要你住得舒服一些,也得让我理好书,搬走家具才对。"

脱罗倍神色自若,没有一点儿激动的样子,只冷冷的说道:"先生,昨天迦玛小姐通知我,说你走了,原因我还不知道,她要我搬到这儿来是出于不得已。我的房间给波阿兰神甫租去了。我不晓得这几间屋里的东西是不是迦玛小姐的;倘是你的,你知道她做人规矩:她的高洁的生活便是诚实不欺的保证。至于我,你并非不知道我生活多么简单。一无所有的房间,我睡了十五年,根本不在乎潮气,我的身体就是这样慢慢弄坏了的。不过你要愿意回到这屋子里来,我很乐意退还给你。"

听到这两句刺心的话,皮罗多忘了活动教区委员的事,赶紧下楼去找房东,脚步跟年轻人一样快。在底下接连正屋,铺着石板的宽大的楼梯台上,他遇到了迦玛小姐。

迦玛小姐嘴角上微微堆着笑容,神气又挖苦又强横,眼睛里射出一团火,亮得像老虎眼睛。皮罗多完全没注意到这些,只顾行着礼说道:

"小姐,我弄不明白怎么你不等我来搬走家具……"

小姐打断了他的话,回答说:"怎么!你所有的东西不是全送往特·李斯多曼太太家去了么?"

"我的家具呢?"

"咦,难道你没看过你的合同?"老姑娘的声音要用音符记录下来,才显得出仇恨会使每个字儿的轻重有多么微妙的变化。

那时迦玛小姐的身子似乎变得格外高大,眼睛更亮了,脸也开朗起来,浑身上下快活得直打哆嗦。脱罗倍神甫在楼上推开一扇窗,手里捧着一册对开本的书,好似嫌室内光线不足。皮罗多像触电似的待在那里。迦玛小姐嗓音和喇叭一般响亮,对着皮罗多的耳朵直嚷:

"不是早讲好的吗,你要搬走的话,你的家具都得归我,偿还你比夏波罗神甫少付的膳宿费?现在波阿兰神甫升了教区委员……"

皮罗多听到最后一句,有气无力的弯了弯腰,仿佛向老姑娘告辞,随即急急忙忙走了。他生怕多留一会儿会当场昏倒,给两个死冤家看着更得意。他走路像喝醉了酒,好容易捱到特·李斯多曼家,在一间矮矮的房里看见一口大箱子,装着他的内外衣服和纸张文件。面对着残余的劫灰,倒霉的神甫坐下来,双手蒙着脸,免得旁人看见他哭。波阿兰神甫当上了教区委员!而他皮罗多竟落得无家可归,囊无分文,连家具都光了!幸而沙罗蒙小姐坐着车经过。特·李斯多曼家的门房知道可怜虫伤心,便唤住车夫,上前和沙罗蒙小姐说了几句。半死不活的副堂长被人扶到他忠实的朋友身边,只会说几个不连贯的单字。本来头脑不大灵清的人临时又糊涂起来;沙罗蒙小姐看着吃了一惊,立刻送他上云雀别墅,满以为他神经失常的征兆是波阿兰神甫升级的消息引起的。皮罗多自己都不知道和迦玛小姐订的合同有多大影响,沙罗蒙小姐当然无从得知。有时最悲痛的事也会参杂滑稽的成分:皮罗多古古怪怪的回答,沙罗蒙小姐听着几乎笑出来。

他说:"夏波罗的话不错。真是个野兽!"

"谁啊?"沙罗蒙小姐问。

"夏波罗。我什么都被他抢去了!"

"你是说波阿兰吧?"

"不是的。脱罗倍。"

到了云雀别墅,朋友们争着安慰神甫,表示热烈关切;傍晚他终于安静下来,说出早上的经过。

头脑冷静的地主少不得讨合同来看;他从隔天起就觉得事情的奥妙全在合同上。皮罗多从口袋里掏出那该死的文书递给特·波旁纳先生,特·波旁纳先生很快的念下去,一会儿就发现这么一条:

> 由于甲方索菲·迦玛按照上开条件同意接受乙方法朗梭阿·皮罗多的膳宿费,与已故的夏波罗先生所付的膳宿费每年有八百法郎差额;由于乙方法朗梭阿·皮罗多确切承认,在若干年内无力支付迦玛小姐的房客所付的膳宿费,尤其是脱罗倍神甫所付的膳宿费;又由于甲方索菲·迦玛为乙方皮罗多代垫的各项费用;乙方皮罗多自愿在亡故之日,或在任何时期不论以任何理由自动迁出现住房屋,而不再享受甲方迦玛小姐按上开条件所承担的义务时,将遗下家具拨归甲方迦玛小姐所有,以偿还甲方损失……

特·波旁纳先生叫道："哎唷！竟有这样的合同！那个索菲·迦玛太辣手了！"

可怜的皮罗多像小孩儿一般的脑子里，万万想不到有朝一日会闹出事来要离开迦玛小姐，他死心塌地打算老死在迦玛家。合同上订的那一条他完全忘了，订的时候也根本没有讨论，觉得条件很公平。当时只要答应他住进去，叫他签无论什么文件都行。这样的天真太了不起了，迦玛小姐的行事太恶毒了，六十多岁的神甫遭到这个命运太惨了，那样的忠厚软弱也太可怜了；特·李斯多曼太太一时动了义愤，叫道：

"是我劝你签了搬家的笔据，受到这样的损失；我替你惹祸招殃，应当还你幸福。"

老乡绅道："可是那合同构成诈欺行为，可以提起诉讼的呢……"

特·李斯多曼男爵道："好！让皮罗多去告她一状。要是在都尔打输了，到奥莱昂去上诉；奥莱昂打输了，到巴黎去上诉，反正是稳赢的。"

特·波旁纳先生冷冷的接口道："倘使要告状，我劝他先辞掉副堂长。"

特·李斯多曼太太道："咱们去请教律师。应当告就告。迦玛小姐做出那种事来太丢人了，脱罗倍神甫也要受累不浅，他们不能不多少让步一些。"

经过郑重讨论，个个人答应皮罗多神甫将来跟迦玛一帮交起手来，帮助皮罗多。个个人都有一种确切的预感，有一种无法形容的内地人的本能，使他们自然而然把迦玛和脱罗倍两个姓氏连在一起。但所有当时在特·李斯多曼家的人，除开老狐狸，没有一个清清楚楚看出这样一场斗争关系多么重大。特·波旁纳先生把神甫拉在一边，轻轻和他说：

"在场十四个人，过了半个月没有一个会再给你撑腰。那时你要求救的话，恐怕只有我还有胆子回护你，因为我熟悉内地，熟悉人物，熟悉事情，而更有用的是熟悉各方面的利害关系！你所有的朋友，尽管一片好心，叫你走的是一条绝路，没有退步的。让我劝你一句：你要想日子太平，最好放弃副堂长的职位，离开都尔。别说出你往哪儿去，想法当一个远地的本堂神甫[1]，要脱罗倍碰不到你的地方才行。"

"离开都尔？"副堂长惊骇的神气简直无法描写。

要他离开都尔等于要他性命。那岂不是把他立足在世界上的根须一齐斩断了吗？独身的人往往拿习惯代替感情。这种心理使他们不像在世界上过活，而只是从世界上经过；再加上性格软弱，他们就彻头彻尾的受环境控制。因此皮罗多变得像一种植物：搬个地方就不能再无忧无虑的开花结果。树木要存活，必须时时刻刻吸收同样的液汁，根须必须老是埋在原来的泥土之下；同样，皮罗多必须永远在圣·迦西安大堂中奔来奔去，永远在都尔公园里经常散步的地方打转，永远走那几条街，每晚到三份人家去玩韦斯脱或脱里脱拉。

"啊！我没想到这一层。"特·波旁纳先生回答的时候带着怜悯的神气望着神甫。

都尔城中不久都知道，前特·李斯多曼中将的寡妇特·李

---

[1] 本堂神甫只主管一个普通的教堂，地位远不及大堂的副堂长。即同为本堂神甫，地位也随着教堂的大小而异，偏远地区的或是乡村的本堂神甫亦远不及通都大邑的本堂神甫。

斯多曼男爵夫人，收留了圣·迦西安大堂的副堂长皮罗多神甫。这件事虽然还有许多人表示怀疑，已经分出了是非曲直，分出了党派，尤其在沙罗蒙小姐第一个大着胆子说出欺诈和告官的话以后。凡是老姑娘总是面皮特别嫩，脾气特别固执；因此迦玛小姐觉得特·李斯多曼太太所取的立场大大的伤害了她。男爵夫人地位高，人品也高；她的风雅的趣味、优美的举动、奉教的虔诚，都是一致公认的事实。男爵夫人收留皮罗多，等于把迦玛小姐说的每一句话都斩钉截铁的驳回了，也等于谴责迦玛的行为，承认副堂长怪怨他从前的房东是对的。

老婆子们判断别人的行为自有她们聪明的眼光和分析的能力；我们必须说明一下这种眼光和能力帮了迦玛小姐多少忙，也得说明迦玛一帮的势力从哪里来的，读者才能了解这个故事。迦玛小姐经常由一声不出的脱罗倍陪着，晚上到四五家人家去玩儿。那些地方大概有十一二个常客，由于趣味相同，地位相仿而结合起来的。其中有一两个老头儿，感染了家里女佣人们的兴趣和多嘴的习惯；还有五六个老姑娘，整天注意着街坊邻舍，以及社会上地位比她们高或是低的人，磨勘他们的说话，追究他们的活动；最后还有好几个老婆子，专门传播人家的丑事，把人家的财产记得清清楚楚，批判别人的作为，预测人家的亲事，说这个不对，那个不好，不管说的是敌人还是朋友，嘴皮都一样刻薄。

那些人全住在城里，分布的方式像植物的毛细管；他们收集每份人家的新闻和秘密，像树叶吸收露水那样不胜饥渴，也像树叶把吸来的水分输送给枝干似的，自动把材料传达给脱罗倍神甫。

人人都需要情绪上有些刺激，那般假仁假义的酸老太婆每天晚上把城里的局势算一笔清账，目光的犀利不亚于十人会议[1]，受着感情唆使而做的间谍工作又很可靠，使她能监视社会。等到弄清楚了一件事情的内幕原因，她们为了顾面子，还吸收本集团的智慧，在各人圈子里提到的时候口气好像只不过是闲谈。这帮口一方面是无所事事，一方面又非常活跃，一方面无声无臭，一方面说话说个不停；你看不见他，他却无所不见。他们的势力表面上好像人微言轻，不足为害，但一朝被重大的利益鼓动起来就很可怕。以性质的严重，对每个人的关系而论，像皮罗多仗着特·李斯多曼太太帮扶，跟脱罗倍神甫和迦玛小姐交手的事，在那个帮口中人的生活圈子里好久没有发生了。

原来迦玛小姐来往的一些人家一向把特·李斯多曼、特·拉·布洛蒂埃、特·维勒诺阿三家看做冤家对头。骨子里那种摩擦无非是小集团思想和小集团的虚荣心作怪，有如耗子窝里的罗马平民与罗马贵族之争，或者像孟德斯鸠提到圣·玛兰共和邦时说的，一杯水里的大风浪；据说在那个共和邦内太容易专权，所以公家的职位任期只有一天[2]。但这种风浪在大众心里掀起的热情，不亚于支配国家大事所需要的热情。认为只有胸怀大志，生活骚乱不宁的人才觉得时间过得飞快，是完全错误的。脱罗倍神甫就和野心家、赌徒、情人的时间过得一样快，一样紧张，一样心事重重，希望与失望的波动一样大起大落。为了暗地里战胜别人，打破难关，克服自己，我们所消耗的精力只有上帝

---

1 十八世纪以前威尼斯共和邦是贵族当权的寡头政治，以十人会议为最高权力机关。
2 孟德斯鸠在《法意》第二编第三章中提到亚得利亚海岸上的古国拉哥萨，说那个共和邦的元首任期只有一月，其他官吏的任期只有一星期，宫堡总管任期只有一天。他并未提到圣·玛兰共和邦，也没有一杯水里的大风浪的话。

知道。不过我们即使弄不清自己往哪儿去，旅途的辛苦还是感觉得很清楚。假如写历史的人可以把他说的戏[1]暂停片刻，临时当个批评家，请读者看看那些老处女和两位神甫的生活，研究一下毒害他们生命的灾难是什么原因造成的；那么你们或许会发现，一个人必须具备某些热情，方始能发挥他的长处，使得生活有气魄，天地变得广阔，而万物所共有的自私的本能也不至于爆发出来闯祸了。

特·李斯多曼太太回到城内，并没知道五六天来外边传说她对侄儿的感情有些不清不白的动机，她的好几个朋友已经不得不代她驳斥；这种谣言即使给特·李斯多曼太太听到也只会好笑。她带着皮罗多去见她的律师，律师认为案子并不好办。副堂长的朋友们或者觉得理直气壮的官司不用着急，或者因为不与本人直接相干，懒洋洋的并不上劲，预备拖到他们进城以后再说。迦玛小姐的朋友们却趁此机会先下手，把事情说得对皮罗多神甫十分不利。

特·李斯多曼太太的律师，业务全靠本地一般热心宗教的人照顾。他使特·李斯多曼太太很奇怪，竟劝她不要发动这桩诉讼，谈话结束的当口还声明他绝不承办，因为根据合同，迦玛小姐在法律上并没有错；倘若丢开法律，只讲情理，那么在法官和正派人眼中，皮罗多跟大家过去对他的印象相反，不像一个和平、妥协、宽厚的人；迦玛小姐却是出名的性情和顺，容易相处；当初皮罗多承继夏波罗神甫的家具需要付一笔费用，迦玛小姐帮皮罗多忙，借钱给他，根本不曾要他出收据；并且以皮罗多的年龄与性格来说，也不会不知道内容，不晓得轻重，就贸贸然

---

[1] 巴尔扎克写的小说既以《人间喜剧》为总称，故常把一部小说作为一幕或一场戏看待。

签文件的；皮罗多的朋友夏波罗在迦玛小姐家住过十二年，脱罗倍住了十五年，皮罗多住了两年就离开，必有他的主意，他自己心里明白；因此向迦玛小姐提出诉讼只显得他忘恩负义……诉讼代理人送客出去，让皮罗多先往楼梯走前几步，把特·李斯多曼太太拉在一边，劝她为安宁起见，千万别卷入漩涡。

当晚牌局未开始之前，特·李斯多曼太太府上的宾客围在壁炉四周；可怜的副堂长心中的焦急，活像皮赛德勒监房[1]中的死囚等待上诉的结果，少不得向朋友们说出律师的结论。

特·波旁纳先生道："除了进步党的诉讼代理人，我看都尔没有一个讼师肯接受你的案子，除非有心要你败诉；而且我也不劝你冒这个险。"

海军少校嚷道："啊！太卑鄙了！让我陪神甫去见那个诉讼代理人。"

特·波旁纳先生打断他的话，说道："那还得等天黑了再去。"

"为什么？"

"我才听说脱罗倍神甫发表了副主教，补前天过世的那一位的缺。"

"我才不怕脱罗倍神甫呢。"

特·波旁纳先生向特·李斯多曼男爵递了一个眼色，要他说话留神，在座有一个州长公署的参议是脱罗倍的朋友；不幸那三十六岁的男爵完全没注意，还接着说：

"倘若脱罗倍神甫是个小人……"

---

[1] 法国塞纳州比赛德勒村上有个大救济院，收留老人和疯子，同时也监禁浪子及判处苦役而尚未执行的罪犯。

特·波旁纳先生拦着他说:"哎!事情跟脱罗倍神甫全不相干,为什么扯到他身上去呢?……"

男爵道:"皮罗多神甫的家具不是他在动用享受吗?我记得去过夏波罗屋里,看见有两幅贵重的画,比如说值一万法郎吧……难道皮罗多先生在迦玛家住上两年就有心送她一万法郎不成?何况单是书柜家具差不多已经值到这个数目了!"

皮罗多神甫听说他有过这么大的家私,眼睛睁得很大。

男爵逗着意气往下说:"真是岂有此理!巴黎美术馆的前任顾问沙尔蒙先生正在都尔探望岳母。我今晚陪皮罗多先生去请他把两张画估一个价钱;从那边出来再带神甫去找诉讼代理人。"

那次谈话过后两天,打官司的事有了眉目。进步党[1]的诉讼代理人接了皮罗多的案子,对副堂长影响非常不好。反对政府的人和出名不喜欢教士或宗教的人原是两回事,许多人却混为一谈;而当时的反政府派和反教会派的确都利用那件案子来掀风作浪,城里也到处议论纷纷。美术馆的前任顾问把华朗丹的《圣母像》和勒勃仑的《基督像》估作一万一千法郎,两幅画都是极精的作品。至于书柜和哥德式的家具,在巴黎正是越来越走红的东西,按照市价暂定为一万二。顾问先生细细鉴定之下,认为全部家私值到三万。皮罗多欠迦玛小姐的钱为数极微,当然无意送她一笔那么大的款子;在法律上讲,合同的条款应当修改才对,否则老姑娘便是存心诈欺。进步党的诉讼代理人一上手把迦玛小姐告了一状。状纸虽然措辞尖刻,但根据着某些条文,援引了几条最高法院的判例,法理严密,不失为一篇精彩的文字,把老姑娘的罪

---

[1] 法国王政复辟时代(1815—1830)的进步党是反政府的党派。

状数说得清清楚楚。反对政府的人看上了这张诉状,恶意印成三四十份传单在城里分发。

前一个时期,海军部透露要提升一部分人员,特·李斯多曼男爵以海军少校的身份希望第一批名单上就有他的名字。不料皮罗多和老姑娘正式决裂以后几天,男爵收到一个朋友的信,说部里有风声要编他入预备役了。男爵知道了大为惊诧,立即赶往巴黎,候着部长下一次的晚会就去拜访;部长对那个消息也表示十分奇怪,听到男爵说出心中的忧虑笑起来。第二天,男爵不管部长那么说,又上科室去打听。各部分的主管对朋友们泄露机密是常事,当下一位秘书拿出一项手续齐备的公事,因为司长病了,耽搁下来,还没有送给部长去批。坏消息果然证实了。

特·李斯多曼男爵赶紧找他的一位叔叔,他以议员资格能在国会里立刻见到部长。男爵托叔叔探问部长大人的意思,因为一进预备役,他的前程就完啦。他在老叔车中等议会散会,心里急做一团。会议没有完,议员老早就出来了,坐车回府的路上对侄儿说:

"真是见鬼!怎么你会去攻击教士的呢?开头部长告诉我,你在都尔做进步党的头儿!你言论荒谬,你不遵守国家的政策……部长说话躲躲闪闪,拐弯抹角,好像还在议会里发言。我对他说:还是开门见山,有话直说吧!部长大人这才说出你得罪了宫廷大祭司。后来我向几个同僚一打听,知道你提起一个叫作脱罗倍的神甫,口气非常轻薄。那脱罗倍表面上只是副主教,可是在内地是个最重要的人物,坚信会[1]的代表。我在部长面前

---

[1] 这是旧教教会中的一个帮口,屡起屡灭,从十六世纪起出现过好几次。此处所指的是一八一〇年组织的,在查理十世(1824—1830)治下势力极大,到路易·菲利普上台方始消灭。

替你拍了胸脯。哎,侄少爷,你要趱奔前程,千万别让教会和你作对。赶快上都尔去,跟那该死的副主教讲和。你该记住:凡是副主教,你见了都得客客气气。此刻我们大家都在复兴宗教,一个希望升级的海军少校偏偏来拆教士的台,岂不荒唐!要不同脱罗倍神甫言归于好,以后别来找我,我不认你了。刚才宗教事务部长和我提到那家伙,口气之间竟是未来的主教。脱罗倍要和咱们一家结了仇,就会捣蛋,不让我进下一届的贵族院。明白没有?"

海军少校听了这一席话才懂得脱罗倍的秘密活动;皮罗多以前还傻支支的说过:"不知他更深夜静干些什么。"

为了教区委员在那般手段巧妙,在内地做着监视工作的女人堆里所占的地位,也为了他的才干,坚信会在当地所有的教士中间挑上了他,让他在都兰地区做一个不出面的小霸王。总主教、将军、州长,大大小小的人物骨子里全逃不出他的手掌。特·李斯多曼男爵马上打定主意,回答老叔:

"我自己船舷底下吃过了教会的排炮,不想再给他们轰第二次了。"

叔侄俩商量大计以后三天,海军少校突然坐着驿车回到都尔,当晚告诉叔母,倘若他们两人硬要支持**脓包皮罗多**,特·李斯多曼家看得最宝贵的前途就要遭到危险。老乡绅特·布波旁纳先生打完韦斯脱,去拿手杖帽子,被男爵留了下来。特·李斯多曼和他叔母要摸清暗礁,非仰仗**老狐狸**的高见不可,而**老狐狸**也是故意提早去拿手杖帽子,好让男爵凑着他耳朵说:

"慢一步走,咱们有话要谈呢。"

男爵既是匆匆忙忙赶回都尔,得意的脸上又不时露出心中有事,看来很不调和,特·波旁纳先生早就猜到几分,海军少校准是在进攻迦玛和脱罗倍的战役中吃了亏。男爵说出坚信会派副主教的潜势力,特·波旁纳先生并不惊奇,回答说:

"我早知道了。"

男爵夫人叫道:"那么干吗不早通知我们呢?"

特·波旁纳很兴奋的回答:"太太,这个神甫的潜势力请你只当我不知道,我也只当你们不知道。要是泄漏风声,他发觉我们摸到他的底细,他会忌惮我们,恨我们的。还是像我一样只做蒙在鼓里,从此走路小心就是。过去我话说得不少,你们就是没听懂;我又不愿意把事情弄到自己头上。"

男爵道:"现在该怎么办呢?"

丢开皮罗多不管是不成问题的,这是三位参谋心照不宣的先决条件。

特·波旁纳先生回答说:"最高明的将领,拿手杰作就是在退兵的时候能保住面子。向脱罗倍低头吧:他的仇恨心倘若没有虚荣心强,你们可以化敌为友;可是过分屈服了,他会踩在你们头上的;蒲阿罗说得好:**斩草除根,就是教会的精神**[1]。男爵,你对外只说预备退伍,这样可以逃过他的魔掌。——太太,你把副堂长打发掉,让迦玛小姐争回面子吧。再在总主教那儿问问脱罗倍神甫会不会打韦斯脱,他一定说会。你就请他到这间客厅里来凑一局。他久已要你招待了,准会上门来。你是个女人家,你该想法叫脱罗倍为府上效劳。等男爵升了海军中校,他老叔进了贵族院,脱罗倍做了主教,你要提拔皮罗多当教区委员就轻而易

---

[1] 法国作家蒲阿罗(1636—1711)在诗集《唱诗班》中有此两句,底下一句是:"这等地方才显得出教士的刚强。"

举了。眼前还是低头的好；可是低头要低得有风度，还得带着威吓。府上能给脱罗倍的帮衬，不比脱罗倍能给你们的少；你们一定会如鱼得水，相处得很好。——再说，男爵，您是水手，应当随身带着测水的锤子！"

男爵夫人叫道："可怜的皮罗多！"

地主一边告辞一边说："噢！赶快解决他。万一撞出一个厉害的进步党把那个没有脑子的家伙抓在手里，你们可受累了。归根结底，皮罗多在法院里还是会占上风，脱罗倍也不能不怕法院的判决。你们动手开火，他还肯原谅；吃过败仗，他可死不甘休了。我的话完啦。"

特·波旁纳先生啪的一声盖上鼻烟壶，过去穿上套鞋，走了。

下一天吃过早饭，男爵夫人单独陪着副堂长，明摆着一副尴尬面孔，说道：

"亲爱的皮罗多先生，你一定会觉得我的要求太不公道，自相矛盾；可是为了你，为了我们，第一要撤回你告迦玛小姐的案子，放弃你的要求；接着你得离开这儿。"

可怜的神甫听着面无人色。

男爵夫人又道："我无意之间造成了你的不幸，我知道没有我的侄儿，你不会发动官司，使你和我们一同为难的。可是你听我说……"

她把事情所牵涉的范围之广、后果之严重，简单扼要告诉皮罗多。特·李斯多曼太太隔夜细细想过一番，猜到脱罗倍过去的历史大概是怎么回事，所以她很正确地向皮罗多指出那个包围他的天罗地网，告诉他敌人的雄才大略，权势、仇恨和仇恨的原因；说脱罗倍在夏波罗面前屈服了十二年，对夏波罗咬牙切齿，如今算计夏波罗的朋友实际仍是向夏波罗出气。天真的皮罗多合着手,仿佛为着人间的丑恶向天祈祷,痛哭流涕;在他纯洁的心中,从来没想到有这样卑鄙的事。他像面临万丈深渊一样的恐怖,听着保护人的长篇大论,湿漉漉的眼睛一动不动,也不表示什么感想。特·李斯多曼太太结束的时候说:

"撇下你不管是多么讲不过去,我完全知道。可是,亲爱的神甫,对家庭的责任比对朋友的责任更重要。请你像我一样在大风暴前面退下来,我会表示我的感激的。你的损失用不着提,我一定负责。你生活决无问题。我将来经波旁纳的手,想法使你照样生活,什么都不短少;至于面子,波旁纳也会替你顾到。朋友,请你允许我做一桩对你不起的事。我尽管服从社会的惯例,可始终是你的朋友。请你决定吧。"

可怜的神甫呆住了,叫道:

"夏波罗说过,要是脱罗倍能把他从坟墓里倒拖出来,他一定拖!这话果然不错。他此刻就躺在夏波罗床上。"

特·李斯多曼太太道:"现在不是诉苦的时候。形势紧急,你说怎么样?"

皮罗多心肠太好了,在危急的关头不会不凭着一时的义气马上答应下来。何况他的生活已经变成垂死的挣扎。他回答保护人的时候,伤心绝望的眼神叫男爵夫人看了很难过。他说:

"我完全信托你。如今我只不过是街头巷尾的一根**烂梗子**了!"

这句都兰的乡谈只有我们说的一根干草[1]的意义可以相比。不

---

[1] 法国有句俗语形容一个人的落魄,说生命只像一根干草。

过干草还有好玩的,黄湛湛的,又光又亮,孩子们拾到了当作宝贝一般;不比烂梗子是褪了颜色,沾着泥浆,卷在阴沟里翻腾,风吹雨打,被行人踩得不成模样的枯草。

"可是,太太,夏波罗的肖像我不愿意留给脱罗倍神甫;那是特意为我画的,属于我的,希望替我要回,其余的东西我都放弃就是了。"

特·李斯多曼太太道:"既然这样,我就上迦玛小姐家走一趟吧。"

说这句话的口吻显出特·李斯多曼男爵夫人花了很大的劲硬逼自己,预备忍着委屈去满足老姑娘的虚荣心。

她又补上两句:"我要想法把样样事情安排妥帖,可是没有把握。你去找特·波旁纳先生,让他替你把撤回诉讼的呈子正式办起来,写好了交给我。再托总主教帮帮忙,或许事情可以了结。"

皮罗多心惊胆战的出去了。脱罗倍在他眼中变得像埃及的金字塔一样大:一双手在巴黎,胳膊肘子在圣·迦西安大堂的回廊底下。

皮罗多心上想:"他!他竟有本领不让特·李斯多曼侯爵进贵族院?……**托总主教帮帮忙,或许事情可以了结!**"

在这样重大的利害关系前面,皮罗多好像只是一个虱子:他自己也承认了。

皮罗多搬走的消息特别令人奇怪,因为大家摸不到底情。特·李斯多曼太太说侄儿打算成家,退出海军,她要扩充上房,不能不收回副堂长住的屋子。至于皮罗多撤回诉讼,外面还无人得知。

特·波旁纳先生出的主意就这样乖巧的执行了。两个消息传到副主教耳朵里,他的自尊心定会满足,知道特·李斯多曼家即使不投降,至少已经保持中立,对坚信会的势力也表示默认了:默认对方的权势不就等于认输了吗?但案子还在法院里悬而未决。这岂不是一边低头一边威胁吗?

这么一来,特·李斯多曼家在斗争中所处的地位跟副主教完全相同:置身局外而能操纵一切。不料忽然出了一桩大事,使特·波旁纳和特·李斯多曼缓和敌人的计划越发难于成功。迦玛小姐隔天从大堂出来受了凉,上了床,说是病势凶险。城里人就沸沸扬扬,假仁假义的对她表示同情。"迦玛小姐一生清白,这场官司侮辱了她,她受不了。她虽然理直,一气之下也快气死了。皮罗多害了恩人性命……"那个无孔不入的女人帮口所放的空气,内容就是这几句话,都尔城里的人挺高兴的争相传说。

特·李斯多曼太太到了老姑娘家得不到结果,下不了台,便恭恭敬敬要求见副主教。脱罗倍一向被这位太太轻视,如今能在夏波罗的书房中壁炉架旁边接见她,大概心中得意;双方所争的两幅名画就挂在壁炉架高头。脱罗倍让男爵夫人等了一会才答应接见。朝臣也罢,外交家也罢,不论是谈判私人利益还是国家大事,从来没有比男爵夫人和神甫两个出台照面的时候手段更高明、说话更虚假、心计更深的了。

中世纪的骑士进场比武之前,副手[1]总帮他穿戴盔甲,指点几句,替他打气;同样,**老狐狸**事先也嘱咐男爵夫人:

"别忘了你扮的角色是和事佬,不是当事人。脱罗倍也是

---

[1] 骑士比武和决斗一样,双方都有副手担任见证,故亦称证人。

中间人。你每句话都要掂斤估两。副主教的声音语调值得细细推敲。只要他拿手去摸下巴颏儿，你就得手了。"

某些素描家喜欢用漫画来表现心里想的跟嘴里说的不一致，那是谈话之中常有的现象。现在神甫和贵族太太舌剑唇枪交起锋来，若要体会其中的妙处，必须在表面上平淡无奇的说话之下，揭露出双方隐藏的思想。特·李斯多曼太太先表示皮罗多的诉讼使她感到遗憾，然后说希望这件事能在双方都满意的情形之下宣告结束。

神甫口气很严重地说："太太，祸已经闯下了。贤德的迦玛小姐快死了。（他心上想：那蠢姑娘跟约翰教士[1]一样不在我心上；可是我要把送她性命的责任推在你们头上，叫你们良心不得安宁，只要你们发傻把事情当真。）"

男爵夫人回答说："先生，我知道了迦玛小姐的病，就要副堂长撤回诉讼，公事我特意带来，交给那位贤德的小姐。（她心上想：坏东西！你的心思我猜到了。现在我们撇清了自己，看你还能不能诬蔑我们！可是你呀，你要收下了撤回的公事，你就不打自招，承认是同党！）"

双方不出一声，静默了一会。

终于神甫低下大眼皮盖住他的老鹰眼睛，免得泄露心中的情绪，一边说："迦玛小姐的俗务与我不相干。（嘿！我不上你的当！可是谢谢上帝！那般混账律师不会再把官司打下去带累我了。李斯多曼家这样奉承我有什么作用呢？）"

男爵夫人回答说："我对皮罗多先生的事正如先生和迦玛小姐

---

[1] 约翰教士是中世纪传说中的一个怪人，据说曾在某处当过教主兼国王，做过许多奇事。

的利益一样渺不相关;不幸他们的争执会影响到教会,我出来调解,认为先生也是个中间人……(她想:脱罗倍先生,咱们都心中有数。我话中带刺,你感觉到没有?)"

副主教说:"太太,怎么谈得上影响教会呢?宗教高高在上,不是凡人所能侵犯的。(他想:教会就是我啊!)"又道:"太太,上帝对我们的判断才不会错误,我心目中只有上帝的法庭。"

男爵夫人道:"那么让我们使人间的判决和上帝的判决归于一致吧。(对,教会就是你。)"

脱罗倍神甫换了一种口吻,说道:

"令侄不是去过巴黎吗?(他想:你该知道我的颜色了吧?以前你瞧我不起,我可是能压倒你们。你是来投降的。)"

"是的,先生,多谢你关切。他今晚就得回巴黎,部长对我们太好了,特意召他去,不愿意他退伍。(她想:阴私鬼,你压不倒我们的,你开的玩笑,我知道了。)"

两人静默了一会。

男爵夫人往下说道:"他在这桩纠纷中的行动,我认为不大得体;不过当水手的不懂法律也还可以原谅。(她想:咱们还是联合起来吧,打架对彼此都没有好处。)"

神甫脸上掠过一丝轻微的笑意。

他望着两幅画说道:"令侄要能告诉我们这两件作品的价值,对我们倒大有帮助;这些画挂在圣母堂里也是挺好的装饰品。(他想:你对我放一支冷箭,我回敬你两支;咱们两讫了,太太。)"

"要是神甫把画送给圣·迦西安大堂,请允许我捐献两个框子，绝不辱没作品和挂画的场所。（她想：我正要你承认看中皮罗多的家具。）"

神甫提防得很紧，回答说："画不是我的。"

特·李斯多曼太太把撤回诉讼的公事往桌上一放，说道："对啦，这个文件把一切争执都解决了，画也还给迦玛小姐了。（你瞧，先生，我多么信托你。）"接着又道："先生，像你这样的人，这样高尚的品性，着实有资格出来给两个基督徒排难解纷；虽则我现在不大关切皮罗多先生……"

神甫打断了她的话，说道："不过他寄宿在府上呢。"

"不，先生，他不在我家里了。（她想：我小叔要进贵族院，侄儿要升级，害得我对不起人。）"

脱罗倍听着不动声色，但他态度越镇静，表示他情绪越紧张。这种表面上的安定就是瞒不过特·波旁纳一个人。那时脱罗倍心中才得意呢！

"那么太太为什么送撤回诉讼的文件来呢？"神甫问这一句的心情，跟妇女要人把奉承话再说一遍的心情差不多。

"我压制不住我的同情心。皮罗多为人懦弱，想必先生也知道；他央我来看迦玛小姐，提出一个要求，既然他放弃了……"

脱罗倍皱了皱眉头。

"放弃了一般名律师所公认的**权利**……"

神甫拿眼睛直盯着特·李斯多曼太太。

特·李斯多曼太太往下说："……他希望能收回夏波罗的肖像。该怎么办，请先生做主吧……（她心上想：官司打下去，你非输不可！）"

男爵夫人说出**名律师**几个字的口气，叫神甫明白她对于敌人的厉害和弱点全知道。这种口吻的谈话继续了好一会,特·李斯多曼太太在内行面前拿出全身本领,脱罗倍神甫终于下楼去把谈判的条件请示迦玛小姐。一会儿就上来回报说:

"太太,病情凶险的迦玛小姐话是这样说的,'夏波罗神甫待我太好了,我舍不得送掉他的像。'——老实说,倘若那张像是属于我的,无论哪个向我要,我都不给。我对过世的神甫感情始终不变,绝不肯放弃权利,不保存他的肖像。"

"先生,我们犯不上为一幅不高明的画闹意见。(你不在乎什么肖像,我何尝在乎呢。)你们留下吧,日后叫人临一幅就是了。我很高兴能把这场令人遗憾的官司了结;借此机会认识了先生,我也心中愉快。听说先生是打韦斯脱的好手。"她又微微笑了笑说:"请您原谅,女人家总不免好奇。倘蒙先生赏光,上我家去打几回韦斯脱,真是不胜欢迎。"

脱罗倍拿手摸着下巴颏儿。——(特·李斯多曼太太想道:唔!上钩了!波旁纳看得不错,他也有他的虚荣。)

米拉菩[1]得势的时期,看见他从前走不进的府第,如今车子一到就大开正门,不由得心里甜滋滋的十分受用,副主教当时也是这个感觉。

他回答说:"太太,我正事都忙不过来,没有时间出去应酬。可是你太太有命,我怎么能不登门领教呢?(他心上想:老姑娘快断气了,还是结交李斯多曼吧;他们要支持我,我也支持他们;与其和他们作对,不如交个朋友。)"

特·李斯多曼太太回去,觉得讲和的谈判开场很顺利,只消

---

[1] 米拉菩(1749—1791)是大革命时期的政治家,演说家;但大革命前生活放荡,负债累累,被人目为浪子。

总主教再出一把力,就功德圆满了。可是皮罗多撒回了诉讼,一点好处都不曾到手。第二天,特·李斯多曼太太知道迦玛小姐死了。老姑娘的遗嘱一拆开,不出众人所料,果然全部遗产都送给脱罗倍神甫,估计值到三十万。副主教着人送了两份迦玛小姐的丧事弥撒和葬礼的通知单给特·李斯多曼太太,一份给她,另外一份给她的侄儿。

特·李斯多曼太太道:"那倒是要去的啊。"

特·波旁纳先生道:"还用说么?脱罗倍大人特意要试试你们。"又转身对海军少校说:"男爵,一直送到公墓吧。"男爵也算倒霉,不曾离开都尔。

丧事弥撒场面很大。只有一个人掉了眼泪,就是皮罗多。他背着人躲在一个偏僻的小堂里[1],自以为送了迦玛小姐性命,诚心诚意为她祷告,超度她的灵魂。皮罗多不曾在迦玛临终之前得到她的原谅,更是悔恨不迭。脱罗倍神甫把亡友的遗体一直送到墓穴,在墓穴旁边发表一篇悼词。死者一辈子所过的狭窄的生活,靠着他的口才变得伟大得不得了。在悼词的最后一段,送葬的人特别留意到下面几句:

> 她的一生,多少岁月都是奉献给上帝的,奉献给宗教的,暗中做的善事不知有多少,无人知道的朴实的美德也不知有多少;这个生命却是被一场无妄之灾摧毁了。一切的苦难当然都出于上帝之赐;但若我们进入天国之前暂时忘了这一点,那么她最后一次的痛苦的确是不应该受

---

[1] 大教堂内两侧及耳堂内都附有好几个小教堂,简称为小堂;上文提到的圣母堂即此种小堂。

的。朋友们既然知道这位圣洁的女子人格高尚,天真坦白,就不难预料她一切都能忍受,除了诬蔑她整个的为人。也许就因为此,上帝才召她归天,超脱人间的苦难。谁要活在世界上能够良心平安,毫无内疚,像纯洁的索菲在极乐的天国中一样,就是幸福的了!

特·李斯多曼家牌局散了,关上大门,只有男爵夫人和她侄儿在场,特·波旁纳报告了下葬的情形,说道:

"那篇浮夸的演说讲完了,穿黑袍子的路易十一[1]拿圣水棒洒了一阵。那样子你们不妨想象一下。"

特·波旁纳先生一边说一边拿起拨火棒,学着脱罗倍的手势,神气活龙活现,男爵和他叔母都看着笑了。

老年地主还说:"那时他才露出马脚来。在此以前,他的态度毫无破绽。但他对老姑娘厌恶透顶,说不定像恨夏波罗一样的恨,所以送她进坟墓的时候不能不在举动之间流露出心中的高兴。"

下一天早上,沙罗蒙小姐上特·李斯多曼家吃饭,一进门就很激动的说:

"可怜的皮罗多神甫又受到一个可怕的打击,可见人家对他的仇恨是处心积虑,经过最周密的计划的。他调到圣-圣福里昂去做本堂神甫了。"

圣-圣福里昂是都尔城外一个近郊的小镇,在大桥的那一边。大桥数得上法国最美的建筑之一,长六百十七公尺,桥的两

---

[1] 路易十一(1423—1483)是法国史上最阴险的一个国王。脱罗倍是神甫,所以说他是穿黑袍子的路易十一。

头有两个同式同样的广场。

沙罗蒙小姐停了一会,看见特·李斯多曼太太听着消息很冷淡,觉得奇怪,又道:"你明白没有?皮罗多一到那儿,就好比和都尔、和他的一些朋友、和生活方面的一切,离开了好几百里。逐出了都尔,天天望见城而进不了城:那样的充军不是特别可怕吗?出事以后,他已经不大走得动了,以后要走四五里地才能见到我们。如今他在床上发烧。圣-圣福里昂的教士住宅又冷又潮湿,那个小教区没有钱修理。可怜的老头儿从此真是活埋在坟墓里了。唉!这样毒辣的手段真正想不到!"

现在只消简单的叙述几桩事情,勾出最后一幅图画,就好结束这故事。

五个月之后,副主教升了主教。特·李斯多曼太太死了,留下一千五百法郎年金给皮罗多神甫。男爵夫人的遗嘱公开的那一天,脱洛阿[1]的主教伊阿桑德[2]正要离开都尔去上任,临时改动行期。他认为男爵夫人一边同他讲和,一边私下帮助他心目中的仇人,简直在玩弄他。脱罗倍气恼之下,又来威胁男爵的前途和特·李斯多曼侯爵的贵族院议员的职位了。他在总主教客厅里当众说了一句杀气腾腾而听起来很和软的话,那种话只有做教士的会讲。海军少校为了前程,只得去拜访强硬的神甫;大概神甫提的条件十分苛刻,因为男爵的行事证明他彻头彻尾服从了坚信会头目的意志。新任主教签了一份经过公证的笔据,把迦玛小姐的屋子捐给圣·迦西安的教区委员会,把夏波罗的书柜和藏书送给神学预备学校,两幅争执过的画进了圣母堂;夏波罗的肖像仍旧

---

1 法国奥勃州的首府。
2 脱罗倍的名字。

归他保存。

脱罗倍几乎全部放弃迦玛小姐的遗产，大家看着莫名其妙。特·波旁纳先生疑心脱罗倍私下留着现款，好让他将来以主教资格进贵族院的时候，在巴黎撑起一个场面来。直到脱罗倍主教动身上任的前一天，**老狐狸**才明白他捐献迦玛小姐的遗产别有作用：原来最顽强的仇人对最无用的牺牲品还要来一个致命的打击。特·李斯多曼男爵对叔母给皮罗多的遗赠提出异议，说是皮罗多用不法手段骗取的！告皮罗多的状子送进法院以后几天，男爵升了海军中校。圣-圣福里昂的本堂神甫受到教内的处分，停止圣职[1]。上级教会不等法院审理，先判决了。害索莎菲·迦玛的凶手原来是个骗子！倘若脱罗倍主教保留着老姑娘的遗产，要惩戒皮罗多就不容易了。

脱洛阿的主教伊阿桑德大人坐着驿车上巴黎，经过圣-圣福里昂河滨道。可怜的皮罗多神甫让人扶在一张靠椅上，在阳台高头晒太阳。教士受了总主教的惩罚，又瘦又苍白。从前那张一团和气的脸，所有的线条都印上了忧伤的痕迹，整个相貌变了样。本来一无心事，吃着好酒好菜，多么天真而有精神的眼睛，害病以后变得朦朦胧胧，好像有了思想。一年以前在教堂的回廊下打转的皮罗多，毫无脑子但是心满意足的皮罗多，此刻只剩下一副骨骼了。主教对他的牺牲品不胜轻蔑的瞟了一眼，才算宽宏大量把他忘了，车子过去了。

换一个时代，脱罗倍毫无疑问是希尔得布朗特和亚历山大六

---

1 教会人员不得执行宗教职务，如做弥撒、行洗礼等等，谓之停止圣职。

世[1]一流的人物。今日之下，教会已经不成其为政治力量，不能再给精力充沛的独身者作为用武之地，独身生活便暴露出它的主要弱点：所有的才能一朝集中在唯一的情欲——自私自利上面，独身者就变得不是有害便是无用。现在的政府，缺点是过分要人去适应社会，而不想叫社会去适应人[2]。个人想利用制度，制度想剥削个人，两者之间永远有斗争；不像从前的人确实要自由得多，对公共事业更热心。

人的活动范围不知不觉扩大了；能把这个范围加以综合和概括的心灵永远是个了不得的例外；因为不论在精神方面或物质方面，通常总是活动的领域加大，活动的强度跟着减低。可是社会不应该建筑在一些例外的人身上。最初，人仅仅是个家长，心是火热的，感情集中在家庭的范围之内。后来他为了一个氏族或小小的城邦而生活，希腊或罗马的某些忠于本土的伟大史迹便是这样产生的。后来人又变为一个阶级的一分子或者一个宗教的成员，为了替阶级[3]或宗教增光，往往做出轰轰烈烈的事业；但那时他的兴趣已经大大增加，涉及一切的知识部门了。到了今日，人的生活和一个庞大的国家的生活打成一片；据说不久的将来要以世界为家庭了。基督教控制之下的罗马曾经对这种世界主义存过希望，但世界主义本身会不会是一个极大的错误呢？相信高尚的美梦能实现，醉心于四海之内皆兄弟也的理想，原是极自然的

---

[1] 希尔得布朗特即一〇七三至一〇八五年间的教皇格累哥利七世，曾整顿教会，雷厉风行，并与日耳曼皇帝亨利四世斗争甚烈。亚历山大六世是一四九二至一五〇三年间的教皇，是个心术阴险的权奸。

[2] 一八三二年本书初版时到此结束。以下一大段是一八三九年后的版本添加的。

[3] 这一句和上一句内所用的阶级，原文是caste不是class，就是说比我们今日所用的阶级一词不但范围小得多，意义也有出入；但中文至今尚无确当的译名。

事。无奈人的构造没有这样宏伟的器局。倘有相当阔大的心灵，能具备唯大人物才能有的热情，那么这等心灵绝不是普通公民的心灵，也绝不是家长的心灵。某些生理学家认为脑子扩大到这个程度，感情必然要萎缩。其实并不然。想对一门科学、一个民族、一种法制作出大贡献的人，他们表面上的自私岂不是最高尚的热情，等于哺育民众的母性吗？他们为了培养新的民族、酝酿新的观念，不是需要把母性的慈爱和上帝般的力在他们才智过人的头脑中结合起来吗？脱罗倍在圣·迦西安的游廊深处所代表的那种海阔天空的思想，必要时就可用伊诺桑三世[1]和彼得大帝一等人的历史，还有一切左右时代，领导民族的人的历史，在很高的阶段上加以证实。

　　　　　　　　　　　　一八三二年四月　作于圣·斐尔门

---

[1] 一一九八至一二一六年间的教皇，雄才大略，对当时欧洲的宗教与政治有很大影响。

欢迎你从《人间喜剧》进入

读客精神成长文库

不同的精神成长书单,为你提供更多选择

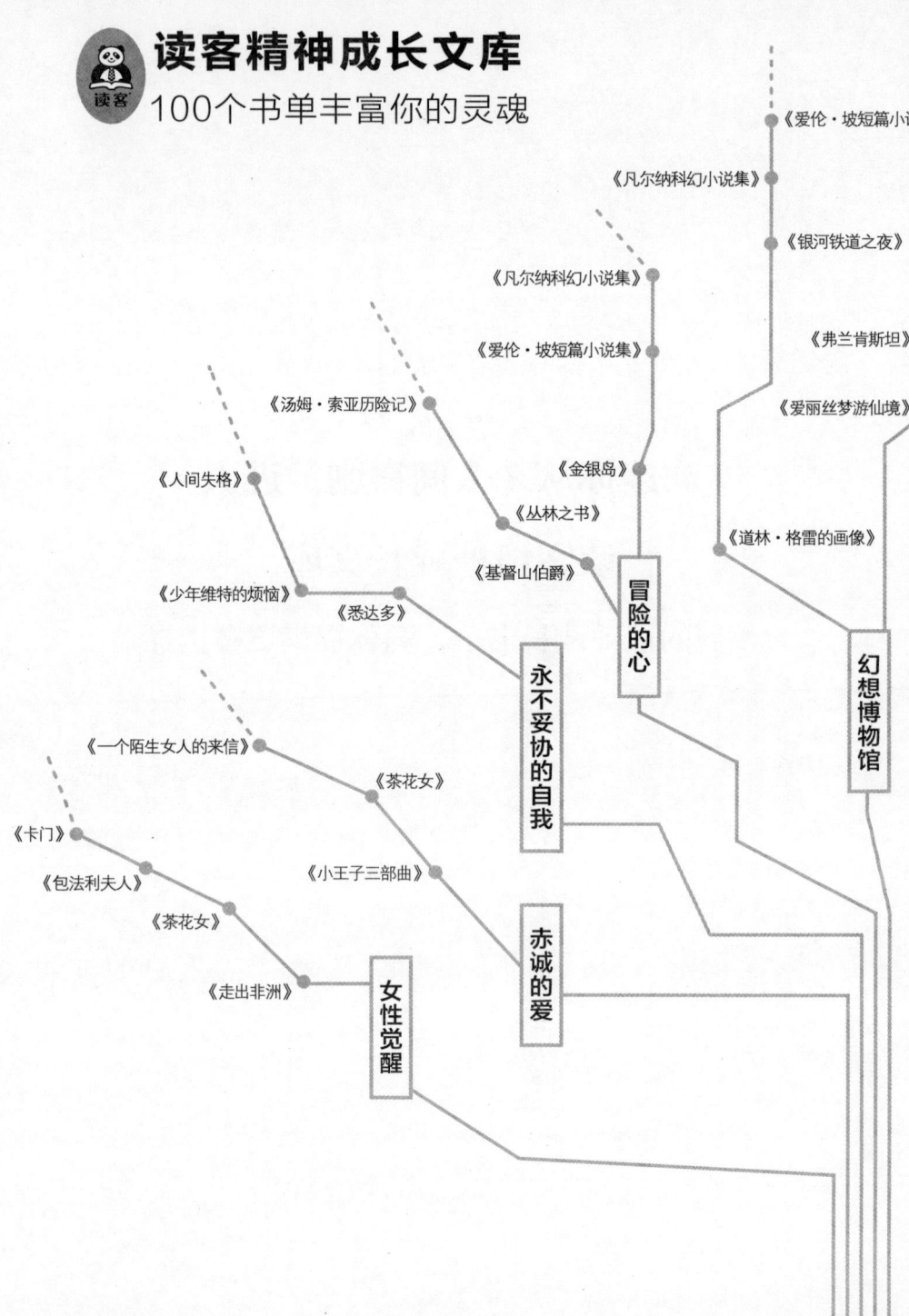

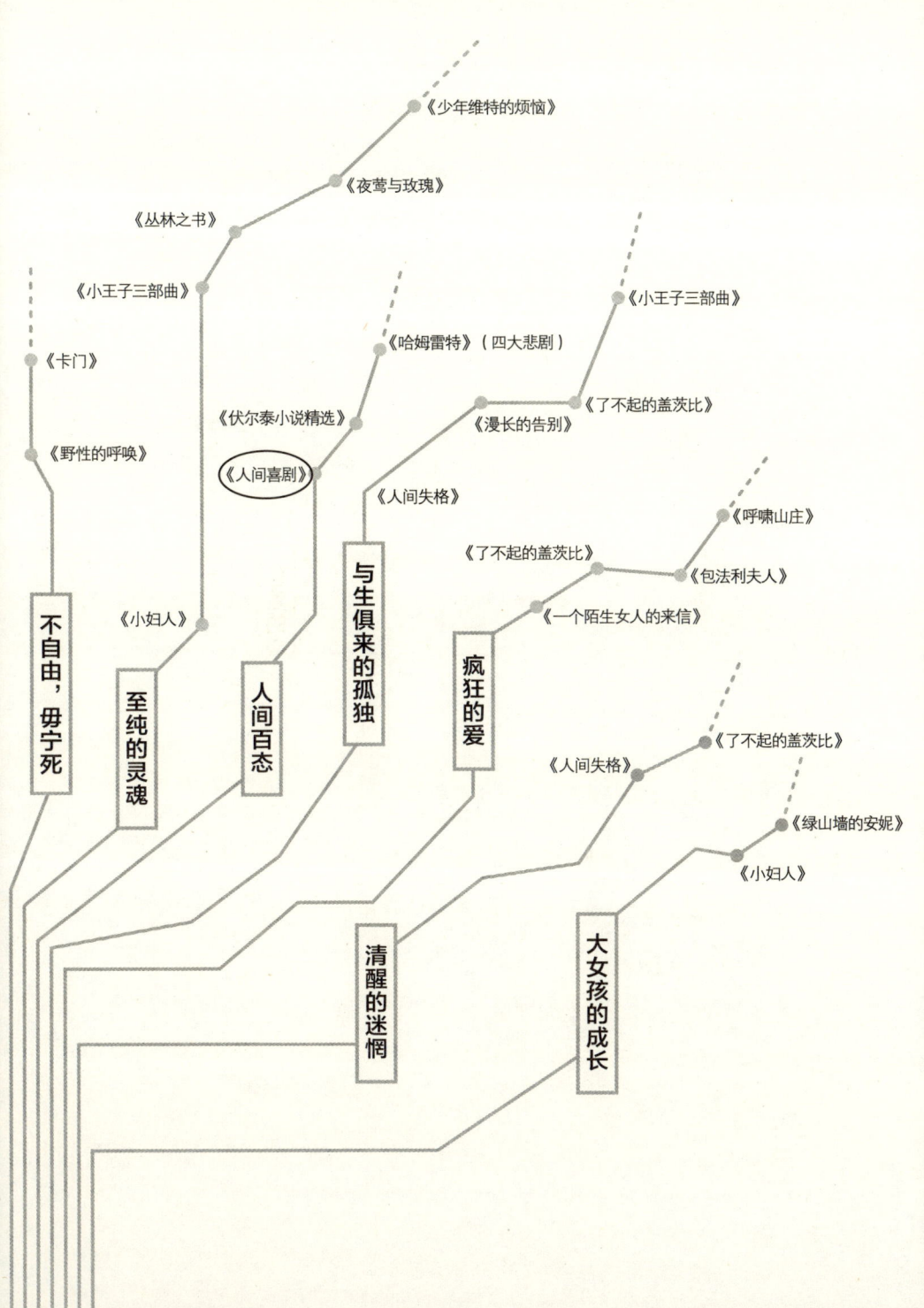

激发个人成长

多年以来,千千万万有经验的读者,都会定期查看熊猫君家的最新书目,挑选满足自己成长需求的新书。

读客图书以"激发个人成长"为使命,在以下三个方面为您精选优质图书:

1、精神成长
熊猫君家精彩绝伦的小说文库和人文类图书,帮助你成为永远充满梦想、勇气和爱的人!

2、知识结构成长
熊猫君家的历史类、社科类图书,帮助你了解从宇宙诞生、文明演变直至今日世界之形成的方方面面。

3、工作技能成长
熊猫君家的经管类、家教类图书,指引你更好地工作、更有效率地生活,减少人生中的烦恼。

每一本读客图书都轻松好读,精彩绝伦,充满无穷阅读乐趣!

认准读客熊猫

读客所有图书,在书脊、腰封、封底和前后勒口都有"**读客熊猫**"标志。

两步帮你快速找到读客图书

1、找读客熊猫　　　　　2、找黑白格子

马上扫二维码,关注**"熊猫君"**

和千万读者一起成长吧!

图书在版编目（CIP）数据

于絮尔·弥罗埃 /（法）巴尔扎克著；傅雷译. -- 上海：文汇出版社，2018.3
（人间喜剧）
ISBN 978-7-5496-2326-6

Ⅰ．①于… Ⅱ．①巴… ②傅… Ⅲ．①长篇小说－法国－近代 Ⅳ．① I565.44

中国版本图书馆 CIP 数据核字（2018）第 061344 号

于絮尔·弥罗埃

作　　者	/（法）巴尔扎克
译　　者	/ 傅　雷
责任编辑	/ 周小诠
特邀编辑	/ 周　娇　刘　雨
封面装帧	/ 李子琪　刘　倩
出版发行	/ 文汇出版社
	上海市威海路 755 号
	（邮政编码 200041）
经　　销	/ 全国新华书店
印刷装订	/ 北京盛通印刷股份有限公司
版　　次	/ 2018 年 5 月第 1 版
印　　次	/ 2018 年 5 月第 1 次印刷
开　　本	/ 890mm x 1270mm　1/32
字　　数	/ 235 千字
印　　张	/ 11.5

ISBN 978-7-5496-2326-6
定　　价 / 489.90 元（全十册）

侵权必究

装订质量问题，请致电010-87681002（免费更换，邮寄到付）